一看就懂的破解历史之谜大事典

一看就懂丛书编写组　编著

农村读物出版社

图书在版编目（CIP）数据

一看就懂的破解历史之谜大事典 / 《一看就懂丛书》编写组编著．－北京：农村读物出版社，2010.6 （2024.12 重印）

ISBN 978-7-5048-5342-4

Ⅰ．①一…　Ⅱ．①一…　Ⅲ．①中国－历史－通俗读物
Ⅳ．① K209

中国版本图书馆 CIP 数据核字（2010）第 089210 号

责任编辑　李昕昱　宋会兵
文字编辑　李琳
出　　版　农村读物出版社（北京市朝阳区农展馆北路 2 号　100125）
发　　行　新华书店北京发行所
印　　刷　永清县晔盛亚胶印有限公司
开　　本　700mm×1000mm　1/16
印　　张　13
字　　数　250 千
版　　次　2010 年 6 月第 1 版　2024 年 12 月第 2 次印刷
定　　价　68.00 元

一看就懂的破解历史之谜大事典

农村读物出版社

前言

中华民族的历史源远流长。当回眸我们祖先辉煌的文明史时，就会发现历代先民创造了无数奇迹，但也给我们留下了许多难以破解的谜团。秦始皇到底有没有“坑儒”？建文帝是葬身火海还是逃离苦海？多位帝王后妃、历史佳人之谜、中国名胜古迹和考古文化之谜……这些都有待于我们去揭开。

青少年正处于增长知识的重要阶段，让他们了解一定的历史知识，不仅能够扩大知识面，更能够激发探索世界的热情，对青少年的全面发展具有重要意义。

本书选取了最具代表性的中国历史谜题，参阅了大量的历史文献、考古资料，将残缺、消失的历史往事和古老文明重新联系与再现，并吸收了广为流传的民间传说和科学界最新的研究成果，汲取众家学说，以求最大限度地展示谜团。此外，我们还选取了大量紧扣文章的历史图片，以增强其形象性与生动性。

中国古代四大美女，享有“闭月羞花之貌，沉鱼落雁之容”的美誉。那么这四位美女都是谁？她们有着什么样的离奇身世？又留给世人什么样的遐想呢？古往今来的帝王将相，生前各有建树，死后也常有不同的归宿。生前虽未称帝，死后被追尊为魏武帝的曹操，被传说有七十二疑冢，他的葬地到底在何处呢？1900年，八国联军进攻北京，慈禧携光绪帝出逃，行前，令太监崔玉贵将珍妃推入乐寿堂后井中溺死。珍妃有着什么不为人知的秘密？为什么会难逃厄运呢？砀山出土一具清代皇宫女尸，尸身修长，裹“三寸金莲”小脚，尸长1.64米，年龄不过30岁身着龙凤服，龙凤服上的官识图为“麒麟白泽”。她是谁？又有什么样的身世呢？茶马古道是指存在中国西南地区，以马帮为主要交通工具的民间国际商贸通道，是中国西南民族经济文化交流的走廊，茶马古道是一个非常特殊的地域称谓，是一条世界上自然风光最壮观，文化最为神秘的旅游线路。它何时开通？发挥过什么样的历史作用呢？

……

这些扣人心弦的问题，本书都将给出科学的答案，能够给广大青少年带来耳目一新的感觉，更能够给他们带来思想上的震撼，从而消除他们对历史事件的疑惑。

相信本书能够成为众多青少年朋友了解中国历史谜题、了解中国文明史、了解中华民族发展史的一部重要读物，能够给青少年朋友开启智慧大门提供引导作用，并成为青少年朋友探索世界的启蒙。

但愿本书能够成为广大青少年朋友的案头必备书。

编者

2010年2月

敬告

在编写本书的过程中，大量的图片得到全景网的支持，但有部分图片无法与著作权人一一联系，敬请没有联系上的图片著作权人与我们联系，您应得的稿费我们已经预留。

目录 CONTENT

探寻帝王背后的难解谜团

揭开美女佳人后宫嫔妃的秘闻

寻找中国名胜古迹之秘

探索神秘的考古文化

杏花村

揭开上古历史人物谜团

中华民族之所以被称为炎黄子孙，是因为炎帝和黄帝的传说。黄帝和炎帝是否真的存在过，他们是人还是神？大禹父子治水真相和传说一样吗？大禹到过浙江吗？让我们揭开这些谜底。

探寻炎黄二帝的真实身份

▲黄帝像

根据近些年的考古研究，中华民族的远祖，可大致分为华夏、东夷、苗蛮三大集团。东夷集团的活动区域，大致在今天的山东、河南东南和安徽中部一带，即大汶口文化、龙山文化和青莲岗文化江北类型分布区。传说中的太皋、射日的后羿及与黄帝恶战的蚩尤，都属于这个集团。苗蛮集团主要活动在今湖北、湖南、江西一带，即大溪文化、屈家岭文化分布区，东部的河姆渡文化、良渚文化也可归于此集团。著名的伏羲、女娲及三苗、祝融氏，都属于这个集团。华夏集团发祥于黄土高原，后沿黄河东进，散布于中国的中、北部部分地区，大约相当于今仰韶文化和河南龙山文化分布区。这三大集团之间，既有和睦共处的安定，也有大动干戈的战争。后来黄帝兼并炎帝部落，统一其他各部。黄帝、炎帝成为中华民族共同祭奠的先祖，华夏集团也因为其连续的胜利，巩固了自己的主流地位，子孙后代也传承至今。

对于炎帝和黄帝，曾经被认为是像夏、商、周三代的天子或秦、汉以后的皇帝那样的远古时期的帝王。《史记·五帝本纪》说："黄帝者，少典之子，姓公孙，名日轩辕。"《国语》说，黄帝在姬水边长成，因而姓姬。《史记集解》说，黄帝号有熊氏，可能是以熊为图腾而得名。《龙鱼河图》说"天遣玄女下援黄帝兵信神符，制伏蚩尤，……以制八方"。《史记正义》说："黄帝之前，未有衣裳屋宇。及黄帝造屋宇，制衣服，营殡葬，万民故免存亡之难"，"教民江湖陂泽山林原隰皆收采禁捕以时，用之有节，令得其利也。"

根据考古发现推测，炎帝和黄帝的时代，相当于距今七千年到五千年前的仰韶文化时期。这是中国中原远古文化取得大发展的一个时期，原始农业文明繁荣，还有许多重大的发明。这些成就是当时人们共同创造的，可是在历史的传说中，往往把这些成就归之于时代的代表人物，即当时的部落联盟的首领炎帝和黄帝身上，因此他们就成了人们心目中的圣人，受到普遍尊敬。早在进入文明时代之前，在祖国辽阔的土地上，就形成了华夏族、苗族以及当时被华夏族称之为蛮、夷、戎狄的许多兄弟民族。说华夏族为黄、炎之后，这实际上反映了华夏族是由黄帝、炎帝为代表的两个有血缘亲属关系的氏族经过长期发展而形成的。当时所谓的帝，只是中国原始社会部落联盟首领，与我国封建时期的皇帝有本质区别。

据记载，炎帝是少典之子，是黄帝的兄弟。但《帝王世纪》认为，炎黄之间可能间隔有 500 余年。《淮南子》说，赤帝就是炎帝，少典之子，号神农，南方火德之帝。《世本·帝系篇》把炎帝和神农氏连到了一起，认为炎帝即神农氏，炎帝身号，神农代号。班固说炎帝“教民耕农，故号曰神农氏”，对古老的农业生产作出了贡献。也有历史文献说，炎帝是生活在姜水一带的部落首领。

黄帝的称谓是如何而来的呢？据《淮南子·天文训》记载：“东方木也，其帝太皋，其佐句芒，执规而治春；南方火也，其帝炎帝，其佐朱明（即祝融），执衡而治夏；中央土地，其帝黄帝，其佐后土，执绳而制四方；西方金也，其帝少昊，其佐蓐收，执矩而治秋；北方水也，其帝颛顼，其佐玄冥，执权而治冬。”根据这一记载，黄帝是专管土地的，而土是黄色，于是称之为“黄帝”。

关于黄帝最为著名的传说莫过于黄帝与炎帝、黄帝与蚩尤之间的战争了。黄帝与炎帝的阪泉之战中，黄帝“帅熊、罴、狼、豹、貙、虎为图腾的部落为前驱，以雕、鹖、鹰、鸢为旗帜”，战争的规模非常之大。黄帝与蚩尤的涿鹿之战更为惨烈，被史书记载为“血流漂杵”。在这场战争中，双方都施出了神功魔法。起初，蚩尤施展法术，即刻大雾弥漫，人马相对而人影莫辨。黄帝便令风后制造出指南车，识别了方向，将蚩尤打败。随后，蚩尤又请来了风伯、雨师，一时间，风雨大作，急风暴雨把黄帝的人马搅得人仰马翻。黄帝又请来了天女“魃”，止住了暴雨，指挥大军以雷霆闪电之势，冲乱了蚩尤部下的阵形，乘胜捉住了蚩尤并把他杀掉，将其头颅埋在涿鹿，就是今天河北省张家口市东南的涿鹿县。

▼炎帝像

炎帝、黄帝作为功绩卓著的贤明帝王，受到了当时人们的尊敬。炎帝、黄帝死后，黄帝的一些后代子孙如颛顼、帝喾、唐尧、虞舜、夏禹、商汤、周文王、周武王等，又先后做了帝王，他们不忘炎帝、黄帝对于华夏文明的开创之功，把炎帝、黄帝奉为始祖，率领臣民依时节祭祀、供奉。这样，炎帝和黄帝就成了华夏族的共同祖先了。后来，由

▲黄帝战蚩尤岩画

华夏族发展而成的汉族、中华民族，也继承了这一传统，一直尊奉炎帝、黄帝为始祖，于是也就自称为“炎黄子孙”了。

从现代历史科学的观点来说，炎帝、黄帝的时代，尚处于原始社会末期的父系氏族公社时期，阶级和国家还没有产生，也没有如后世那样的帝王。当时，中华大地上分布着许多氏族和部落，这些氏族和部落之间有着各种各样的联系，有相互通婚的姻亲关系，有祖族与支族及支族之间的血缘关系，有生产生活中的睦邻友好关系，也有相互争战的敌对关系。由此而形成了几个大的部落集团，其中中原部落联盟（即华夏族）最为强盛，炎帝部落和黄帝部落都属于这一部落联盟，炎帝和黄帝还先后担任了部落联盟的首领。

▼尧舜禅让图

炎帝族从祖族中独立出来后，很快便兴盛起来，成为中原部落联盟中颇有影响力的骨干族，他们的首领炎帝也就成了部落联盟的首领。这种局面持续了很长时间，先后继任的几位炎帝族的首领也都担任了中原部落联盟的首领之职，并且承袭了“炎帝”这一称号。因此，这时期可称之为炎帝时代。几百年以后，炎帝族渐渐衰弱了，黄帝族却强大起来。这个时候的炎帝榆罔利用部落联盟首领的职权，欺凌一些弱小的部落和氏族，这些部落和氏族便逐渐脱离了炎帝族，黄帝遂取代炎帝做了新的部落联盟首领，从此开始了黄帝时代。

有学者认为，传说中的黄帝是个神。说他起于雷电，最初之神职为雷神，后以雷神崛起而为中央天帝。“相传他长有四张脸，能同时顾及东西南北四个方向。无论什么地方发生了事情，总逃不过他的眼睛。”最后，黄帝战胜了其他四天帝，而建立了自己的神国。但也有人认为黄帝是真的存在过的一个历史人物。

▲黄帝像

另有专家认为，黄帝是确确实实存在的历史人物。据《史记·五帝本纪》载，黄帝生下来就很神奇灵异，襁褓中就能说话，显示了其与众不同的禀赋。而他所生活的那个时代，则是各部落间战争纷起的年代。黄帝以其聪明才智，将他周围的部落团结起来，结成部落联盟，并成为他们的军事领袖。他修明政治，整顿武备，征伐四方，最终战败蚩尤，兼并炎帝部落，统一了黄河流域的大片土地。统一后，他制礼仪，施教化，创立法规典章，作为治世准则，并遣官员到各处治理天下。实际上，他是以战争手段结束了各部落联盟间的长期混战，建立了早期国家的雏形，从而开始了中华文明历史的新统一，成为中华民族的文明始祖。

黄帝部落聚居的地方，历史记载也各有不同。有记载说，他曾居住在河北涿鹿县，史称“涿鹿之野”；又有记载说，他的部落居住在今河南新郑一带，称为“轩辕之丘”。这说明当时部落大约还没有完全定居，经常迁徙。黄帝部落大体活动于今天陕西、河南、河北的黄河流域。

另外还有一些学者认为，“黄帝”其实只是原始农业文明时期人们对黄土地崇拜的一种特殊感情，是把黄土想象为一个无所不能的人物。黄帝所处的时代，我国华北及全国大部分地区，已普遍进入农耕时期。他命羲和占日、常仪占月、臾区占星气、大挠造干支、容成造历法，并按天时，审地利，播种百谷草木，教民节用水火材物，还专门设立土地种植之官“后土”。这一切都使得当时的农业生产水平有了很大的提高，因此，古史记载他为“以土德而王”，因土地为黄色，故而称为“黄帝”。这种因对土地的崇拜而衍生的黄色崇尚，在后代的历史中进一步发展。后世的帝王们都要依据黄帝的故事，“数用五，服尚黄”，从而逐渐将黄色演变成为一种权力和尊贵的象征。

关于黄帝之死，历代流传着这样一个美丽的故事，说他乘龙升天了。现在陕西黄陵

▲黄帝升仙图

的围墙正面，还有一块石碑，上书“桥山龙驭”四个大字。这也反映了人们对他的一种尊敬和爱戴。

黄帝是否存在过，究竟是人还是神，现在学术界至今仍争论不休。

鲧与大禹治水之谜

鲧本意是一种大鱼，传说他是黄帝的后代，是大禹的父亲。他们父子都曾治理水患。

在尧舜禹时期，中国的黄河流域常常暴发洪水，给当时人民的生产生活造成很大灾难。这些在古文上都有记载，《孟子·滕文公上》说：“当尧之时，天下犹未平，洪水横流，泛滥于天下。”《尚书·尧典》也谈到：“汤汤洪水方割(害)，荡荡怀山襄陵，浩浩滔天。”这么大的洪水对当时的人来说肯定是灭顶之灾，活着的人只好逃到山上去。水患为害人类的情况持续了很长一段时期，到了禹的时代，还是“十年九涝”。

根据传说，共工氏族长期与洪水作斗争，他们的图腾、首领名号，都用水族动物表示，可见他们的生活与水有着密切的关系。他们居住的地区，十分之七是水域，陆地只占十分之三，长期与水打交道的历史，使他们积累了一些经验。他们在首领的带领下，采取从土丘上取土填充低洼地的办法，加高自己的居住区，从而避免了洪水的侵袭，减少了损失。可是，在当时的生产力水平下，要想靠原始的木器、石器、蚌器工具，将居住地加高加固到足以防御较大的洪水侵袭，几乎是不可能的。而且，将自己的居住地加高后，会逼使水流冲向其他的氏族或部落，这就引起了其他氏族、部落的反对。后来，唐氏族一怒之下消灭了共工氏族。但是共工氏族存活下来的后裔在与洪水斗争过程中发挥了重要作用。

▼尧帝像

尧担任部落联盟首领的时候，水患也很严重。尧召集各部落的首领，共同商讨治水的办法，最后推举鲧领导治水。鲧借鉴了共

工氏族治水的经验，把共工氏族加高整个居住区的办法改为在居住区周围修筑土围墙，这样就大大减少了工程的土方量。古文记载“鲧筑城”“鲧作三仞之城”就是对这一行为的描述。有了这种土围墙，不仅可以防御小的水患，遇到稍大一些的洪水，也可以采取临时加高加厚土围墙的办法，保住村落。后来的传说中，把这种水涨墙高的事实加以神化，说成是鲧从天帝那里偷来了一种可以自己生长的“息壤”，用来阻挡洪水，所以在洪水到来之时，土围墙就不断增高。当时修土围墙，是采用夯筑的办法，并不十分坚固。遇到大洪水或被洪水长时间包围浸泡，最后无法发挥作用，不能从根本上消除水患。后来，舜以治水无功把鲧处死了。

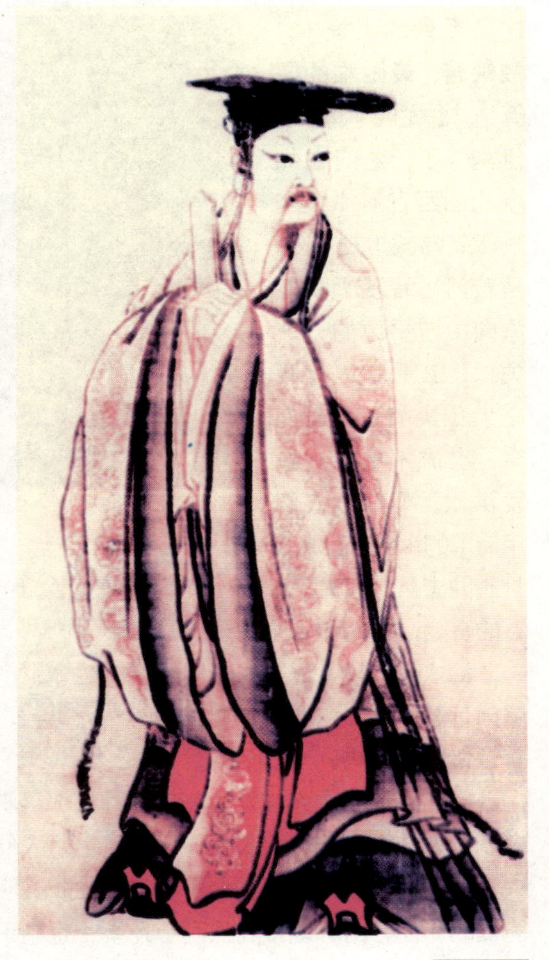
▲大禹像

鲧死后，大家又推举他的儿子禹领导治水，据说共工氏族的后裔四岳也参加了治水工作。禹对于父亲治水无功而被处死十分伤心，同时这件事也坚强了他克服困难、治服洪水，完成先父遗业的决心。他认真思索了前人治水的经验和教训，然后带领助手们进行实地考察，以便找出最佳治水方案。在考察过程中，他们风餐露宿，跋山涉水，察看山川水势，并沿途作了许多标记，有的是在树上砍凿出痕迹，有的是在地上堆积一些石块，给日后治水标示出大致的施工基准线。根据考察的结果，禹决定采取以疏导为主的治水方案，他带领着百姓，利用枯水季节疏浚河道，把挖出的泥土堆到岸边的高地上。这样，在洪水季节水流就可以顺畅地流走，岸边的居民区也不易受到洪水的威胁了。

治水的工程持续了许多年，《孟子·滕文公》记载“禹八年于外，三过其门而不入”，《史记·夏本纪》记载禹“居外十三年，过家门不敢入”，总之，治水工程是既漫长又辛苦的。长年在外的辛劳，使禹的脸晒黑了，人累瘦了，连小腿肚子上的汗毛都磨光了，脚趾甲也因长期泡在水里而脱落。有时在泥水中干活，浑身泥乎乎的，看起来像只熊，后人遂有“禹化为熊”的传说。“三过家门而不入”的典故也由此而来。

最终，大禹领导着人们疏通了黄河流域的一道道水系，消除了一处处洪水的隐患。在这一系列的工程中，最艰苦、最困难的要算是“凿龙门”和“辟伊阙”了。龙门在如今的山西省河津市和陕西省韩城市交界处，是黄河出晋陕大峡谷流向中游平原的一个关口，由于岸边有两座大山夹峙，河道变窄，水流不畅，易暴发洪水。禹带领人们用简单的木制、石制、骨制的工具，凿宽了河道，消除了隐患。位于河南省洛阳市的伊阙，也是经过一番开山掘谷的奋战，最终使河道通畅。

▼大禹治水

治水的成功，保护了当时人们的生命财产，生产得到了恢复和发展，因此人们非常感激带领大家治水的禹，尊称他为“大禹”，传颂着他的事迹。后来，舜就把部落联盟首领传给了大禹。

鲧和大禹治水大约发生在尧、舜任部落联盟首领的时期。这时期正是中原龙山文化高度发展的时期，原始农业文明很发达，人们在临近水源的河谷地带开垦了大片农田，兴建了众多的居民点，创造了丰富的物质文明。然而，这一发达的原始农业文明又有其脆弱的一面，河谷地带固然利于开垦，也利于农作物的生长，但是同时，它又十分容易受到洪水的侵袭。而在尧、舜的时期，偏偏降水量增加，暴发了几次大洪水（小的水患就更多了），给人们的生产、生活造成了巨大的灾难，许多人死于洪水之中。

后世关于洪水的记载，正是以这些水患为蓝本的，只不过在长期的传说中被夸大了很多。面对洪水的侵袭，人们进行了不懈的斗争，从中得出了不少经验教训，并没有从适宜耕种的河谷地带退却，而是继续发展了自己的文化。大禹治水的成功，古代文献中说成是治理整个黄河流域，这是一种大大夸张了的说法。从当时的生产力水平来看，不要说治理黄河，就是把一条小河流导入江、海，也是不可能的。因此，禹治水的功绩，可能是修筑了一些堤堰阻挡洪水，对某些小河道进行了局部疏导，以及洪水到来时引导人们迁往高地躲避等等。大概在大禹的时代，持续了约一百年的多雨时期已经过去，转入了较为干旱的时期，洪水也相对减少，人们也把它当作是大禹的功绩了。几千年来，大禹已经成为中华民族不屈不挠与大自然斗争的英雄化身。

根据传说，鲧禹父子两人，一个是治水失败者，一个是治水成功者；一个成为治水罪人，一个却是人们讴歌的英雄，这在古代的史书中已有明确的描绘，自东汉以来，这样的说法盛行不衰。不过也有很多人认为事实并非如此，大禹治水的方法与鲧可能并没有本质区别，鲧并不是因为治水不力被杀，而是另有原因。

闻一多先生的《天问疏证》中对大禹治水有怀疑性观点："早期治水传说，鲧禹人分二法。"他认为父子两人用的治水方法是一致的。近年来，有很多学者更是对闻一多的观点进行了详尽的论述，认为鲧禹治水，方法相同。他们治水采用的方法都是湮（堙），即填洪水，在他们那个年代，不单是他们还不懂得疏导和壅防，其他人也不懂。正因为如此，在当时论治水之功时，人们将鲧禹相提并论，到了三代时将鲧禹共同尊为神。他们认为在早期的神话传说中，鲧禹并无贤愚之别，功过之非，在那个时代决定了他们治水方法的相同。

很多学者认为，鲧禹两人有着不同的遭遇，原因并不在治水而在于政治因素。鲧作为新兴势力的代表，他的所作所为大概都在破坏着旧习俗和制度。当时是原始社会父系氏族公社晚期向奴隶制过渡的时期，在新旧交替的历史转折点上，往往是适合旧传统、旧习俗、旧势力的人物时时得胜，而进取者、革新者不免一时受挫，甚至付出血的代价。把所有罪过都加到鲧的头上，所有功德圣业都加到禹的身上，是非常不妥的。

持这种观点者认为，人们认为鲧只堙不导，是没有科学根据的。堙和导是相辅相成的两种措施，单纯用哪一种都不会有成效，堙和导是在治水过程中根据不同情况采用的不同方法，不能一味用堙的办法。最早开始用堙的方法来治水的是鲧，以尧为代表的守旧势力因为对鲧部落中发生的变革看不顺眼，因而鲧被加上了"以乱天常"的罪名，这可能就是崇禹贬鲧的原因。

另外有一些学者对大禹治水表示怀疑。他们认为大禹治水可能仅是当时的人们利用水利，求得生活的安全和生产的便利的情况下产生的，治水的目的只是谋求安全的栖息之所，并不是大规模地疏浚河道，而且也没有能力完成那么大的工程。

事实真相到底是什么，可能也只有古人知道了。现在的结论只是根据传说和记载得出的推论罢了。

▲大禹祠

大禹到底去没去过浙江

相传，浙江绍兴城南会稽山是大禹朝会天下诸侯论功行赏的地方。《史记》记载："禹会诸侯江南，计功而崩，因葬焉，命曰会稽。会稽者，会计也。"根据这样的记载，会稽还是大禹治水之处和埋葬地。《史记》

▼夏时期石磬

还说春秋末期的越王勾践，“封于会稽，以奉守禹之祀”，是夏后帝少康庶子之苗裔。

20 世纪 20 年代，史学界以著名学者顾颉刚先生为首展开的论争，却使这一问题产生了许多新的认识，大禹是否到过现今的浙江会稽就成了一桩历史悬案，迄今尚未取得一致的看法。

历史上就有学者认为司马迁所说根本不足信，大禹不可能到达会稽。清代学者梁玉绳在《史记志疑》卷二中认为，“大禹巡狩并葬会稽之事，不足依据。当时建国多在西北，不宜独偏江南，若果巡狩所至，总会东南诸侯，并不应远来于越。”顾颉刚先生在《讨论古史答刘、胡两先生》中指出：“商周间，南方的新民族有平水土的需要，酝酿为禹的神话，这个神话的中心点在越（会稽），越人奉禹为祖先。自越传至群舒（涂山），自群舒传至楚，自楚传至中原。”（载《古史辨》第一册）这样看来，关于禹的传说可能是假的，仅仅是南方人对治水的愿望而已。

近年来，仍有一些学者坚持上述看法，认为司马迁之说非常值得怀疑。他们指出：把越说成是夏代的后裔，从考古资料到文献记载都找不到可靠的证据，越族不是夏族的后裔是很清楚的，他们系统地批判了流传已久的“越为禹后”说的错误。

有学者认为司马迁的说法不是伪造的，但认为大禹时的会稽不在今天的浙江，而在山东。在夏禹的时候，东夷越族已经成为华夏民族的成员，共同建立了夏国，因而东夷越族在传说中流传他们是夏的后裔，其后文字记载便把越王勾践的祖先认为是源出于禹之后，是合理的。可能在夏之时，会稽在山东泰山附近，为东夷越族人所崇敬，后来苏、鲁地区与华夏民族融合，不再被称为越人，因为越人怀念其先祖，会稽一名又出现在浙江。所以这个传说颇有来历，并非随便臆造。

也有许多人认为大禹是到过浙江的。如刘宜均、赵鸣等在《再论越族的鸟图腾》一文注中对夏禹是不可能到达浙江之说，提出了商榷意见，认为夏禹会诸侯于会稽山，及大禹死于会稽之事，史书中均有记载，尤以《越绝书》记述最为详细。依《越绝书》所载，大禹曾两次到过绍兴会稽，第一次是为了治水，并在此计功行赏；第二次是称帝以后巡狩江南时，病死于会稽，被葬在会稽山下。他们司马迁的记载是可信的。

史学家林华东在《中国古史的传说时代》一文中对这种意见进行了反驳，他认为先秦古籍记载中的会稽并没有确指就在今日的绍兴，直到西汉，司马迁才提出会稽就在绍兴的观点，东汉以后，这个说法被解释得更加具体；后代方志又大加附会、渲染，派生出种种传说。

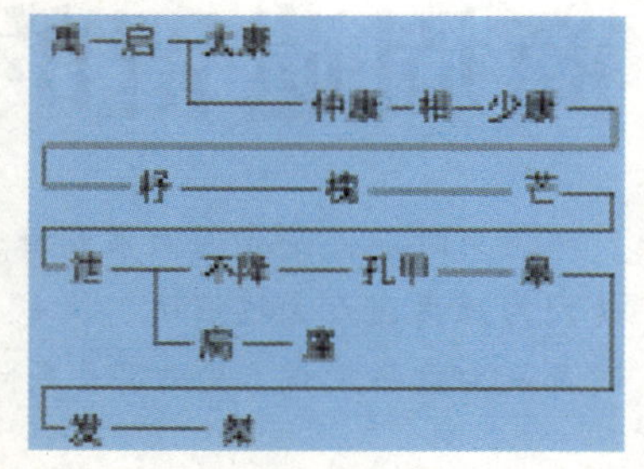

▲夏朝历代君主世袭表

绍兴会稽大禹陵、禹庙、禹穴，果真是夏禹圣迹吗？如果大禹时代的宁绍地区已纳入夏的范围，那么，它在考古学上所反映出来的文化面貌，应与夏文化基本一致。目前，夏文化遗存是以河南偃师二里头遗址为代表，而浙北、宁绍地区相当于夏商时代的文化遗存主要是以上海市马桥遗址第四层为代表，即“马桥类型”，两者分布范围不同，文化面貌更是差别很大，绍兴并非夏土是很清楚的，大禹绝不可能远离故地在此治水，或朝会诸侯，并葬于此。当时“钱塘江以南的山岳丘陵地带，也不至于有洪水的泛滥”。其实，王充早就对此提出异议，他在《论衡 · 书虚篇》中说：“舜至苍梧，禹到会稽，非其实也”，指出“夫言因山名郡可也，言禹巡狩会计于此山，虚也。巡狩本不至会稽，安得会计于此山？”王充是汉代浙江上虞人，对于会稽遗闻古事，当有了解和调查，认为司马迁的说法有误。

林华东进一步根据《管子 · 封禅》《墨子 · 节葬下》和《史记》所载“禹封泰山，禅会稽”，以及《淮南子 · 氾论训》高诱注“会稽”是“在泰山下，封于泰山，禅于会稽是也”和杨向奎、梁钊韬等先生的研究成果，认为早期的会稽应在山东泰山附近，绍兴会稽是由山东的会稽乔迁而来，这是同某支夏后裔南徙入浙有关。当时，夏人抵浙后，逐渐与当地土著融合在一起，并慢慢占据统治地位，后因怀念其先祖，故会稽一名及其与大禹的传说便出现在浙江了。司马迁因相距年代久远，不明其中底细，误把乔迁的绍兴会稽当作山东泰山附近的会稽。

▼卜骨

然而，《越绝书》称，禹的墓址“穿圹深七尺，上无泻泄，下无邸水，坛高三尺，土阶三等，周方一亩”。通过对浙江会稽大禹陵实地考古勘查，陵墓地形与这段文字所描述的情状，甚为相似。好像能够印证大禹确实埋葬于此。

大禹到底有没有到过浙江，真是仁者见仁智者见智了。

商周遗留的六大谜团

商周时期，是我国奴隶制社会高度发达的时期。但是因为距离现在太过遥远，文献记载内容较少，很多问题都成为难解之谜。其中有6个问题一直困扰各界人士。

▲商汤像

商都迁殷的前因后果

商朝后期200多年定都于殷（今河南安阳），所以商朝又叫殷朝，有时候也称为殷商。商朝定都于殷是从盘庚开始，盘庚是商汤的第九代孙子，商朝的第十九个王。商朝曾经屡次迁都，盘庚定都于殷后，不再迁徙，反映了这时候农业的重要性已经超过了畜牧业，国民都在这里定居下来。

史学家通常以盘庚迁殷为界，把商代历史分为前后两期。盘庚迁殷后，发扬商汤的政治传统，使商王朝再度兴盛，出现了百姓安宁、诸侯归依的局面，长期以来威胁着商北部、西部边界的那些部族，也在商王朝的打击下退缩、收敛，有的重向商朝表示臣服。

商汤灭夏之前，把统治中心迁到了亳（今河南濮阳县）。汤灭夏之后，为了便于统治夏国的遗民，又在位于夏的中心地区的今河南省偃师区修筑都城，定都于此。这是商王朝建立后修筑的第一座城池，它仍以“亳”命名，史称“西亳”，以与原来的亳城相区别。从仲丁继位为王开始，商朝的都城频繁迁徙，仲丁时迁都于隞（今河南荥阳市），河亶甲时迁都于相（今河南内黄县），祖乙继位后迁到庇（今山东鱼台县），南庚又迁都于奄（今山东曲阜）。从仲丁到盘庚只有十王，却迁了五次都，非常频繁。

盘庚即位前，商王朝已处于内外交困之中。在商王太甲以后，商朝历代的君主和奴隶主贵族们，生活都很腐化。他们迷信鬼神，又特别喜欢喝酒。他们自己不劳动，一切事情都驱使奴隶去做。在奴隶和奴隶主之间，阶级矛盾十分尖锐，奴隶们大批逃亡。在王室贵族当中，争夺王位越演越激烈，有的人说应当兄终弟及，有的人说应当父死子继。叔侄之间，兄弟之间，常常展开你死我活的斗争，内部矛盾非常尖锐。

商朝的第十八个王阳甲死后，阳甲的弟弟盘庚做了王。盘庚善于观察形势，觉得国家如果照老样子就难以维持下去了，应当想出一个行之有效的办法来缓和这些矛盾。他想出来的办法就是把都城迁到殷，开垦荒地，长期定居下来。

盘庚考虑迁都的原因主要是殷地的土地比较肥沃，自然灾害比较少，在这里建设都城有利于发展农业生产。其次盘庚认为迁都以后，一切都得从头做起，奴隶主贵族不能过分享受，这样社会矛盾就可以缓和。而且迁都可以避开危险的反叛势力，都城一旦安全，统治就可以得到巩固。

可是迁都的决定招致了许多奴隶主贵族的反对，因为迁都影响了他们的既得利益。盘庚是个办事十分坚决的人，他决不因为有人反对就改变主意。他把奴隶主贵族召集起来，对他们发表了两篇训诰。第一篇训诰是劝说，告诉大家搬家到殷的好处。他说："以前上天降下大灾难时，先王们都为了臣民的利益而迁徙。现在我也和先王一样，希望你们都能得到安乐的生活，并不是因为你们有罪而惩罚你们。我要遵照先王关心臣民的样子，关心你们，保佑你们，带着你们去寻求安乐的地方。你们如果不与我同心，先王的在天之灵便要责罚你们，降下不祥来了。"第二篇训诰是威胁，用强硬的口气，警告大家一定要老老实实地服从迁都命令，否则就要进行严厉的制裁。

盘庚软硬兼施，终于迁都到殷。一开始很多人吵嚷着要回老家，奴隶主贵族就乘机起哄，煽动大家要求搬回老家去。盘庚又发表了一篇训诰，用强硬的语气制止住了奴隶主贵族的反对。他说："先王谨遵上天之命，开国以来已经迁都五次了。现在如果不听从上天之命迁都的话，谈什么继承先王的事业呢？"他知道臣民口出怨言是由于当权的大臣在煽动，他严厉警告说："我看得很清楚，你们在浮言煽动，只是我没有表示出来罢了，你们就放肆起来。你们在自己祸害自己。我不论关系亲疏，谁做好事就受赏赐，谁犯罪就要受惩罚。国家能治理好，是你们大家的功劳。国家治理不好，由我一人承担责任。今后你们别乱讲话，否则到惩罚时，后悔就来不及了。"

在所有人共同努力下，殷被建设成了一个十分繁荣的都市。从此，商朝的都城就固定在殷城，政治上比较稳定，社会经济和文化也有更大的发展。那时候，铜的冶炼技术大大提高，青铜器的制作范围更加扩大。著名的司母戊大方鼎，高 133 厘米，长 110 厘米，宽 78 厘米，重 875 公斤，被考古学家从殷墟遗址中发掘出来，完整地保存在中国历史博物馆里。这是世界上到现在为止发掘到的最大青铜器，反映了商代高超的青铜冶炼技术。

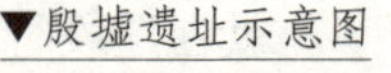
▼殷墟遗址示意图

在殷墟的考古发掘中，发现了大批乌龟的腹甲和牛的肩胛骨，上面刻着许多文字，这就是甲骨文。至今发现的甲骨文一共有四千多个单字，大多已经被考古学家辨认出来。当时殷朝的王室贵族很迷信，做什么事情都要先采用龟甲和牛骨进行占卜。刻在龟甲和牛骨上的，大都是占卜的原因和结果，以及后来是否应验等等的话，这些卜辞记载着殷朝的许多大事，为研究殷商的历史提供了可靠的资料。

盘庚迁都使商朝得到复兴，使得殷商这个奴隶制国家，在我国文化发展史上放出了灿烂夺目的光彩，成了当时世界上的文明大国。

盘庚以后的二百多年间，商朝没有再迁都，并创造了伟大的殷墟文明。

▲商纣王

纣王是否真的荒淫残暴

商纣王在绝大多数人心中的形象可能都来自于一个成语，那就是助纣为虐。他是商朝最后一个国王，史书称他非常残暴，而且终日饮酒作乐，荒淫无度。他强迫成千上万的奴隶，花了长达 7 年时间，在都城朝歌修建鹿台。鹿台上楼观巍峨，亭阁秀丽，传说比夏桀的瑶台还要阔气。他还学着当年夏桀的样子，在宫院中挖了个大池子，里面灌满了酒。这个酒池很大，据说可以行船。又在池边的林木上挂上肉块，称作“肉林”。纣王在“酒池肉林”中尽情享受。

面对商纣王的荒淫残暴，很多正直的人都规劝他。他有个大臣叫梅伯，对商王朝的存亡很担忧，就向商纣王进忠言，可纣王不但听不进去，还把梅伯施于炮烙酷刑。纣王的叔父比干也好言劝说，他却说：“我听别人说你是个圣人，长着 7 个心眼，今天我要把你的心挖出来，看个明白！”就这样很多忠心耿耿的大臣惨遭杀害。这样一来，再也没有人敢规劝他了。

就在这段时间，以周文王、周武王为首领的周部落迅速崛起。周国派出的探子相继回来把商国的情况一一介绍给武王。周武王看到时机基本成熟，决定进攻商国。

▼比干墓

周武王出动了 300 辆兵车，3 000 名勇猛的先锋，4 500 名士兵，又会集各部落和小国的支援部队，浩浩荡荡地从孟津向商朝的首都朝歌进发。这支讨伐大军士气旺盛，一路上没有遇到多少抵抗，就到了离朝歌只有 70 里路的牧野（现河南省卫辉市北）。

周武王在牧野正式竖起伐纣大旗，当众誓师。他站在高高的王车上，大声说道：“尊敬的友邦国君、诸位官员和所有远征的将士们，暴君纣王听信谗言，败坏朝纲，残害忠良，荼毒百姓，现在，我遵照上天的旨意来讨伐商纣了。所有参战的将士们，举起你们的戈，拿起你们的盾，握好你们的矛，为讨伐暴君，你们要勇猛向前，但不要杀害那些前来投降的人，以便使这些人为我们效劳。勇敢的将士们，作战有功的，将会得到奖赏；如果有谁不努力作战，我就要把他杀掉！”誓师完毕，就挥动旗帜，驱动兵车，向商都进军。

这时候，商纣王正带着他的宠妃和一帮大臣，在鹿台上欣赏歌舞，喝酒吃肉。手下的人把周军进攻的消息告诉纣王，他这才散了酒席，召集大臣们商量如何应战。商朝的军队当时正在东南地区征讨少数民族，一时抽不回来，纣王只好下令把大批奴隶和俘虏编入军队，然后就向牧野进发。著名的牧野之战爆发了。

牧野之战是一场空前规模的激战。论人数，周武王的讨伐大军要少于商纣王的部队，可是论士气，周武王的伐纣大军同仇敌忾，暗下决心一定要把商纣王推翻。而商纣王的部队却人心涣散。

▲周武王像

大战开始了，周军队伍像一排巨浪，压向商军，一场厮杀即将展开。就在这时，商军前排的兵士们突然掉转矛头，朝后排冲去。原来这些都是奴隶和俘虏，他们早就恨透了殷纣王，哪里肯替他卖命。商军前排倒戈，队伍顿时大乱，土崩瓦解。

商纣王在朝歌城中得知商军大败，周军正向朝歌涌来。商纣王大惊，知道自己的末日到了，他不想让周军得到他的鹿台和珍宝，于是命人把王宫里的珍宝全部搬到鹿台上，自己用绫罗缠身，躺在珍宝中，点了一把火，结束了自己的生命。

周武王带着伐纣大军冲进朝歌，朝歌的老百姓早已烧好了开水煮好了饭，迎接周武王的军队。周武王一进城，百姓齐声欢呼，感谢他从商纣王的暴政底下解救了他们。

当武王来到鹿台时，发现琼楼玉阁已成一片瓦砾，未燃尽的巨梁大柱还冒着缕缕青烟。武王断定，商纣一定畏罪自焚了。不一会儿，武士们果然在灰烬中找到一具尸体。由于尸体四周堆着许多不易燃烧的珠宝玉器，所以尸体的相貌还依稀可辨，果然是商纣。武王怒不可遏，朝着商纣的尸体连射三箭，然后用青铜大斧将头颅砍下，悬挂在大旗杆顶上。周武王庄严地宣告伐纣战争胜利结束，商朝已经灭亡。

这一段历史和对纣王的评价，从《史记》以来的主要史书都是这样叙述的，今天在众多史学家编写的历史书和教材中都可以看到。不过也有人提出了不同的看法，孔子的学生子贡就对史书的写法表示出了怀疑，他认为商纣的罪行并不像史书上说的那样严重，后人大多把当时最恶毒的事情全部堆到了他的头上。清朝有个学者叫李慈铭，他认为杀比干、囚箕子、宠妲己之类的行为，历史上哪个皇帝没有？他的这些事情，比起后代的暴君，根本算不上什么。新中国成立前著名学者顾颉刚曾编写了《纣恶七十事发生的次第》，对后人认为的商纣暴行一一进行考证，最后他得出的观点认为这些商纣的罪恶其实是后人层层积累所致，时间越后，堆在商纣头上的罪行就越多，但越不可信。1960年，郭沫若在《新建设》上发表文章，公开为商纣翻案，他认为纣王是一个很有才能的人，对民族发展做了许多好事，对古代中国的统一，有不少功劳。他曾经平定东夷，所开拓的淮河流域和长江流域，为宋、楚、徐等国家承继着同一文化在南方的发展创造了条件。可以说，中国的统一是纣王开其端，而秦始皇收其果。这种观点得到了一些学者的赞同。更有学者指出，战国秦汉之际的一些人，将夏桀的恶行附会到商纣王的身上，因此越传越离谱。

一些观点认为商纣的暴行是存在的，但他并不纯粹是一个暴君。有学者指出，传统的史书对商纣的描写是极其混乱的。商纣可能唯妇言是用，并非单纯的君主荒淫，这大概根源于制度与习俗中的母权残余，是一种社会现象。《尚书·牧誓》说他“昏弃厥遗王父母弟”，应是商纣的主要罪状，它违背了我国宗法传统中的亲亲原则。而信用“多罪逋逃”，即任用身份低贱的人，并不是纣王的缺点，反倒可以说明他的任人唯贤政策。商纣败亡的原因并非由于他的孱弱，而是商的军队叛变所造成的。

商纣王是不是真的那么荒淫残暴，困难只有当时他身边的人才知道了。

周公辅成王的真相

周朝一直实行封建制，把国王的亲属和有功之臣封为诸侯来分管各个地区，封侯可以拥兵，但必须随时听候天子的调遣，定期向天子纳贡、朝贺。这一制度允许封侯世代相袭，但天子对封侯有赏罚予夺之权。分封制实行后，各诸侯国如数纳贡，定期朝拜，西周王朝蒸蒸日上，奴隶制也得到进一步发展。

▶周公像

周武王临终前把年幼的儿子诵和军国大事托付给周公。周公为武王举行了隆重的葬礼，把他安葬了，然后又把诵扶为天子，即周成王。因为成王年少，一切军国大事均由周公代理。周公旦是武王的弟弟、成王的叔叔，他辅佐周武王完成灭商大业，建有殊勋。周王朝建立后，周武王把曲阜（在今山东省）一带分封给他，在这里建立了鲁国，因此他又被称为“鲁周公”。周公天资聪明，才华出众，从小又是在王室中长大，受过先王不少教诲；另外，武王生前与他关系融洽，感情极深，所以如今周公理起国政来，不仅得心应手，而且非常卖力。为了治理好国家，他想尽一切办法网罗人才，处理好政事。

周公的权力大大增加，因而引起了管叔鲜、蔡叔度等人的猜忌和不满。他们到处散布流言，说周公摄政是想取代成王，自己做天子。这些流言欺骗了不少人，连长期与周公共事的召公也对周公产生了怀疑。

在这种情况下，周公认为首先要取得国家重臣召公和姜尚的支持，他向召公和姜尚剖白了自己的心迹，说："我甘愿冒篡国的嫌疑，代替年幼的成王摄行国政，就是怕周族立国不久，天下人心不服，一旦发生叛乱，就可能使周国丧失土地或者亡国，我们将没脸去面对先王。我们周族的事业经过几代人的努力才获得初步成功，如今武王过早地死去，成王年纪还小，我代行国政，就是要继承祖先开创的事业，使周朝更加强盛。"姜太公、召公等人被周公的一片诚心所感动，不再怀疑他了。很多人听了周公的解释，又见他确实尽心尽力地为国家办事，也就不很相信管叔和蔡叔的谣言了。召公和姜尚理解了周公的用心，对他摄行政事给予全力支持。

▲姜尚像

就在此时，商纣王的儿子武庚勾结管叔、蔡叔、霍叔，率领着徐、奄、熊、盈、薄姑等过去隶属于殷王朝的东方小国，发动了大规模叛乱。

周公、召公和姜尚，奉成王之命，率师东征，一举击败了叛军，杀掉了武庚和管叔鲜，把蔡叔度等人流放到远方。接着，周公、召公又共同率师东进，征讨那些跟随武庚叛乱的东方各国，灭掉了徐、奄、熊、盈、薄姑等国。

周公东征，不仅平息了武庚等人发动的叛乱，而且打垮了东方的反周势力，使周王朝的统治扩展到东方，控制了徐、奄、薄姑等地。为此，周成王对卓有功勋的周公赐嘉禾褒奖，对抓获了徐、奄、熊、盈、薄姑五国国君的召公也予以奖赏、慰劳，对屡立战功的姜尚则授以在东方广大地区得专征伐的特权。周公东征，还为彻底解决商族遗民问题创造了条件。平叛之后，周公一方面继续对商族遗民实行怀柔政策，把商的旧都附近的遗民保留下来，分封给原来商王朝的贤臣微子启，建立了宋国，让商族的香火得以延续。另一方面，他把很多商遗民赏赐给卫、唐、康等国诸侯，作为周人的奴隶。这样就把商遗民分割成几部分，并置于周人的控制之下，彻底消除了隐患。

东征胜利后，周公认为发生这次叛乱的主要原因是周朝的首都太偏于西部。距离从商殷那里得来的土地太远，所以决定在东边建立一个新的都城。经过占卜，周公认为洛邑（今河南省洛阳市）是个好地方，于是决定在这里建立东都。

周公严格遵守文王、武王的遗训，办事节俭，不搞铺张浪费，东都没有商纣鹿台一类的豪华建筑，但是规制宏大，单体建筑十分宏伟。它的内城为9里见方，外城达27里，一共花了9年多时间才建成。周朝从此有了东西两个都城，原来的都城镐京称为宗周，表示那是周朝祖宗营建的地方。新建成的东都，定名叫成周，表示那是周朝建成以后修建的。成王依旧在镐京居住，东都由周公坐镇。从此，周朝开始了长期稳定的局面。七

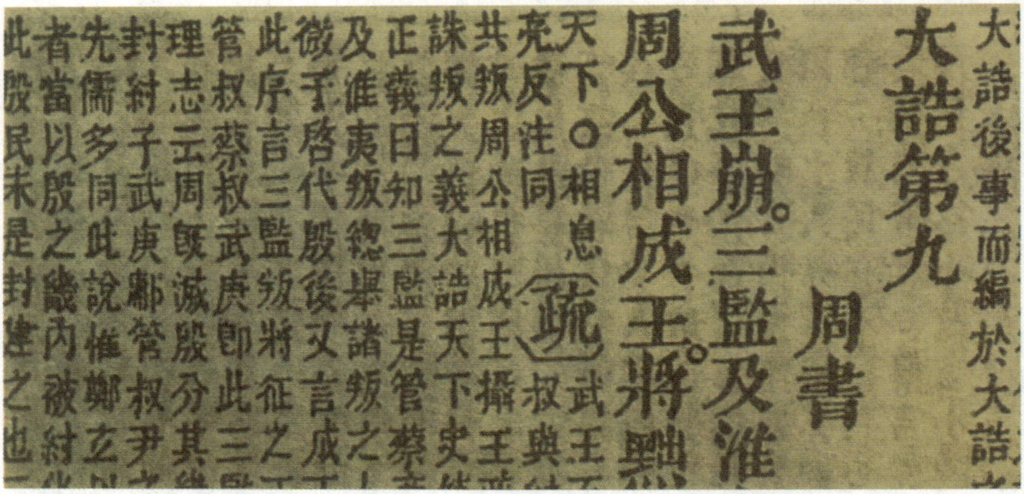
大誥後事而編於大誥
大誥第九　周書
武王崩。三監及淮
周公相成王。將黜
天下。○相，息亮反，注同。
疏　武王……叔與……
共叛周公相成王攝王
誅叛之義大誥天下史
正義曰知三監是管蔡
及淮夷叛總舉諸叛之
微子啓代殷後又言成
此序言三監叛將征之
管叔蔡叔武庚即此三
理志云周既滅殷分其
封紂子武庚鄘管叔尹
先儒多同此說惟鄭玄
者當以殷之畿內被紂
此殷民未是封建之也

▲古籍关于周公辅佐成王的记载

年之后，成王长大成人，周公又自动将国政还给周成王治理，以一个臣子的身份继续辅佐周成王。这样的做法受到了后人的广泛称赞。

周公不避猜疑，以摄政的方式辅佐成王，避免了王位更替过程中出现的政治空白，并彻底粉碎了武庚和管叔、蔡叔、霍叔等发动的叛乱，使年轻的周王朝得到巩固，为西周初年的“成康（周成王、周康王）之治”奠定了基础。周公还提出“封建诸侯，以藩屏周”的建议，在全国范围广泛分封兄弟和亲戚，建立了七十余个诸侯国，成为周王朝实施统治的重要据点和保卫周王室的屏障。这一措施改变了武王灭商后一段时间内“天下未集”的混乱局面，使周王朝成为一个疆域超过商王朝的巩固的奴隶制大国。

周公为了周朝的事业，用尽了毕生精力。他把自己的经验写成文章，留给后人。周公死后，周成王用最隆重的天子礼节，把他葬在文王陵和武王陵附近，表示周公完成了周文王和周武王没能完成的事业。

周公辅助成王的事实得到了人们的交口称赞，但针对辅政过程中的一些史实，有人提出了疑问，周公是否称王？

有学者认为周公在辅政过程中是称王了，在当时的历史条件下，这是一件十分自然的事情。从金文和文献中称公又称王的例子来看，周公确是既称王又称公。从《蔡尊》等器物上周公为王的原始记载来看，由于周王朝所刚刚取代的商王朝的承袭方式，常用的是兄终弟继之制，结合以父死子继之制，弟弟承继君位是正当的。新建立起来的王朝如果循用前代王朝成规的话，周公本来可以继武王为王，其称王是很自然的。

但针锋相对的意见认为周公根本没有称王。从上古文献《诗经》《尚书》《史记》《汉书》等来看，并无周公摄位称王之事。周公因成王年幼而摄位之说不可靠，从成康时代的铜器铭文中成王平叛武庚之乱、二次克商的史实看，成王已能率师东征，可见他当时已经成年。在一些器物的铭文中“王”与“周公”互见，说明二者绝非一人，“王”指的是成王，周公称王说不攻自破。其次，汉唐旧注均以为《尚书·洛诰》所记乃周公致政成王之事，仔细探研文意，其实此篇主要记载洛邑告成，成王在新邑举行改元之礼，既无摄政之事，也无致政之文，汉儒误解篇中首、末两句文义，从而认为周公是称王了。

周公辅政，成了历代大臣学习的榜样，但如果曾经称王，那么这个榜样的成色就有了一些折扣。也许周公称王了但是史学界为了塑造一个光辉形象而没有如实记载。

周宣王登基始末

西周王朝曾经有十余年的时间，国中没有天子，国政由周公、召公两个贵族共同主持，史称“共和行政”。导致这起事件发生的起因，是周厉王的“好专利”和暴虐。按习惯成例，普天之下，莫非王土，山川林泽和荒野名义上自然是归周天子所有，任何个人不得私自占有。然而，由于山川林泽数量太大，长期以来周天子也无暇顾及，民众可以随便使用。

西周中期以后，情况发生了变化，由于生产力的提高，一些山川林泽和荒地已被开垦出来加以使用，成了贵族和国人的私田。周厉王在位时，这个问题日益严重，而周厉王为了满足自己奢侈的生活，总是想不断聚敛更多的财富。当时周王朝有一个叫荣夷公的大臣为周厉王出主意：重申土地国有的传统法度，明确山川林泽、荒地及其中生产的各种产品都是国王的专有。这样，周厉王便在土地国有的招牌下，公然侵夺贵族的私田、产品和奴隶，变为王有。一般平民也不得在山林砍柴打猎，不得在河流中捕鱼。这种做法激起贵族和国人的不满，社会矛盾不断激化。民众指责厉王：“人有土田，汝反有之；人有民人，汝复夺之。”

▶召公像

一个叫芮良夫的大夫劝谏周厉王不要听信荣夷公的话，废除有关“专利”的各项规定。可是周厉王为新增加的大量财富迷住了心窍，根本听不进芮良夫的肺腑之言，不仅没有疏远荣夷公，相反还提拔他做了朝廷的卿士。

周厉王实行“专利”的做法激起了人们的普遍不满，尖锐的批评直指周厉王，史称“谤王”。大臣召公听到这些批评议论后，急忙跑去报告厉王，并告诫厉王：百姓已经无法忍受了。周厉王听后大怒，他找了一个卫国的巫师，让他暗中监视国人，一旦发现有人发表“谤王”的言论，立即告发，一律处死。在这样的残酷镇压下，很少有人敢再“谤王”了，各地诸侯也不再来镐京朝见。到后来，镐京城里的人们在路上碰到熟人，连话都不敢说了，只能用互相使眼色的办法，表示一点对厉王的不满。

周厉王见用卫巫“弭（止息）谤”的办法很有成效，十分高兴，他对召公说：“我已经止住了那些批评议论，没有人再发表谤王的言论了。”召公指出：“您并没有平息人们心中的不满，只不过是堵住人们的口，不让他们说出来罢了。您要知道，堵住人们的口比堵塞奔流的河水还危险。堵住的河水一旦冲垮了堤防，就会造成很大的灾难；堵住人们的口，不让他们发表意见，一旦人们的愤怒爆发，就会给国家造成危险。”可是，一意孤行的周厉王根本不予理睬。

周厉王实行“专利”，增加了王室的收入，却损害了贵族及国人的利益，因而丧失了民心。在周厉王推行的高压政策下，人们敢怒而不敢言，表面上看国中平安无事，实际上一场大的动乱已经在酝酿中了。

周厉王实行“专利”的第三年，表面的平静状态再也维持不下去了，国都中爆发了一场大规模的国人暴动，城中的国人、工匠和部分贵族一哄而起，手持棍棒、斧头，冲向王宫，要杀死厉王。厉王闻到风声，赶紧逃跑，东渡黄河，一直逃到彘地（今山西省霍州市东北）。后来厉王再也不敢回镐京，最后死于彘。

愤怒的国人在宫中没有找到周厉王，便把仇恨发泄在他的家人身上。这时有人发现周厉王的儿子太子静逃进了召公家中，于是国人包围召公的家，要求召公交出太子静。召公的先辈世代都是周王朝的重臣，召公本人也对周王室忠心耿耿，他虽然对周厉王不听劝谏导致这场灾难十分怨愤，但为了周王室的利益，还是藏起了太子静，而让自己的儿子换上太子静的衣服，把他假装成太子静交给国人，结果被国人打死了。

周厉王出逃在外，太子静虽得到保护，但一时也不得公开身份来接周王之位，周朝历史上出现了一个朝廷中没有国王的政治空白期。周朝的贵族们为了解决这个问题，举行一次特别会议，会上决定由德高望重的周公和召公共同代行国政，史称“共和行政”。共和行政期间，革除了周厉王推行的一些弊政，各种矛盾得到缓和，周王朝经济有所恢复和发展。

共和行政十四年（前828），周厉王在彘死去，谁来继承王位的问题又被提上了议事日程。这时召公把当年让自己的儿子代替太子赴死的真相讲了出来，并把在自己家中躲藏了十四年的太子静带到贵族们面前，提出仍由他继承王位。太子静当年还是一个小孩子，周厉王的暴政本来就与他无关，

▼洛阳周公庙

只是国人一时迁怒于他而已。现在经过召公十四年的培养教育，太子静已成为一个颇具才干的青年，于是贵族们一致拥立他做了国王，他就是周宣王。

周宣王即位之后，在周公和召公的辅佐下，继续革除厉王时的弊政，他要求大臣在处理政事时，要广开言路，使下情上达；又警告他们在征收赋税时，不要中饱私囊，鱼肉百姓。这些禁令还被郑重地铭刻在毛公鼎上。周宣王励精图治，努力恢复西周初年先王建立的好传统，使国家逐步强盛起来，在对不服统治的周边少数民族部落的征伐中，取得了巨大胜利，周王朝的威望也提高了。这就是历史上所说的“宣王中兴”。

“共和行政”不仅在结束周厉王的暴政、开启周宣王的中兴局面中有着不可抹杀的功绩，它还作为历史上最早有明确纪年的开端而受到史家的重视。在此之前的历史，只有王号而没有年代，从共和元年开始，后来的历史都记载了国王或皇帝在位的年数，使中国古代的历史有了准确的系年，这是一个很有历史意义的大事。共和元年这个有重大历史意义的年份，就是公元前 841 年。

传说中的九鼎去了哪里

我国商周时期的青铜工艺高度发达，传下了许多稀世之宝。然而就历史价值而言，却没有一件比得上传说是大禹所铸的九鼎。九鼎一直被视为王权的象征，后人将争夺政权称为“问鼎”。

《左传》说九鼎铸于“夏之方有德”之时，而《史记》把铸鼎的时间略有提前，说成是“虞夏之盛”之时，并明言大禹是收了九牧之金而铸九鼎的，本意是象征九州。《墨子》说鼎铸于夏后启时。上述说法大体相近，得到了后代许多人的赞同，基本上认为鼎是大禹所铸，时间在夏朝建立的时候。

《左传》记载，九鼎铸成后，陈列于宫门之外，使人们一看便知道所往之处有哪些鬼神精怪，以避凶就吉。据说此举深得上天的赞美，因而夏朝获得了天帝的保佑。九鼎一出世，就蒙上了一层神秘色彩。其实，透过神话因素，就不难看出它的政治价值。夏以九州之铜铸成九鼎，再以九鼎象征九州，无非是要表明自己乃九州之主，实现了天下一统。此后，九鼎便成了三代传国之宝。传说夏亡之后，鼎迁于商，商亡之后，鼎迁于周，表明天命之所归。

▼青铜鼎

周朝后期，随着王室力量的衰落，强大的诸侯对九鼎产生了觊觎之心。《史记 · 楚世家》记载楚庄王八年（前 606)，楚庄王带兵攻打陆浑之戎，路经

▲传说中九鼎的样式

洛邑，特意摆开阵势，显示武力。周定王连忙派大夫王孙满前去慰劳。楚庄王咄咄逼人，劈头就问九鼎大小轻重如何。王孙满冷冷地说："在德不在鼎！"接着又不紧不慢地回顾了九鼎转手的历史，并说如果本质美好光明，鼎虽小而犹重，反之，虽大犹轻。他进而指出："周德虽衰，天命未改，鼎之轻重，未可问也。"楚庄王碰了一鼻子灰，只好作罢。这也就是成语"问鼎中原"的来历。

到了战国后期，周王室已是风雨飘摇。据《战国策·东周策》所载，周显王时期，秦国兴兵临周，企图夺取九鼎。周向齐国求救，迫使秦国退兵。但强秦岂肯善罢甘休，后来秦昭王终于灭掉了东周。九鼎从此失踪，再没有出现。

因为2 000多年来，考古学界没有九鼎的任何有价值的讯息，人们就怀疑大禹是否铸鼎，如果铸了九鼎，那么它们最后流落在哪里呢？

怀疑者认为秦始皇统一六国后，并没有从周室夺到九鼎，汉灭秦，也没有见到鼎。刘邦登位时，秦王子婴交出的只有皇帝玺。《战国策》说周得九鼎时，每一只鼎要有九万人来搬运，九只鼎要有八十一万人来运输，这可能吗？近代学者认为，《战国策》的描述夸大了实际情况，禹铸九鼎可能不是事实。

也有学者根据当代的考古挖掘，认为在夏代以前的一些原始社会遗址中，已经出土过铜器和青铜器。河南偃师的二里头遗址，学术界公认是属夏王朝时期的，曾出土铜爵、铜凿等各式形状的铜器，并且考古工作者还发现了坩锅片、铜渣和陶范，证明夏人是完全有能力制造铜器的。至少从技术层面而言，禹铸九鼎是可能的。仅凭古史传说中的一些缺陷而否认禹铸九鼎，恐怕也不见得是绝对有力。

如果九鼎真的存在过，那么周朝之后它们哪里去了呢？

一些学者发现《史记》中的说法前后不统一。周、秦二本纪都说秦昭王五十二年（前255)，在周赧王死后，终于"取九鼎入秦"。《秦始皇本纪》说九鼎在迁往咸阳的途中，有一鼎被大风刮到江苏的泗水中。据此，除一鼎外，八鼎有可能被搜刮到了秦国宫殿中，应当失于秦亡之后。唐人张守节在《史记正义》中也说："周赧王十九年，秦昭王取九鼎，其一飞入泗水，余八入于秦中。"然他将秦昭王取九鼎的时间较《史记》的记载提前了 41 年。《史记 · 封禅书》又说："周德衰，宋之社亡，鼎乃沦没，伏而不见。"那么九鼎早在东周末年便已遗失，与秦无关。后来，《汉书 · 郊祀志》也是兼收两说，但又说"周显王之四十二年（前 327)，……鼎沦没于泗水彭城下"。以后秦始皇出巡路过彭城（今江苏徐州）时，派了上千人泗水打捞，结果如同竹篮打水，未能如愿。这说明九鼎并未入秦，至少有一鼎是不知去向。

到了清朝，全祖望、沈钦韩等学者对上述传统说法公开表示怀疑，并作了新的探索。王先谦在《汉书补注 · 郊祀志》中除引用全、沈二家之说外，又作了进一步的发挥，其主要内容大体可以归结为以下三点：一、周人为防止大国觊觎，加上经济困难，采取了毁鼎铸钱的下策；对外则诡称丢失，不知去向。二、史载秦灭周取鼎，为时人揣度之辞，并非事实。三、秦人谬传九鼎沉入泗水，秦始皇也受到愚弄。这些说法足以发人深思，但未必是真实的。

还有传说，认为九鼎被周熔化铸钱。但是周人视九鼎为天命之所在，肯定把它与社稷共存亡，不可能自行销毁。况且九鼎铸于夏初，器形不会太大，楚庄王就曾以鄙夷的口吻说："楚国折钩之喙，足以为九鼎。"（《史记 · 楚世家》）可见九鼎之"重"，只存在于传统的神秘观念之中，而不是实物本身的价值。东周统治者能为少量之铜而毁鼎铸钱吗？

古籍对九鼎遗失时间和地点的记载虽然说法不一，但没有其被销毁的确切记载。因此，我们有理由寄希望于考古工作的进展。九鼎如失于东周灭亡之前，那么埋没于关东的可能性就比较大；如失于秦末，那么埋没于关中的可能性就比较大；要是项羽破秦后载归彭城，那倒极有可能"沦没于泗水彭城下"，但与《汉书》记载的年代又相距甚远。如能将这些问题考辨清楚，对于寻找九鼎的下落，可能会有很大帮助。九鼎是否真的存在过，现在是否还存在于世，要等以后的考古发现来给出定论了。

▶周朝的青铜鼎

血雨腥风的“坑儒”事件

提起秦始皇，人们就会想起“焚书坑儒”这一典故，但是秦始皇到底有没有“坑儒”呢？这是一个千古谜团。

坑儒事件的起因

“六王毕，四海一。”秦始皇统一六国以后，开中国2 000多年封建统治的先河，统一度量衡，统一货币，建立郡县制等，体现了历史的进步。在完成政治上的诸多加强控制的举措之后，秦始皇便开始了精神上的控制。公元前213年，秦始皇在咸阳宫为群臣及众多的儒生大摆酒宴。在宴会上，围绕着是否实行分封制，众多儒生之间发生了激烈的争论。丞相王绾、博士生淳于越等人主张实行分封，而丞相李斯等则赞同郡县制，并指责淳于越等“不师今而学古”“道古以害今”。最后秦始皇支持李斯的观点，并采用、实施李斯的“焚书”建议，下令：除了秦纪（秦国史书）、医药、卜筮、农书以及国家博士所藏《诗》《书》、百家语以外，凡列国史籍、私人所藏的儒家作品、诸子百家著作和其他典籍，统统按时交官焚毁。同时，禁止谈及《诗》《书》和“以古非今”，违者定当严惩乃至判其死罪。接着，秦始皇在大规模地焚书之后，残忍地将数百人一起活埋。这就是腥风血雨的“坑儒”事件。

▼秦始皇塑像

“坑方士”与“坑儒”各有依据

秦始皇自以为威德无人能比，自称“始皇帝”。他称帝以后，妄想长生不老，迷恋仙道，不惜动用重金，先后派徐福、韩众、侯生、卢生等人寻求仙药。侯生与卢生当初是秦始皇身边的方士，由于长期为秦始皇求仙人和仙药始终没有找到而心急如焚，忐忑不安。依照秦国的法律，求不到仙药就会被处死。因此他们深发感慨：像这样靠凶狠残暴而建立威势并且贪婪权势的人，不值得给他求仙药。于是，侯生、卢生悄悄地远走他乡。

长生不老的梦想一再失望，使秦始皇十分恼怒，于是他下令，对所有在咸阳的方士进行审查讯问，欲查出造谣惑众的侯生、卢生2人。方士们为保全自己的性命，只得相互告发。秦始皇最后把圈定的

▲武则天

460余人，都在咸阳挖坑活埋。

秦始皇的“坑儒”是“焚书”的继续。至于坑杀的人究竟是方士还是儒生，学术界各持已见。从分析事件的起因看，秦始皇所坑杀的人应该是方士；但从长子扶苏的进谏“众儒生都学习孔子的学说”来看，他所坑杀的又好像是儒生。

关于第二次坑儒，有史料记载：秦始皇在骊山温谷挖坑用以种瓜，以冬季瓜熟的奇异现象为由，诱惑博士诸生集于骊山观看。当众儒生争论不休、各抒已见时，秦始皇趁机下令秘杀填土而埋之，700多名儒生全部被活埋在山谷里。由于焚书坑儒的烈火灼烧，到现在骊山温谷有的地方土都是红色的。

对坑儒事件不同的观点

传统观念以为，秦始皇焚书坑儒，这样一来就可以愚天下黎民，保万世江山。不料“坑灰未冷山东乱”，距始皇坑儒仅4年，他梦想要“传至万世”的基业便土崩瓦解了，从坑儒到秦亡，充分暴露了秦始皇专制君主狭隘和残忍的本性。他的威严只是表象，其实他的内心充满恐惧、不安。他至死也没有寻求到长生不老的灵药，他在一片怨声怒涛中走向了坟墓。尽管秦始皇早因“坑儒”之举背上了千古骂名，然而，直到今天，秦始皇究竟有没有“坑儒”这一谜团还是没有解开。

有人研究诸史籍，认为“焚书”是实，但“坑儒”可能是“坑方士”的讹传。“坑方士”发生在始皇三十五年，因为侯、卢二人求仙药不成，他们惧“秦法不得兼方，不验辄死”，骂了秦始皇一番后逃走。既然事端由方士引起，那么就只能是“坑方士”，当然不能说被杀的460余人中没有儒生，而全是方士，但是由其代表人物可推知，被杀的主体应该是方士，而被杀的原因更与儒家的政治主张和学派观点无关。所以即使被杀者有儒生，也并非因其为儒生而得罪，总是与方士们有某种牵连之故。因此，不能说秦始皇的目的是“坑儒”。

▼秦始皇陵风景图

女皇武则天当年那些事

武则天是我国封建历史上唯一一位女皇，上千年来，关于她的功过是非一直都争论不断。围绕在她身上的谜团也一直困惑着我们。

为什么武则天青睐东都

唐朝建都于长安，从唐高祖至高宗，一直以长安为全国的政治中心，但是武则天登上帝位之后，除了长安元年(701)十月至长安三年（703年）十月这段时间住在长安以外，其余时间一直住在东都洛阳。

公元684年9月，武则天“改东都为神都，宫名太初”。改东都为神都，无疑是想抬高洛阳的地位；而“太初”则意味着一切重新开始。与此同时，武则天又在洛阳立武氏七庙。688年2月，武则天下令在洛阳建立明堂。七庙是古代帝王权力的象征，明堂是帝王举行祭祀、朝会、庆祝各种大典的场所。武则天把七庙和明堂建在洛阳，无疑是想以洛阳代替长安。此外，691年7月，也就是武则天登上王位还不到一年的时候，就把关内十万户居民迁到洛阳。至此，武则天要以洛阳为全国新的政治中心的用意已显露无疑了。那么，究竟是什么原因促使她青睐东都洛阳呢？

▼唐太宗李世民

《资治通鉴》和新旧《唐书》等史书上都记载，“武则天曾与王皇后和萧淑妃争宠，王、萧失势被囚，高宗恻然伤之，对二人表示即将重新处置。武则天知道后，令人杖二人各一百，截去手足，投于酒瓮之中。二人数日后死去。此后，武则天便经常在梦中见到她们披发沥血如死时状。为了摆脱噩梦的困扰，她先是移居蓬莱宫，但眼睛前面还是经常出现两人身影，不得已，就直接迁居到洛阳。”这种说法自司马光开始已流传了很久，但是它看似顺理成章，却有许多漏洞。

首先，武则天常住洛阳并把洛阳作为政治中心，是高宗死后的事，距离王、萧二人

▲武则天像

之死有20多年了，把二者联系起来成为因果关系，不免有些牵强。其次，就武则天一贯的行为和性格来看，她不像是那种惧怕厉鬼报复的人。移居洛阳之后，她也没有少杀人，有学者甚至认为她杀人杀得“手滑”。因此，史书的说法难以成立。

另一种说法认为，武则天之所以长期住在洛阳，“无非为其曾在长安出家，避洛阳可以纵情荒淫享乐起见”。这种说法也有待商榷。因为武则天先后任皇后、皇太后和皇帝，她的一举一动均受人瞩目。她要享乐也好，要掩盖曾在长安出家为尼也好，简单地靠迁居洛阳的方式并不能掩盖过去。更何况徐敬业起兵时，骆宾王起草的檄文中就有“洎乎晚节，秽乱春宫”的词句，可见她的过去早已为天下人所共知，再怎么迁都也于事无补。至于她要享乐，就更不用避人耳目了。且不说薛怀义、张易之、张昌宗为其面首一事是否属实，光看武氏的作风，她在平定叛乱和治理朝政上，手段之强硬与任何一位男性帝王相比，都是有过之而无不及的。如果她要贪图享乐，还会惧怕舆论的制约吗？

有人认为武则天长住洛阳主要是经济上的原因。早在隋炀帝时，留在东都的事件比长安都多，唐太宗也曾三幸洛阳。当时，关中常年天灾，农产品供应不足，所以帝王往往移居洛阳，等到关中农产丰收，然后再回到长安。唐高宗曾七次到洛阳去，也主要是这个原因。至武则天，干脆就长住洛阳了。长安的运输远不及洛阳来得方便，而洛阳是南北运河的枢纽，交通漕运便利，因此洛阳得到武则天的看重固然不排除有政治及帝王私欲上的原因，但主要是因为洛阳的经济比长安发达，发展潜力也更大。

还有一种说法，认为武氏迁居洛阳是出于政治的需要。她的目的在于改朝换代，以周朝代唐朝。在封建社会以男子为中心的传统继承制度的局限下，一个女人要夺取王位，做真正意义上的皇帝实属不易，而武则天先后作为皇后、皇太后、皇帝，这一路走来更是比别人多了几分尴尬。虽然她最后成为了一国之君，拥有至高无上的权力，但是作为李氏之妇，

▼大明宫

▲东渡洛阳沙盘图

其子为李氏之后，她和李氏之间始终存在着千丝万缕的关系，无法改变“男尊女卑”“夫为妻纲”的传统思想和以男子为中心的帝位继承制度。她不能与李唐王朝彻底决裂，不论是贬低或是抬高李氏王朝对她都是极为不利的，在这种进退两难的情况下，她只能选择另起炉灶，建立新的政治中心，这样一来，既不会侵犯李氏在长安的原有地位，也显示了武氏在洛阳的另一番至高无上。无疑，这一举动对于协调李氏和武氏的矛盾也是有利的，显示了武则天的政治才能和智慧。

更有一种观点认为，武则天长居洛阳的原因是高宗时期开始的独特的军事和政治原因造成的。高宗时期，周边地区军事形势较初唐有很大变化，唐朝与东北方、西方、北方的战事不断。唐高宗为了便于指挥与高丽的战争，多次来到洛阳。与吐蕃发生战争后，唐朝面临着东西两条战线，高宗就在两京之间来回奔走。从当时实际来看，洛阳正好位于全国几何中心的战略位置，较之长安更加便于应付各方的种种战事。武则天上台后，在制度上标新立异，别立系统，政治原因遂成为与军事原因并行不悖的长驻洛阳的又一原因。她想抛弃长安，摆脱李唐王朝的大本营和政治、礼仪氛围。当高宗死后，她连高宗下葬都不愿回长安一趟。

为什么武则天建立新的政治中心不选别的地方，而是偏偏对洛阳“情有独钟”呢？持这种观点者认为这是由洛阳自身的各方面条件所决定的。

长安处于关中平原的中部，虽然土地肥沃，农业生产比较发达，但是由于它屡屡为各朝代的都城，城市人口日益增多，所以随着时间推移就很难满足自己城内的粮食需求。为了解决这一问题，早在西汉年间，政府就大力发展漕运事业，然而由于路途的遥远，加上三门峡一段的黄河河道狭窄，暗礁多，所以漕运要付出很大代价，往往得不偿失，而位于三河交汇中心的洛阳却与长安截然不同。洛阳尉杨齐哲曾在给武则天的奏书中称，洛阳“帑藏储粟，积年充实，淮海漕运，日夕流行，地当六合之中，人悦四方之会”。可见，当时洛阳在经济发展上的条件比长安要优越得多。

自古及今，洛阳的地理环境决定了它具有经济和军事两大方面的优势，历代帝王都对它非常重视。汉高祖称道：“吾行天下多矣，唯见洛阳。”隋炀帝也说洛阳是：“天地之所合，阴阳之所和。”这一切都说明洛阳在帝王心目中的地位，实际它具备了作为一个都城的条件。到了武则天，她特别青睐洛阳，把洛阳作为新的政治中心，应该说是不足为奇的。武则天之后的中宗、玄宗等，又将神都改成东都，重新回到了长安，洛阳的重要性之后渐渐失去，从这点上看，武则天长驻洛阳可能是特殊环境下的特殊人物的特殊举动。

▲四川广元皇泽寺

武则天在哪里出生

武则天是中国历史上唯一的女皇帝，她的出生地究竟在哪里一直是困扰后人的谜团。

目前，传说最广的是武则天出生于四川广元。民间传说，武都督的夫人杨氏曾到潭边玩，忽然潭中跃出一条金龙与她交欢，杨氏因此受孕生下了武则天。这个传说出现于什么时候，已没有办法考证，与龙交欢，大概也因为后来武则天成了皇帝，后人就将天人感应之类的东西加了上去，但从中可以清楚地看出从唐朝以来，人们一直认为武则天出生的时候的确是在利州（四川广元）。

1954年修建宝成铁路，在皇泽寺遗址附近，出土了半截石碑，碑名为《利州都督府皇泽寺唐则天皇后武氏新庙记碑》。碑立于五代后蜀广政二十二年(959)，是后蜀国主孟昶所撰。碑文云："贞观时，父士彟级接谑XXX（三个残缺字）后焉"。郭沫若进行了详细考证，以为三个缺字似可补作为"州始生"，并且指出："全文凡'后'、'天后'字均提行顶格。"这样就为武则天生于利州找到了一条极其重要的根据。

唐朝李商隐诗集中有《利州江潭作》诗一首，诗题下自注"感孕金轮所"五个字。这句话什么意思？宋朝初年编的《太平御览》曾经谈到："顺圣皇后庙，在州西告成门外。旧碑云：'其母感慨龙而生后，庙号则天金轮皇帝。'"这样说来，金轮是指武则天，感孕是指武则天的母亲怀孕的经过，地点在利州告成门西的江潭。到了明代，在一本叫《唐音癸签》的书中引了《蜀志》的一句话："则天父士彟为利州都督，泊舟江潭，后母感龙交，娠后。"

▼皇泽寺唐代佛像

继郭沫若之后，学者们对武则天出生于广元的观点又作了进一步的论证。有人提出了六大论据：其一，全国唯独广元世代流传"江潭感孕娠后"，正月二十三是"天后生日"的故事。

其二，全国仅见广元有祀武则天的寺庙皇泽寺。其三，唐宋以来众多名人学者都公认武则天生在广元。其四，除《县志》《省志》外，宋代《元丰九域志》《舆地纪胜》《方舆胜览》等全国性的志书在长安、扬州、荆州条目中未见记武则天的出生，唯独在利州条中记“武士彟任利州都督时，生武后于利州”等文字。其五，正如湖北有“屈原里”“明妃村”那样，广元自唐末五代以来，就有以武则天命名的“则天坝”“则天乡”。其六，李商隐自注“感孕金轮所”的诗以及《大周无上孝明高皇后碑铭》《唐利州刺史毕公柏堂寺菩提瑞象颂》《攀龙台碑》等，均为唐人所作，排除了武则天生在他处的可能性。

现在的四川广元的确留存着部分武则天的遗迹，既有以武则天名字起的地名，又有武则天孩提时的梳妆楼、武则天常去进香的千佛崖，以及皇泽寺内五代刻成的武则天圆雕石像等等，这一切无不说明从唐末五代以来，人们普遍认为武则天与广元有着特殊的关系。

对影响日益增大的“广元说”，也有一些学者提出了质疑。他们认为李商隐《利州江潭作》是指此诗写作的地点，而“感孕金轮作”中的“孕”字并非专指“怀孕”讲，它有“成长”和“发育”的意思，所以这句话的原意应该是“感怀武则天生长的地方”。至于那半截石碑，他们同样也从它的字里行间找到了证据，因为石碑第四行至第五行上刻着：“天后武氏其人也，事具实录，此不备书。贞观时，父士彟级接谑XXX（三个残缺字）后焉。寺内之庙，不知所创之因。”由此可以判断武则天并没有生在那里，否则创庙的原因，即为纪念武则天的出生地，没有隐瞒的必要。而且刻此新碑的时间，距武则天之死只有二百五十多年，建庙原因不该不知，建旧庙时距武则天之死不会超过百年，他们推测可能是当地士绅为了谄媚取宠，趋炎附势，而不好“泄露天机”，故意那样做的。至于三个残缺字，仅按主观推论，其可靠性是令人怀疑的。

如果武则天果真出生于四川广元，即是她父亲刚刚迁任至此（贞观二年，628年），她就出生，那么她贞观十一年(637)十一月被选入宫给太宗当妃子时，只有九岁，这显然不合情理。而且，《资治通鉴》和新旧《唐书》皆写明她入宫时为十四岁，两者相差五年。武则天死于神龙元年(705)，《资治通鉴》写明享年八十二岁（新旧《唐书》分别为八十一和八十三岁），以此上推，则皆可以算出武则天生于武德七年(624)，实际和武后父亲初任利州都督时相差五年。

▼武氏祠堂

持这种观点的学者对广元会有许多关于武则天传说的原因进行了一番探究，认为原因不外有三：其一，武则天曾在广元度过幼年(5～7岁)，她当女皇之后，缙绅难免要献媚取宠，以后便以讹传讹流传了下来。其二，武则天父亲在此当过都督，为政清廉，得到百姓们的爱戴，在此给他立过祠堂。其三，原来的祠堂，于武士彟去世三百多年后倾倒，重建时，撰碑文者已是“寺内之庙，不知所创之因”，只好根据传说，牵强附会而命名。而且名义上是为崇拜武后，实际却是借题发挥，为后蜀皇帝孟昶和昭武军节度使太傅李奉等歌功颂德。纵观残碑的全文，不但没有提及有关武后出生的线索，而且从“不知所创之因”，可得到否定的根据。

既然不同意武则天出生在广元，那么武则天出生在哪里？有人认为出生在长安。据史书记载，武则天大约生于高祖武德七年(624)，那时他父亲的官位是工部尚书，他与夫人杨氏生活宽绰。武则天的出生地最大的可能应该是在长安，而不大可能自己父亲还未任利州都督就出生在那里了。

以上两种观点，各有自己的依据。具体哪个说法更可信，还有待新的更有力的证据出现。

武则天是否加害了永泰公主

永泰公主名叫李仙蕙，是中宗李显的第七个女儿，是唐高宗李治和女皇武则天的孙女。死于公元 701 年，年仅 17 岁。初葬河南洛阳，公元 706 年迁回长安，葬于乾陵。

《旧唐书》《新唐书》和《资治通鉴》对永泰公主的死因，都有明确的记载。当时武则天年事已高，许多政事都委托张易之兄弟办理。邵王李重润和他的妹妹永泰公主以及她的丈夫魏王武延基在背后偷偷议论张易之，被张发现后，告到武则天处。武则天大怒之下逼令他们三人自杀。由于三部正史都把整件事情写得清清楚楚，所以长期以来，史学家们对永泰公主的死因都没有什么异议。

▲永泰公主墓内壁画

1960 年永泰公主墓被发掘，出土了公主的墓志铭。随后，逐渐有学者对公主的死因提出了不同的看法。他们认为史书与志文的记载有很大的不同，而且史书对于李重润一案在记载上有许多相互矛盾的地方。例如关于李重润、李仙蕙、武延基三人的死亡时间，新、旧《唐书》及《资治通鉴》的记载各不相同，有的记年，有的记年记月，有的则是年、月、日都记，与志文上刻的永泰公主的死亡时间有所出入。因此他们推断永泰公主并非与武延基等同时遇害。又如关于李重润一案遭杀害人数，三本史书也分别有三人、二人、一人三种说法。关于三人之死的方式的问题，三本史书有“杖杀”“逼令自杀”“令自杀”“得罪缢死”“缢杀之”“杀”等不同的记载。综合以上三大疑点，加上永泰公主墓志铭上有“珠胎毁月，怨十里之无香；琼萼凋春，忿双童之秘药”和“自蛟丧雄锷，鸾愁孤影，槐火未移，柏舟空泛”

▲永泰公主墓

等字样，学者们推断李重润一案并未波及永泰公主，丈夫武延基死后，她还孤单地生活，而最终导致她死亡的原因可能是难产。

但是，更多学者还是坚持正史的说法，认为永泰公主的确为武则天所杀。在他们看来，新、旧《唐书》和《资治通鉴》在三人死亡时间的记载上，只有详略的差别，没有年、月、日的混乱和矛盾，而且通过计算，史书所记的三人死亡时间（九月壬申，即九月初三）与墓志所记永泰公主的死亡时间（九月初四），相距仅一天，由此并不能推断出公主并非与李重润等同时遇害。关于死亡的人数，三本史书之所以记载会有不同，是由于同一事件在一本书中多次出现，作者为了行文的需要，有主次和详略的安排。所以，这也不能说是史书之间互相矛盾。至于三人之死的方式虽说有许多不同的说法，但是遭杀害这一点是一致的，而且除了“杖杀”之外，其余记载均属赐自尽的方式。他们还认为唐代就有对罪犯在律外先行决杖的惯例。至于死刑，唐代也有先决杖后行刑的惯例。所以，李重润以大逆之罪在被武则天赐令自杀之前先行决杖，是符合当时的律法。而从小娇生惯养的李重润很有可能经不起杖打的痛苦，在行杖刑时就一命呜呼。因此，“令自杀”和“杖杀”也就不矛盾了。

排除了以上的疑点，接下来最大的问题就是，史书的记载为什么会和墓志铭的记载有所不同？学者们认为这与墓志铭的作者在当时的处境有关。给一个遭杀害的死者写墓志，如果直书死因，往往会给死者及其家属、后代带来难堪，尤其被害的人与自己是差不多时代的人，又贵为公主，若写不好，不仅牵涉到整个皇族的颜面问题，很可能自己的项上人头就要不保，所以作者只能采取避重就轻的办法，巧妙地避开死亡的真正原因，或者说是关键原因。永泰公主难产可能确有其事，因为她当时毕竟只有 17 岁，身体发育也许都还未健全，而且据出土的永泰公主的尸骨看，她的身材也很娇小。但是并不能就因此断定她的死与武则天毫无关系，说不定她就是被武则天明的或暗的手段使得流产而丧生的。相反，难产只是永泰公主死亡的次要原因，其主要原因还是祖母武则天的迫害。

一块墓志铭的出土竟会使一段原本明明白白的历史变得扑朔迷离，这也许就是考古带给我们的魅力。

武则天为何除掉裴炎

裴炎在唐高宗病重时拜相，受遗诏辅佐中宗，是当时的元老顾命大臣，对唐王朝忠心不二。中宗即位之初，重用韦后家族，想任命韦后之父韦玄贞为侍中，裴炎坚决反对，引起中宗不满。裴炎担心自己的安危，就与武则天密谋政变，废中宗为庐陵王，立豫王旦为帝。

武则天临朝称制后，裴炎与她的矛盾日益突出，光绪元年(684)遭到了杀身之祸，被处斩于洛阳都亭，朝廷上下震惊不已。那么，武则天为什么要杀死裴炎呢？

武则天杀裴炎时冠以谋反罪，一些人认为这确有其事。欧阳修在《新唐书》中说："豫王为帝后，不管天下政事，大权全部握在武太后手里。裴炎想在武太后出游龙门时，派兵把她抓起来，还政于天子。恰巧当时天一直下雨，太后不出门，其事也就没有做成。"动用军队抓太后，日后说他谋反的确应该是可以成立的。《朝野佥载》中也谈到了裴炎的谋反。裴炎为中书令时，徐敬业打算谋反，命骆宾王设计让裴炎一起参加到反武队伍中。骆宾王两足踩在墙壁上，静静地思索了一段时间，写成了一首歌谣："一片火，两片火，绯衣小儿当殿坐。"他先是教裴炎家里的小儿朗读，一传十，十传百，京城里的小儿都会唱了。裴炎想寻找学者破解这首歌谣，就找到了骆宾王。裴炎给他许多宝物锦绮，骆宾王一言不发。裴炎又用音乐妓女骏马贿赂他，还是不语。两人一起观看裴炎家里的古忠臣烈士图，骆宾王神色很严肃地说："此英雄丈夫也。"于是说起自古大臣执政，常会改换社稷，裴炎听后十分高兴。裴炎问谣言中的"片火""绯衣"是什么意思，骆宾王北面而拜说："你就是真人也。"裴炎于是就与徐敬业等一起合谋怎样反对武则天。扬州起兵后，裴炎作为朝廷中的内应，写了一封信给徐敬业，内中只有"青鹅"二字。有人告发了他，朝中官员不能破解二字的意思，武则天看后说："这个青字，拆开来就是十二月；鹅字，就是我自与也，即我参加的意思。"于是决定把裴炎杀死。

▼裴炎画像

这则绘声绘色的故事，使一部分人相信裴炎的谋反确有其事。有人认为裴炎为人并不光明磊落，是一个气量狭小的人，平时大家对他很有意见。他勾结徐敬业是确有其事，所以武则天屡说"炎反有端"，招致杀身之祸也就难免了。

有许多人不同意这种说法，他们认为武则天杀裴炎其实是武则天不能容纳异己的结果。他们认为《朝野佥载》虽然成书较早，但小说成分居多，所载的事情经过充满了丰富的想象，缺乏事实根据。裴炎的谋反，其实是武氏集团的诬陷，而《唐书》和《资治通鉴》都没有关于他与徐敬业有勾结的记载，《通鉴考异》认为那些记述"皆当时构陷炎者所言耳，非其实也"。而从裴炎的表现来看，也没有与徐敬业等人合谋的迹象。徐敬业等人起兵时是以匡复庐陵王为口号，怎能以裴炎为帝呢？身为宰相的裴炎，如果仅凭骆宾王的几句歌谣就想称帝，那也太不近情理了。

▲刘晓庆扮演的武则天

那么是什么原因促使武则天下毒手杀裴炎的？有人指出，睿宗即位后，武则天仍以太后身份临朝称制，裴炎效忠李唐王室的行为势必和武则天发生矛盾。先是裴炎反对武则天立武氏七庙，后是徐敬业起兵反武后，武承嗣、武三思屡请武则天找借口杀掉韩王元嘉和鲁王灵夔，以断绝叛军宗室之望，执政者都不敢表态，只有裴炎力争不可，引起了武则天对他的嫌恶。徐敬业起兵最紧张的时候，裴炎向武则天进言说："皇帝你年纪已经很大了，没有必要凡事都亲政，使得徐敬业之类的人有话可说。如果太后返政，像这样的乱贼不讨伐也可以破灭。"听了这样的话，武则天被激怒了。在武则天要改朝换代之际，身边却有着这样一个唐室忠臣，这就是裴炎真正的死因。

很多学者都认为裴炎确实没有谋反，但并不因为他是唐室忠臣就遭到武则天的憎恨。主要原因是裴炎两次得罪武则天后，认识到自己处境很危险，所以在徐敬业起兵后，不积极平叛，反而让武则天交权，这是为了个人的前途利益，置国家和人民的利益于不顾，遂遭杀身之祸，其被杀完全是咎由自取。而不同意这种看法者认为既然裴炎自知处境危险，身居高位的他为了保全自身，理应做出一些迎合武则天的姿态才是，相反却希望借此劝武则天返政，这只能表明裴炎是对李唐王朝的忠心和在政治上的幼稚与天真。

武则天最终决定杀裴炎的原因，到底是像武则天说的谋反，还是如一些人说的因为他是唐室忠臣，或为了一己私利，我们不得而知，或许历史的遗留问题只能在历史的长河中慢慢探索。

孝敬皇帝是否死于武则之手

孝敬皇帝李弘是唐高宗第五子，武则天所生长子。显庆元年(656)被立为太子，数次受命监国。然而，年仅二十四岁的李弘却在上元二年(675)突然死去。李弘死后，谥孝敬皇帝，庙号义宗。

由于李弘与武则天的特殊关系，自唐以来人们一直疑窦丛生，把李弘之死与武则天连在了一起。无论是官方还是私人撰修的史书，如新旧《唐书》《唐会要》等，均明言李弘是被其母亲武则天鸩杀的。一般人都相信这一观点，因为从武则天的一生来看，滥杀无辜是众所周知的事实，一旦母子关系破裂，残杀亲生儿子也是十分有可能的。

采信这些史书观点者认为，李弘自小就得到良好教育，仁孝谦谨，对士大夫十分有礼貌，能体察民间疾苦，深得中外人心。高宗特别喜欢他，想尽一切办法培养他的办事能力。当高宗出幸东都时，下诏让他监国。当时关中发生饥荒，禁军中的一部分士兵在吃榆树皮，李弘见后，就悄悄地让下属送粮食给他们。咸亨四年(673)八月，高宗得病，遂让李弘"受诸司启事"，即接受批阅各个部门上奏的报告，实际上高宗想让李弘一步步接管大权。高宗感到自己的身体状况不佳，一旦自己有个三长两短，太子要做好接位的准备。武则天见到自己的儿子已长大成人，能力也越来越强，但问题是她自己渐渐迸发出要代李氏为皇的强烈欲望，李弘就成了妨碍她临朝称制的最大障碍，所以想了办法把李弘杀死。《旧唐书》卷116明确说："天后方图临朝，乃鸩杀孝敬。"这种说法中唐时期很有市场，如李泌曾对唐肃宗说："孝敬皇帝，为太子监国，仁明孝悌。天后方图临朝，乃鸩杀孝敬，立雍王贤为太子。"后来的史书自然就全部采信了。

武则天要把李弘杀死的第二个原因是她与儿子之间矛盾重重，到了后来竟然是不可调和。义阳、宣城二公主因为与武则天发生了矛盾，被她关在掖廷内。二位公主是萧淑妃所生，武则天当然是不能相容的，二人被关到四十多岁还不让出嫁。李弘知道后对二位姐姐动了怜悯之心，奏请母亲让她们下嫁。武则天大怒，马上将二位公主嫁给了当时在执勤的卫士。这件事使武则天对李弘产生了看法，从此李弘与武则天关系不和，并且失去了母亲的垂爱。李弘选妃也没有如自己的愿望，与母亲的武氏家族发生了严重的矛盾。李弘最初想选的是司卫少卿杨思俭的女儿，这位女孩子知书达理，人也长得极为端正漂亮，

▼孝敬皇帝李弘陵墓

有大家闺秀的风范，李弘十分喜欢。不料这个女孩子被武则天的外甥贺兰敏之相中，明明知道李弘打算娶她，婚期也已定好，却粗暴地强奸了她，使李弘的婚事落空了。武氏家族对李弘的如此污辱，这口气他无论如何是无法咽下的，他脸上露出的对武氏家族的仇恨，武则天绝不可能无动于衷。至于武则天到底是如何下手的，由于事情是秘密进行的，史书记录也十分简略，我们仅知是在酒中下了毒。李弘突然死去，“天下莫不痛之”。

李弘被他母亲武则天杀害，这个看上去不应该成为争论的问题近年来却被一些学者重新提了出来。他们在对《新唐书》《全唐文》等书研究后，发现李弘有可能不是被杀害的。《新唐书》载有高宗的诏书说：“太子婴沈瘵，朕须其痊复，将逊于位。弘性仁厚，既承命，因感结，疾日以加。”意思说太子李弘一直有“瘵”这个疾病，高宗本想待他病好了后传位给他。瘵就是结核病，在古代是很难治愈的，常常会致人于死地。李弘以太子身份监国时实际上已经得了这种病，由于他带病理政，以致太劳累了，加重了病菌的侵袭，最终病情恶化死在合璧宫。

持这种观点者认为，《新唐书》和《唐会要》是记录李弘被鸩最直接的史书，但这几本史书都编于五代及北宋，它们录入了许多唐人的观点。从中唐开始，当时的社会对武则天已经有了特殊的看法，人们是很难接受一个女人曾经篡夺政权当上皇帝这一事实，所以整个社会对武则天是抱着很深的成见，大家都在尽可能把武则天描绘成一个十恶不赦的女暴君。《新唐书》等书的记载有史料的来源，不会是凭空想象的，但必定会继承了唐人的观点并加入作者个人的好恶观念，因而并不能强有力地证明是武则天杀了李弘。司马光编《资治通鉴》时比较实事求是，说：“《实录》《旧传》皆不言弘遇鸩。”又

▼孝敬皇帝李弘陵墓区的石碑和石像

云：“弘之死，其事难明，今但云时人以为天后鸩之，疑以传疑。”显然，李弘是被鸩杀的在唐代就有人说起了，但司马光认为这件事是有点说不明道不清。

通常认为李弘与母亲交恶是由于李弘替二位公主讲了几句公道话，这也说不通。当时武则天确是一怒之下把二位公主许配给了卫士，但她与李弘的结怨其实根本没有必要，因为李弘的所作所为根本不可能影响武则天的当政和夺权，其时的武则天早就大权在握，号称“二圣”。更何况从时间说也有一些问题，因为此事发生在咸亨二年，距离李弘死的时间约有四年，凭了武则天的个性，真要杀人，无论如何不可能等上四年的。李弘早已结核缠身，死亡是早晚的事，武则天何必要冒风险去把他杀死，还不如静静地等他撒手离开人间。如此，说李弘是被武则天鸩死的是不能成立的。

▲唐乾陵

司马光说李弘之死“其事难明”，直到今天，人们仍没有取得一致的看法，看来这的确是个千年之谜。

武则天为何立下无字碑

武则天死后，她的灵柩被运到长安西80公里的梁山，和唐高宗合葬在一起。

梁山的山峰由一条南北走向的高岭相连。高岭之巅便是长达700多米的墓道。墓道两旁，124件石刻对称排列，以其独特精美的造型风格，点缀着陵园的自然风光，与山陵默契相合，创造出了一种神圣、庄严、肃穆的气氛，给人以心灵上的震撼。在朱雀门的地势宽阔处，西侧矗立着武则天追记高宗文治武功的纪念碑——《述圣记碑》。全碑七节，高6米多，全文8 000多字，武后撰文，中宗书写，字面填以金屑，光泽艳丽。东侧的《无字碑》，是武则天的纪念碑。碑高与《述圣记碑》相同，整石雕成，重量达100吨。碑头九条蟠龙盘绕，两侧线刻云龙纹。碑座的正面是一幅狮马图，马屈蹄俯首，雄狮威严挺立。雕刻之精细，为历代墓碑罕见。

令人感到奇怪的是，武则天立《无字碑》时只字未刻，这在中国历代是十分少见的。今天我们在乾陵参观时看到碑上隐约可见的文字，是宋、金以后游人在上面的题识，使《无字碑》成了有字碑。那么武则天在立碑时为什么一反传统不刻一字，其用意是什么？

有人认为武则天在碑上不刻一字，是为了夸耀自己的政绩，表示自己在统治时期功德高大，并不能用文字来表达。武则天从655年被册立为皇后，660年高宗将政事让给她裁决，直至705年中宗复位，前后掌握国家大权几十年。她突破太后临朝称制的惯例，称孤道寡，主宰天下。由于她的非凡才能，唐太宗开创的贞观之治得以延续。她坚持中央集权，继续推行法治，开创殿试制度，加强和改善与边疆各少数民族的关系，发展

▲扶风县唐高宗与武则天合葬墓

农业生产，维护了唐王朝的统一和强盛。武则天维持了贞观以来国家经济向前发展的态势，这种发展对唐玄宗的开元之治起了十分重要的基础作用。这样说来，武则天的确是功高德大，不是很容易能用文字表达清楚的。

反对这种观点者认为，武则天既然给自己的丈夫唐高宗立碑作传，歌颂他的政绩，轮到自己却不是这样做，显然很不符她的风格。她是个敢做敢讲、好大喜功的人，她不可能不用文字这种最方便的方式来宣传自己的政绩。她在暮年就为自己立过“大周万国颂德天枢”碑歌颂自己，为何在临终前认为自己功高莫名，非文字可述？

另有一种说法认为武则天之所以立无字碑，主要是她知道自己罪孽深重，无颜为自己立传，感到还是不写文字为好，以免死后落个话柄在后人手里。持这种观点者对武则天执政时期的政策基本上全部予以否定。他们认为武则天以非常手段骗得高宗信任．从才人的地位爬上皇后高位，最后窃取皇位，无论是唐朝人还是后代人，这都是无法接受的。掌握政权后，武则天培养自己的党羽，任用酷吏，实行告密和滥杀政策，大量铲除异己。在武则天当政时期，唐朝的社会经济并不见得有什么发展．实际上当时是处在一个马鞍形曲线的底部。就在武则天期间，安西四镇一度不幸被夺，威胁到了国家的统一。因此武则天是无法为自己立传的，她只能以无字碑为后世定基调。不过这种说法有很多人并不赞同，他们认为如果武则天无颜为自己立传，那么她干脆不立碑岂不是更好。

▼无字碑

另一种说法认为武则天是个聪明过人的女人，她既不想自吹自擂，但又不甘心无声无息，她立了无字碑，想让自己的功过由后人去评述，据说这也是武则天临死前的遗言。武则天执政时期，有骄人的成绩，不但经济

上承继了唐太宗时的发展趋势，而且在用人上不拘一格，为后人赞叹不已。另一方面，她为了巩固自己的地位，滥杀无辜、崇信佛教、奢侈浪费，形成了以自己为中心的一个统治集团。武则天后期，随着年龄的增大，她被迫还政于唐中宗，自知死后人们对她会有各种各样的评价，碑文写好写坏都是件很难的事情，干脆就立一块无字的碑，留给后人去评说自己。

此外还有少数人认为碑是唐中宗李显所立，但撰写碑语时犯了难，称武则天是“皇帝”“母后”好，还是称“大圣则天皇后”好，群臣意见也不统一，所以最后只好不了了之。不过不同意这种说法者认为这种观点仅是猜测而已。武则天死后中宗就谥号“大圣则天皇后”，唐中宗如果用此号写碑文可谓名正言顺，有什么不好称呼的？

也有少数人认为武则天权智过人，很喜欢标新立异，她造怪字，信佛教，宠幸男人，她做的往往都是历史少见的事情。死后，她也要标新立异，立一块无字碑让后人摸不着头脑，以显示出她过人一等的智慧。

以上这些观点，究竟哪一个更能符合当时的实际？这真是一个难题。一个女皇立下的一块无字的墓碑，留给了后人无限的想象。

▼武后步辇图

宋太祖赵匡胤秘事

黄袍加身是世人熟知的故事，北宋开国皇帝赵匡胤也由此成为一代国君。然而他的一生富于戏剧性，有着非常多的悬疑等待后人去破解。

黄袍加身还是图谋篡位

周世宗柴荣死后，幼子柴宗训即位，当时年仅七岁，无力主政。那时，赵匡胤担任殿前都点检，是禁军主帅，掌握着后周最重要的军权。

显德七年（960）正月初一，镇、定二州传报北汉与契丹联兵南侵，宰相范质、王溥决定派赵匡胤率军前往抵御。正月初三，大军出发，天黑前到达开封东北四十里的陈桥驿。当晚，赵匡胤酒醉就寝，其弟赵匡义和赵普等组织策动兵变。忠于赵匡胤的禁军将领纷纷议论，说当今皇帝年幼，将士即使出死力破敌，又有谁知道。不如立点检为天子，再北征也不迟。这些话，使将士中的兵变情绪渐渐高涨起来。赵普见事已成熟，要求诸将严禁士兵剽掠百姓，以安定都城人心，保证“兴王易姓”顺利进行。第二天早上，众将来到赵匡胤的寝所，齐声喊道：“诸将无主，愿立太尉为皇帝。”并把象征皇帝登基的黄袍，披在赵匡胤身上，罗拜高呼万岁。这就是众多史书号称的“陈桥兵变”。

▼宋太祖画像

赵匡胤一待黄袍加身，立即率大军回师开封。他当众宣布：回京师后，不得惊犯后周幼帝、太后，不得侵凌后周公卿大臣。兵变队伍进城后，秋毫无犯，市井平静。后周宰相、大臣闻变失色，个个手足无措。侍卫亲军马步军副指挥使韩通召集兵士进行抵抗，被兵变的士兵杀死。宰相范质、王溥被抓到赵匡胤面前后，见势不妙，只能相继跪拜，口呼万岁。

就这样，赵匡胤轻易地夺取了后周政权，正式登上皇位，改封后周幼帝为郑王。

对史书中陈桥兵变的描述，后人提出了众多疑问。司马光《涑水记闻》说赵匡胤北征前，“京师宣言，出师之日，将策点检为天子”，当时城中富户一看时局要乱，慌忙带了全家往外州跑，只是宫中不知道要发生兵变。说明兵变前就被外人看出来了，兵变肯定是早就预谋好的。《宋史·杜太后传》谈到杜太后得知其子黄袍加身后，说："吾儿素有大志，今果然。"还说："吾儿生平奇异，人皆言当极贵，又何忧也。"哪有儿子发动兵变当上了皇帝，母亲仍与人谈笑自若的？可能她早就知道儿子的图谋。

民国初年，蔡东藩撰写《宋史演义》时，也产生了许多怀疑。他认为陈桥兵变是赵匡胤一手策划的："陈桥兵变，黄袍加身，史家但言非宋祖意。吾谓是皆为宋祖所欺耳。"他也提出契丹和北汉扰边的军情在兵变后为何不见踪影了？兵变的部队中，哪里来的黄袍？赵匡胤称帝后，为什么首先奖赏策划兵变的功臣？他一针见血地说："足见宋祖之处心积虑，固已有年"，"第借北征事瞒人耳目而已"。这样的怀疑，在现在通行的一些著作中都能见到，一般都认为兵变是赵匡胤自己一手策划的，契丹入侵是谎报。

▲黄袍加身处纪念碑

▼雪夜访普图

近年来，又有一些历史学家对这件疑案进一步探索，发现了更多的疑点。当周世宗去世时，赵匡胤刚为殿前都点检，虽有政变的实力，但反对势力还比较强大，一时难以得手。后来，赵匡胤开始作政变准备，把自己的亲朋好友在军队中安插要职，将异己排除在外。显德七年(960)正月初一，镇、定二州来报契丹入寇，朝廷命赵匡胤率兵出征，此时大权在握，可以发动兵变了，但没有发动，原因是他不清楚殿前副都点检慕容延钊的态度，万一不同意兵变，事情就会变复杂。正月二日，赵匡胤命慕容延钊率前军出发，自己为了不让人怀疑，宣布将于次日出发。四日发生陈桥兵变，然后回城登殿做了皇帝，这时慕容延钊仍不知情，继续一心一意向北进发。赵匡胤发动政变，其实是早就有预谋的。

赵匡胤典掌禁兵后，组成了以他弟弟光义、赵普、李处耘等人为核心的智囊团，同时又聚集了一批知兵善战、老于兵事的领兵武将。在推翻后周政权的过程中，赵匡胤制造了许多政治谣言。

如赵匡胤出发征契丹的那一天，号称知天文的军校苗训，“见日下复有一日”，就说“此天命也”，意谓赵匡胤当皇帝是上天授命的。周世宗之前攻打契丹时，无意中发现木牌一块，上面写着“检点做”三个大字，这无疑也是赵匡胤故意弄出来的。大军临出发北征时，赵匡胤制造京城内策立新天子的谣言，还通过道学家之口，散布“赵点检作官家”的言论。契丹入侵，也是当时伪造出来的。这些都印证了赵匡胤早就密谋政变。

当然，也有一部分人认为陈桥兵变是无疑可谈的，应以史书记载为准。他们认为镇、定二州的军情不是谎报，在《宋史》《续资治通鉴长编》等史书中全部可以找到。二州的节度使郭崇和孙行友不是赵氏集团的人，在宋初被解甲归田，他们怎么会编造假情报？契丹趁后周主少国乱之际起兵入寇，完全是有可能的。清代著名史学家赵翼认为五代时期的皇帝，常由军士拥立，相沿以为故事，下凌上替，祸乱相寻，这样的例子可以找出很多。

赵匡胤当上皇帝到底是早有预谋的，还是偶然发生的，目前依然是个历史之谜。不过现在大多数史学家认为早有预谋的可能性更大。

宋太祖是武术宗师吗

宋太祖赵匡胤是河北涿州人，出身将官世家，传说他武艺高强，胆识过人。他二十多岁时投靠郭威。郭威篡夺后汉政权时，他是积极的拥护者。后周建立后，他被迅速提拔起来，官至忠武军节度使。此后，他跟随周世宗南征北战，破北汉军，攻南唐，屡立奇功。

根据记载，赵匡胤的武功主要在拳、棍两个方面。赵匡胤创立的拳法被后代称为太祖拳，在明代的一些武术兵书中有详细介绍。明代抗倭名将戚继光在《纪效新书》卷14《拳经捷要篇》中说：“古今拳家，宋太祖有三十二长拳，又有六步拳、猴拳、化拳，名势各有所称，而实大同小异。”从这段话中看出，宋太祖最擅长的长拳有三十二种套路，此外他也精通六步拳等其他三种拳法。戚继光的枪法老师唐顺之说宋太祖的长拳套路中特别善于用腿，当时称为赵家拳，由于实战中很有效果，后代人认为是“神拳”。

▼宋朝蹴鞠图

宋太祖还擅长棍术，相传有“一条杆棒打天下”的说法。明代小说《水浒传》第一回中说太祖“一条杆棒等身齐，打四百座军州都姓赵”。《水浒传》的许多说法来自于南宋时人们的记

▲宋太祖头像

录，应该是有所依据的。如宋人蔡絛《铁围山丛谈》曾谈到太祖没有发迹时，常手握一杆纯铁棒，功夫很深。铁棒很重，而宋太祖臂力过人，时间一长，棒上还有手指痕迹。蔡絛是北宋末年蔡京的孙子，小时能有机会出入皇宫，还亲自看到过这杆铁棒，他的讲法肯定是比较真实的。明人《飞龙传》是专讲宋太祖发迹的长篇章回小说，它的前身是宋人话本《飞龙记》，里面也讲到宋太祖善于用棍，打遍天下豪杰无敌手。

宋太祖的铁棍挥舞起来很有讲究，明代人称为“腾蛇棒”，认为是棍棒中的第一等。从这个名字中可以看出，宋太祖舞铁棍的速度极快，外行人看起来像飞动的蛇一样扭过来扭过去。清代人说太祖棍法有三十六路，是棒法的开山祖，虽有言过其实的嫌疑，但宋太祖精于铁棍，并且发展出了一定的套路应是可以肯定的。

宋太祖不但自己精于武艺，骁勇敢战，而且还将拳棍武术传习给手底下的士兵。宋朝人编的《宋朝事实类苑》说宋太祖训练部队有独到的方法，他将武术灌输给将士们，使士兵以比试武艺和角力斗殴获胜为荣，武艺高超的给予奖励。他身边聚集着数十位武林高手，个个身体健康强壮，每人同时能对付好几个普通人，上下山坡像飞马一样快。这数十位高手都是他亲自挑选的，平时他们与宋太祖相互切磋技艺，一起练功。宋太祖的拳棍可能就是通过这批人流传到世间，越传越广。以宋太祖命名的拳、棍明清以来时有所见，在今天的河北、山东和东北的一些地区，仍有自成门派的太祖拳或以太祖命名的拳法，相传民间的九龙棍、蟠龙棍等都与宋太祖有关。

宋太祖拳棍的具体套路现在已经难以考证，但根据记载，可以确定他是精通武艺的。

▼《宋朝事实类苑》

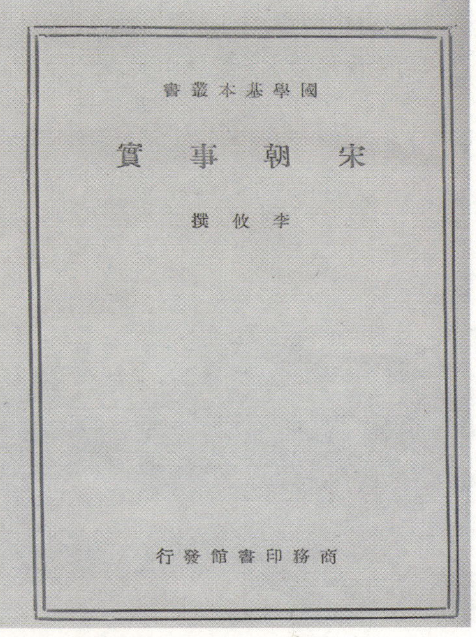

國學基本叢書

宋朝事實

李攸撰

商務印書館發行

宋太祖是否刺杀了北汉国主刘继恩

宋太祖陈桥兵变6年后，北汉国主刘钧死亡，他的养子刘继恩继位，与权相郭无为不和。宋太祖随之派兵征伐北汉。宋军屡败北汉兵，直逼太原城下。就在此时，刘继恩遇刺身亡，郭无为另立刘继元为主。

刘继恩究竟是怎么死的，史书没有详细记载，成为一桩悬案。

一种观点认为北汉宰相郭无为是刺杀刘继恩的元凶。宋太宗时编修的《九国志》谈到继恩嗣位仅六十日，就为郭无为所弑。欧阳修《新五代史》对这件血案记叙颇详：九月，继恩开设宴会宴请诸大臣宗子，饮罢，在阁中睡着了。供奉官侯霸荣率十余人拿了刀进入阁中，把继恩杀了。这时，郭无为遣人登上梯子也跟进屋中，杀死了霸荣及其党羽。继恩与郭无为原本关系不太密切，立为北汉主后，继恩想把郭无为赶走，但没有成功，侯霸荣刺杀继恩，一般人都认为这是郭无为主谋。现在霸荣死了，知情者遭到灭口，也就没有人知道了。这里欧阳修仅是怀疑郭无为是幕后主持者，但并没有十分肯定。

也有人认为刺杀继恩的元凶是他的弟弟，即随即继位的北汉皇帝刘继元。清代王鸣盛根据北汉广运二年(975)所刻千佛碑铭文，探寻其中隐约可见的意思，认为刘继恩被刺，刘继元是主谋，郭无为出的计策，侯霸荣挥的刀，“绎碑情事如见，欲盖弥彰”。不过这种观点受到了今人的质疑，认为就铭文本身而言，所叙空洞，找不出刘继元谋主的明证。而且刘继元一直与北宋为敌，如果他真的是谋主元凶，北宋的官私文件中肯定会大加张扬，但史籍中却没有这方面的任何蛛丝马迹。

还有些观点认为侯霸荣本人是刺杀刘继恩的元凶。宋代的《东都事略》等书指出，侯氏刺杀继恩的动机是为了持其首以归宋。当代史学家吕思勉接受了这种观点，他认为当时就有人说郭无为是元凶，这是“不快于无为者造作之辞也”，这件事与郭无为是不相干的。

然而，有一些证据证明，杀刘继恩的凶手可能是宋太祖。

《宋史》和《续资治通鉴长编》是记述刘继恩被刺最为详尽和全面的资料，在讲到整个被刺过程时，基本上与《新五代史》一致，但语气上却有所变化。在谈到侯霸荣这个人的生平时说：“尝为盗并汾间，北汉世祖用为散指挥使戍乐平。王全斌攻乐平，霸荣率所部降之，补内殿直。未几，复奔北汉，为供奉官。于是谋杀继恩，持其首归朝，旋为无为所杀。”这里可知侯霸荣本是绿林中人，受北汉招安，授散指挥使，戍守乐平。散指挥使职务不高，但能接近皇帝，所以地位重要，也很容易得到升迁。不久，侯霸荣率部投降宋朝，补内殿直，成为宋太祖近卫班直中的一员，负责皇帝的安全保卫。然而不久之后，侯霸荣又投奔北汉，表面上看这事不应发生。北汉待其极薄，而宋太祖待其极厚；北汉是“亡国之余”，已日薄西山，而北宋乃中原大国，正呈方兴之势。重投北汉的理由，必是非同一般。有人推测侯霸荣是负有宋朝方

▼北汉皇宫

面的特殊使命伪装逃归北汉的。

▲北汉皇帝刘继恩

几乎在同时，宋太祖还派出间谍惠磷称自己是殿前散指挥使负罪投奔北汉，北汉宰相郭无为任他为供奉官。宋朝军队攻入北汉时，惠磷就前往迎接，半路上被北汉军抓住，郭无为知道他是间谍，就把他放掉了。这条见于《长编》的资料是郭无为与北宋勾结极为有力的证据。侯霸荣和惠磷两人都是以殿前近卫的身份来到北汉，又都被郭无为署为供奉官，两人的真实使命都是为了杀死北汉皇帝。

郭无为以一国之尊而与北宋暗通，那么为什么当侯霸荣杀死刘继恩后又将侯杀死？郭其实是狡兔三窟，左右逢源，在情形不利时为保全自己而牺牲他人。宋军于九月二十一日进抵太原城下，八天后侯、郭二人杀了刘继恩，城内城外本成内呼外应之势，但出城迎接宋军的惠磷途中被俘，使宋军无法确知城中侯、郭的具体计划，因而没有作出相应的配合，这就给了刘继恩弟弟刘继元一个调兵遣将、控制局面的机会，在这种情形下，郭只能杀人灭口。

有人推测，宋太祖遣侯霸荣刺杀刘继恩，是想乘乱攻击城池，这是出奇制胜的一道策略。北汉由于得到契丹的保护，宋朝力量还不足以与之相抗衡，最后无功而返。这一说法也很有道理。

宋太祖死因之谜

开宝九年 (976) 十月二十日晚上，做了 17 年皇帝的赵匡胤突然离世，年仅 50 岁。对于他的死，《宋史》等官方的记载十分简单，不讲是什么原因。数十年后，民间的笔记小说开始谈及宋太祖之死。由于谈起这件事的笔记小说极为庞杂，不久就越描述越玄乎了。

北宋僧人文莹的《湘山野录》是最早谈起的一本书。书中说：十月二十日这天晚上，天刚暗，星斗明灿，宋太祖满心喜欢。不一会天气突然起了变化，阴霾四起，雪雹骤降。宋太祖命人打开端门，将自己的弟弟开封府晋王赵光义召来。赵光义来后，太祖让他进了寝宫，两人酌酒对饮，太监、侍婢全部退下。只见烛影下的赵光义不时地在桌子旁站起来，好像一副不胜酒力的样子。二人喝完酒，已是半夜三更，殿前的积雪已积到数寸。赵匡胤拿了斧头刺雪，回过头来还对赵光义说：“好做，好做。”之后太祖脱了衣服睡觉了。当晚赵光义留宿在宫殿内。将近五更时，太祖驾崩了。当天赵光义在灵柩前即位。宣读遗诏结束，近臣瞻仰宋太祖遗容，只见“玉色温莹，如出汤沐”。

很多人认为这条资料不是空穴来风，虽不能说字字准确，但也大致可信，所以习惯上将太祖死的过程称之为“烛影斧声”。

历代很多人认为宋太祖死得太突然了，而且与这些故事的主角宋太宗赵光义有关。认为宋太祖之死，是宋太宗下毒手的结果。不过宋太宗是怎样下毒手的，却有各种不同讲法。

有人认为是赵光义在酒中下了毒。《默记》卷上记载，宋太宗曾以牵机药赐死李煜。《烬余录》说，孟昶和钱俶也是被宋太宗毒死的。酒中下毒是太宗的惯用手法，宋太宗与医官程德玄的关系十分特别，可能是德玄用医术帮助了宋太宗登上皇位。

▲赵匡胤坐像

有人根据《烬余录》甲编的记载，认为宋太宗调戏花蕊夫人而被宋太祖发现，一时性起杀了太祖。该书说：宋太宗平日里在太祖面前多次称赞花蕊夫人费氏很有才能。几个月后，蜀主孟昶死。太祖很想看看费氏长得怎样，就马上召费氏入宫。由于费氏十分敏慧，宋太祖十分欢喜她，把她留在身边长达十年之久。这天晚上，太祖因病卧床。到了半夜，太宗就叫他，见太祖不应，就乘机调戏费氏。太祖醒过来看到后，用玉斧砍赵光义，于是两人扭打起来。等到皇后和太子来时，太祖已经奄奄一息了。赵光义砍伤太祖，感到十分羞愧。慌慌张张地回到自己的府第。第二天早上，宋太祖崩。有关专家认为，太宗戏妃直接导致了“烛影斧声”的发生。

▼花蕊夫人

还有一些人认为宋太祖并非死于暗杀，他的死与太宗无关。明清时期已经有许多人提出了“斧声烛影”的事不可信，在抗日战争时期逝世的宋史专家张荫麟撰文，也说太祖不是死于暗杀。另有人认为宋太宗杀宋太祖事实上不太可能，《湘山野录》是一部笔记，出现已是数十年之后，最多只能说宋初有这样的传闻。

还有学者发现赵宋宗室有家族病，主要是由躁狂忧郁症引起的暴亡、早亡、精神病，这些病都会遗传。赵氏家族赵匡兄弟五人，善终者只有太宗一人，其余不是早亡就是暴卒。宋太祖四个儿子中，忧死和早亡各占一半；宋太宗九个儿子，得尽天年的只有一人。在《湘山野录》等书中，作者没有暗示太祖死得不明不白，只是后人在疑神疑鬼。而且当时夜宴在皇宫内进行，太祖召太宗进宫，太宗根本无法预作准备。宴会间左右不曾离人，太祖入睡时也无异状，又有侍寝守护，说是太宗谋害简直不可思议。史书中记载赵匡胤死前的许多情形，都是脑溢血的典型症状。

赵太祖死于非命，这是许多人都能够接受的，但到底是病死还是被杀死，目前仍然没有确凿无疑的证据可以使大家都加以信服。

宋太祖指定继承人是谁

“斧声烛影”事件后，赵光义在太祖的灵柩前悲痛即位。但一些事情让人怀疑，如太祖不曾卧病，为什么会突然死亡？在此之前太祖并没有足以致命的病史，为什么竟然一病而不起？宋太宗在即位当年的十二月就改年号为“太平兴国”，而按常规，新君即位当年应沿用旧的年号，次年方得更改，太宗为何如此迫不及待？一时之间，疑云重重，朝野上下暗中议论纷纷。这时，忽然又出现了“金匮之盟”。

太宗太平兴国六年(981)，受排挤的赵普密奏太宗，谈到其母昭宪杜太后临终顾命之事。太宗找到誓书，打开金匮一看，不由得大喜，于是赵普重新得到重用，晋升为司徒兼侍中。

李焘《续资治通鉴长编》卷二记载道：建隆二年(961)，昭宪杜太后临终前，太祖侍药饵不离左右。太后自知在世时间已不长，就召宰相赵普等入宫受遗命。太后问太祖说：“你知道你为什么能得天下吗？”太祖说：“能得天下主要是靠了祖宗们和太后的恩泽。”太后说：“不是这样的，恰好当时是柴氏让个小孩子主天下，群情不附。如果后周有年纪稍长一点的国君，你怎么能够得到皇位？你与光义都是我生的，你之后应当传位给你的弟弟。四海至广，能立年纪大一点的国君，这是社稷的福分。”太祖一面哭一面顿首说：“怎么敢不如太后教诲的那样去做。”转身对赵普说：“你把我们说的话全部记下来，不能有所改动。”赵普就在病榻前写成誓书，并在纸末署上自己的名字：“臣普记。”太祖手封其书，将之放到金匮之中，命可靠的宫人掌管。这就是历史上著名的金匮之盟。

▼宋太宗头像

在这条资料下，李焘又注释道：“司马光《记闻》称太后命传位给二弟，其本意是指太宗及秦王廷美。现在是根据“正史”和《新录》综合成的，而《旧录》原本不载这件事。“正史”和《新录》也称太宗入受顾命，而《记闻》不载，今从《记闻》。”翻看《记闻》的记录，太后是这样说的：“汝万岁后当次传之二弟，则并汝之子也获安矣。”

李焘注释的理解是没有问题的。

李焘的记录，是综合了各书编成的。其中“正史”是指成书于宋仁宗时的《三朝国史》，“旧录”指成书于太宗太平兴国五年(980)的《太祖实录》，《新录》则指成书于真宗时的《太祖实录》。另《太宗实录》修于太宗至道三年(997)，其时太宗已死，成书于真宗咸平元年(998)。

“金匮之盟”的出现，使太宗的继位变得合情合理，使人们原先对他即位的怀疑一扫而光。长期以来，没有人怀疑它的真实性，却变成了称颂宋太祖坦荡无私的具体例证。尤其是明代的一些评论家，都接受了这种说法。

史学家张荫麟认为顾命之事有很多破绽。其一，杜太后死时，太祖仅三十五岁，长孙德昭十一岁，杜太后怎么能预知太祖死时德昭仍是幼童？其二，太祖既遵母命，为何将盟誓藏起来对谁也不说？太宗即位五年后，打算对皇弟廷美动手时突然将盟誓公布，其中很有可疑之处。其三，赵普是参与盟誓的，太祖在世时自不能多说，但太宗即位后为什么不马上说明，要待数年之后？其四，太宗时修的《太祖实录》中没有“金匮之盟”，到了真宗时修《太宗实录》就有了，而且又说太宗也是在场的，史料的记载为何这样矛盾？此外，金匮盟誓全部在秘密中进行，知情者最多只有四个人知道，太祖和太后已经作古，剩下赵普和太宗，想怎样讲就可以怎样讲，谁会知道真相是怎样的。因此他认为“金匮之盟”是假的。

▼赵光义像

有人指出，在宋代二百多年的历史中，从来没有出现过皇帝健在，而太后为接班事项遗诏的。杜太后草诏的理由是为了不重蹈周世宗传位幼子丢失天下的覆辙，而太祖身体很好，屡次出兵亲征，太后怎能知太祖必然短命？如有遗诏，太祖临终时必然会布置人打开金匮，即使是突然死亡，皇后和掌管金匮的官人也应知晓其事，为何要到六年之后才由赵普揭出？如有遗诏，应该全文公布，堵众人之口，却闪烁其词，只有大概意思。太宗既然要利用遗诏证明自己继位是正当的，但又为何自己传给比弟侄年幼的儿子？结论只能是赵普为了投靠太宗，恢复相权，报复政敌，才编造了遗诏。

有人认为顾命可能是有的，但太宗公布的盟誓是假的。昭宪临终或许是有此顾命也未可知，但绝无藏于金匮二十余年之久的盟书。另外，昭宪太后顾命没有谈及太宗死后再传位给太祖之子也极悖常理。李焘在长编中实际上已有所怀疑，他说："始太祖传位给太宗，这是昭宪太后的顾命。有人说昭宪和太祖的本意，是想太宗再传位给弟弟廷美，而廷美再传位给太祖长子德昭。所以太宗即位后，马上任命廷美为开封尹，廷美之子德恭授贵州防御使，称为皇子，这些都是太祖和太后的本意。"

▲宋太宗与八贤王

由于赵普在金匮之盟中，记录和最终披露者都是他，可以认定伪造者就是他。成书于太平兴国五年的《太祖旧录》对这件事没有记载，此年就发生了这件事，说明伪造就在这一年。

"金匮之盟"既然有可能出自宋太宗篡位后伪造的，属子虚乌有，那么宋太祖自己心中有没有继承人？继承人究竟是谁？

有专家认为烛影斧声事件的当晚，宋皇后突然发现宋太祖死于非命，急命内侍王继隆速召太祖子秦王德芳。当看到召来的不是秦王德芳而是晋王时，宋皇后大惊失色。如果有金匮之盟，宋皇后当不会不知道，就可能不会去召秦王抢先来柩前即位。宋太祖死时秦王德芳已十八岁，属于成年了。宋太祖如果再能活几年，就会将秦王培养成为一个政治经验丰富的继承人。在许多资料中，可以看到其实宋太祖是在不断地培养秦王，让他多读书，参加各类政治宴会。宋太宗也知道宋太祖的意思，所以因一个偶然的机会抢班夺权，伪造了所谓的"金匮之盟"。

不过在今天，还是有个别人认为金匮之盟是真实的。杜太后遗命是从五代以来现实政治考虑的至理，太祖以长弟为储在客观上是势所必然。宋太祖不将金匮之盟昭告天下，可能是他觉得没有需要改变五代以来不正式立储的习惯，而且可以保留最后的选择。太祖考虑到一旦公开盟约，便大有可能引致家人子弟为营谋帝位而相倾。赵普在太宗登位时，与太宗嫌隙甚深，贸然公开密约，不知道是祸是福？揭示金匮之盟时，太宗已登基六年，继统已没有争议，赵普的意思其实是想力谏太宗不可再徇于母命，他力持的是父死子继的正论。太宗如果存心作伪，肯定要做到万无一失，而没有必要让居心叵测的赵普为他说谎，使自己处于受要挟的境地。

当然，无论哪种观点都有道理，具体是什么情况，可能永远无法知道了。

建文帝失踪之谜

明惠帝（建文帝），即朱允炆，1398—1402年在位，太祖孙，朱标次子。洪武二十五年（1392）立为皇太孙，三十一年即帝位，改元建文。用齐泰、黄子澄的计策削藩，加强中央集权。燕王朱棣借口出兵，攻陷京师（原指南京，现指北京），宫中起火，建文帝不知所终。或说他自我燃烧身亡，或说由地道出逃，换僧装流浪各地，字号应稳，明无谥，清乾隆时追谥“恭闵惠皇帝”。

▲明惠帝像

建文帝的故事

关于建文帝出逃的传说很多，其中有一种传说：建文帝出逃之后就近在兰溪市东山上的一座古寺归隐。东山又名皇回山，是金华山脉的一支。寺院里的和尚世代口传建文帝在此削发隐踩的传说，并说寺院中还保留有建文帝的隐居之处和古碑遗迹。在寺院的大殿内，塑的是身穿袈裟的建文帝像，左右两旁分别为伴帝出家的杨应能、叶希贤两人。殿内的后壁绘有建文帝逊国出逃的路线。此外寺院内还保留有建文帝出家后所作的几首诗句：“百官不知何处去，惟有群鸟早晚朝”，“尘心消尽无孝子，不受人间物色侵。”诗中意蕴饱含仓皇出逃，归于世外的无奈和忧伤，也是建文帝归隐于此的一项证据。

另外，还有一种传说：建文帝从南京城逃出之后，辗转来到武昌罗汉寺。罗汉寺的住持达玄和尚看过建文帝的度牒后，赶紧将建文帝引入寺中躲藏。过了一段时间后，建文帝等人见此处易于被燕王的爪牙发现，于是又在达玄和尚的指引之下坐船前往泉州开元寺，然后辗转逃到海外。据史书记载，当时泉州开元寺的住持念海和尚正是罗汉寺住持达玄和尚的弟子。建文帝来到泉州开元寺之后，便隐匿寺中，派人寻找出逃海外的机会。终于有一天，他们坐上了一个阿拉伯商人的货船，随行来到印度尼西亚的苏门答腊岛，开始在此隐居。据说，当地的华人至今仍在每年阴历五月十六建文帝登基那天，举行隆重的拜“皇爷”之礼。

▼南京明城墙

建文帝的生平经历

洪武二十五年（1392），皇太子朱标病逝，明太祖不得不重新考虑皇位的继承问题。在此期间，他曾想到了皇四子朱棣，因为朱棣有许多地方都与自己非常相似，但向群臣咨询的时候，大臣刘三吾提出，如立皇四子，那么将皇二、三子立于何地？当时朱元璋已经分封了诸王，而且皇二、三、四子分别被封为秦王、晋王、燕王，3 人的封地都是边境重镇，而且手握重兵，一旦由于争储而出现内讧，后果将非常严重。而若根据嫡长继承制度，应该将皇位传给太子的长子，也就是虞怀王朱雄英。但是朱雄英于洪武十五年（1382）五月薨。因此太祖只得将朱标的次子朱允炆立为皇太孙。

洪武三十一年（1398），明太祖逝世。朱允炆即位，改年号建文，称建文帝。从年号来看，一个建文，一个洪武，二位皇帝的性格截然不同，而且朱元璋不愿立皇太孙的一个重要原因就是朱允炆像他的父亲一样，过于柔弱，过于仁慈，受儒家思想的影响太严重，恐怕日后会吃大亏。

建文帝即位之后，一改洪武时期的紧张气氛，使中国大地吹过了一阵清风。他重用黄子澄、齐泰、方孝孺等文人，对先朝的政治实行改革，为百姓和官吏都创造了一个宽松的环境。建文帝实行惠民政策，减免租赋，赈济灾民，老弱病残者由国家扶养，重视农业生产，兴办学校，考察官吏，任用贤能， 派侍郎暴昭、夏原吉等 24 人充任采访使，分巡天下，体察民情。

建文帝在改革中的一项重要措施就是削藩，当时的藩王多是朱允炆的叔叔，而且手中都有兵权，他们在自己的藩地为非作歹，有的甚至摩拳擦掌准备造反，对建文帝造成严重威胁。燕王朱棣就是其中最有代表性的一位，当时朱元璋的前 3 个儿子都已经亡故，朱棣成了皇子中的最长者，而且随着朱棣的势力在对蒙古（今蒙古国）作战的过程中不断壮大，他已经成为皇权最大的威胁。

可以说建文帝的削藩主要是针对燕王的，但建文帝的软弱害了他，在重大问题的决策上，他并没有先削燕王，而是先从燕王的同母兄弟周王下手，这样不仅引起了亲王们的岌岌自危，还打草惊蛇，使得燕王加紧作出准备，当建文帝决定对朱棣下手的时候，为时已晚，燕王朱棣迅速扯起了“靖难”的大旗。

在最初的战斗中，朝廷的兵力占绝对优势，但由于李景隆的指挥不当，明军屡遭败绩。由于兵力所限，燕军占领的城市都又很快放弃，因此双方展开了拉锯战。在此期间明军中涌现出了一批比较优秀的将领，他们的顽强抵抗给朱棣造成了极大的威胁。但是朱允炆的软弱再一次显示出来，他的一道圣旨，“我要活的叔父”使得朱棣逃过了多次劫难，建文帝的妇人之仁最终将朝廷推向了灾难的深渊。

▼南京皇宫模型

经过 4 年的拉锯战之后，燕王正确分析了形势，认为只要建文帝在一天，地方军队就会抵抗一天，而自己就是叛王。如果一旦攻占了南京，赶走了建文帝，那么自己就可以成为一

▲北京故宫

国之君，相信也没有多少人反对，因为大家都是观望的态度。

于是燕军绕过大城市、一路南下。当时的建文朝廷已经乱作了一团，很多地方将领按兵不动，燕军很快就攻到了南京城下，城内的亲王与某些将领又擅自开门投降，南京终于被占领，朱棣到了皇宫，只看见宫中大火熊熊，建文帝下落不明，而且正如朱棣所料，地方上几乎没有人反对他。“靖难之役”宣告成功，朱棣称帝，改年号永乐，朱棣就是明成祖。

而在朝廷内文臣却是另一番情景，投降的文臣只有4人，其他或逃跑，或自杀的却有千人。永乐朝廷几乎无人可用，可见建文帝在文人心目中的地位是相当高的。

建文帝的帝王生涯，4年即告结束。作为皇帝，他太过仁慈，有时甚至优柔寡断。如果让他做臣子，相信他可以爱民如子，两袖清风。但做皇帝不一样，皇帝注定与鲜血分不开，他要排除异己，树立皇威。如果不能做到这些，皇帝也终将被历史淘汰，建文帝就是这样一个悲剧人物。

建文帝下落之谜

建文帝朱允炆是明朝的第二代皇帝，其父朱标是明太祖朱元璋的长子，早年立为太子，不幸中年早逝。朱元璋按封建礼法传统，立朱允炆为皇太孙，朱元璋死时，他已21岁了。但在位仅仅4年，即被他的四叔燕王朱棣用武力推翻，而下台后的建文帝的下落，却又成了千古疑案，众说纷纭。主要有：

自我燃烧身亡说。据永乐年间的史料记载，建文帝继位后，即与兵部尚书齐泰和大常卿黄子澄谋，定策削藩。领兵在外、身为燕王的朱棣立即打着清君侧的旗号，起兵南下，发起“靖难之役”。不到4年，燕王即挥师渡过长江，兵临南京城下，建文帝求和不允，只好死守，但是他的主帅李景隆却打开金川门迎燕王大军入城。建文帝眼看大势已去，不得已下令焚宫，顿时火光熊熊，建文帝携皇后马氏，跳入火中自我燃烧身亡，妃嫔侍从等大都随其蹈火而死。燕王朱棣入宫后，清宫3日，搜查建文帝下落。宫内侍人都说建文帝已自我燃烧身亡，并从火堆里扒出一具烧焦的尸体证明之。燕王见到尸体，分不清男女，惨不忍睹。其

▼建文帝画像

继位称帝后，只得以天子“礼葬建文皇帝”。

▲明成祖陵墓——长陵

削发为僧说。清代有位名人则认为燕军破城后，建文帝无可奈何，遂想一死了之。此时少监王钺告诉他：“你祖父临死时，给你留下一个铁箱子，让我在你大难临头时交给你。我一直把它秘密收藏在奉先殿内。”群臣急忙把箱子抬来，打开一看，里边有3张度牒，就是做僧人的身份证，上面写好了建文帝等3个人的名字。还放着三件僧衣、一把剃头刀、白金十锭、遗书一封，书中写明：“建文帝从鬼门出，其他人从水关御沟走，傍晚在神乐观西房会集。”据此，建文帝3人剃了头，换上了僧衣，只带了9个人来到鬼门。鬼门在太平门内，是内城一扇小矮门。仅容一人出入，外通水道，建文帝弯着身子出了鬼门，其他8人随之出了鬼门后，就看见水道上停放着一只小船，船上站着一位僧人，僧人招呼他们上船，并向建文帝叩首称万岁，建文帝问他怎么知道我有难，僧人答道：“我叫王升，是神乐观住持，昨夜梦见你祖父朱元璋，他本是出家之人，叫我在此等候，接你入观为僧。”至此，建文帝削发为僧，继承了祖业。

此外，还有史书记载：明成祖朱棣当了皇帝后，对建文帝自我燃烧而死也产生过怀疑，也有人告诉他那具烧焦的尸体是马皇后的，建文帝削发为僧外逃了。他就把建文帝的主录僧溥洽抓了起来关进监狱长达10余年，逼他供出建文帝下落。并派郑和下西洋“欲寻踪迹”，派户科都给事中胡濙遍行郡、乡、邑长达16年，搜寻建文帝下落，一直到朱棣死前一年的一个晚上，他已睡下了，但听说胡濙回来了，急忙穿上衣服，在卧室单独召见。胡濙访得建文帝离开紫禁城后，削发为僧，既没有去神乐观，也没有去西南、东南周游避难，而是被僧司溥洽所救，一直藏在江苏吴县普洛寺内，此后一心为僧，无复国之意。近年也有人通过查阅大量文献和实地考察后，指出：永乐二十一年（1423），建文帝死于江苏吴县穹窿山，终年46岁，葬于皇驾庵后的小山坡上。

也有人指出，建文帝自我燃烧身亡是历史事实，因为当时燕军兵临城下，把紫禁城团团围住，建文帝想逃也来不及了，更何况经考查也无鬼门、御沟逃路。建文帝也深知他的四叔是个贪权无厌、残暴无情的武夫，落在他手里绝无好下场，不如一死了之为上策。燕王朱棣也绝不会让建文帝活下去，否则，他就不能当皇帝。朱棣为了不留下“杀侄夺位”之臭名，故意苦心寻找建文帝下落，留下了历史疑案，这可能是朱棣的用心之机。

综上，朱棣在即位后，下令搜寻建文帝，这是历史事实。但他的真实用心及建文帝的真正下落，至今仍是一个未揭开的历史之谜。各类辞书字典，也只好注明：“建文帝不知所终”。

朱元璋大兴文字狱

朱元璋在位期间实行了抗击外侵、革新政治、发展生产、安定民生等一系列有利于社会前进的政策，在政治、经济、军事、思想等方面大力加强君主专制的中央集权统治，是中国历史上最富传奇色彩也最具争议的皇帝之一。

▲朱元璋

明太祖朱元璋的简述

明太祖朱元璋（1328—1398）是明朝的开国皇帝，也是继汉高祖刘邦以来第二位平民出身并且革命成功的君主。生于元朝天历元年（1328）九月十八日丁丑时，家中排行第四。父亲朱五四（后改为世珍），母亲陈氏。祖居泗州盱眙（今江苏盱眙）。朱元璋原名重八，后改为兴宗。参加元末农民起义后改名为德裕，最后再改名为元璋，字国瑞。

朱元璋少时穷苦，曾为地主放牛，一度入皇觉寺当和尚。24岁时参加郭子兴领导的红巾军反抗元朝暴政，郭死后统率郭部，任小明王韩林儿的左副元帅。接着以战功连续升迁，龙凤七年(1361)受封吴国公，龙凤十年自称吴王。朱元璋采纳老儒朱升的献策“高筑墙，广积粮，缓称王”，命令军队自己动手生产，兴修水利，减轻农民负担，因而兵强粮足。然后朱元璋又把军事进攻的矛头指向土地肥沃、盛产粮食丝绸的浙江一带，先后占领诸暨、处州。孤立的元军据点，次第被消灭。随即，他又适应新的军事形势，对东南采取守势，东北和西面采取攻势的战略，在军事上取得了有利的局面。然后又战鄱阳，取东吴，南征北伐，奠定了统一全国的基础。元至正二十八年(1368)，在基本击破各路农民起义军和扫平元的残余势力后，于南京称帝，国号大明，年号洪武，在位31年(1368—1398)，建立了全国统一的封建政权。

朱元璋在位期间廷杖大臣、废相、设锦衣卫、大杀功臣（也包含惩治贪赃枉法的元勋）等诸多辣腕功过难断，也立下了明朝君王集权及高压统治的典型。为了缓和尖锐、复杂的阶级矛盾、民族矛盾和统治阶级内部之间的矛盾，朱元璋实行了抗击外侵、革新政治、发展生产、安定民生等一系列有利于社会进步的政策，在政治、经济、军事、思想等方面大力加强君主专制的中央集权统治。朱元璋在位31年，病死，终年71岁，葬于应天孝陵。

明太祖朱元璋的功绩

▲朱元璋陵

为了巩固明王朝的统治，朱元璋在明王朝建立后，从政治、经济、军事等许多方面做了一系列的整顿和改革，进一步强化了中央集权制度。

在政治上，朱元璋空前加强中央集权，洪武九年（1376），废除了元代行省制度，在全国设置了13个承宣布政使司，设布政使司、都指挥使司（锦衣卫）、提刑按审使司，分管行政、军事和司法。这三个部门合称“三司”，统属中央管辖。洪武十三年（1380）借胡惟庸谋反案，对中央机构进一步改革，革除中书省和废除丞相一职，由六部分理政务，听命于皇帝，在政治上加强中央集权。但是朱元璋一方面大力推行中央集权制度，一方面又实行与之相矛盾的政策，即分封诸皇子为王，使其“屏藩皇室”。朱元璋实行分封制度的目的，一是在于加强对北方蒙古（今蒙古国）的防御，二是为了防止朝中奸臣篡夺皇位。朱元璋规定诸王可以“移文取奸臣，举兵清君侧”。同时为防止诸王跋扈难制，朱元璋又允许以后皇帝在必要时可以下令“削藩”，从而为后来的皇位之争埋下了祸根。

在吏治上，朱元璋大力整顿吏治，制定严刑峻法，对贪官污吏的惩治采取了空前绝后的严酷手段。当时律法规定凡是发现有贪赃害民的官吏，百姓可以直接擒拿送至京师。若是有敢阻挡者，即行灭家灭族。凡是监守自盗仓库钱粮等物、赃至60两银子以上者，一律斩首示众，并处以剥皮之刑。他把府、州、县衙门左面的土地庙作为剥人皮的场所，称为皮场庙，又在官府公座的两侧各悬挂一个塞满草的人皮袋，使办公的官员随时提心吊胆，不敢再犯法。他还采用挑断脚筋、剁手指、砍脚、断手、钩肠、割生殖器等酷刑。

▼朱元璋陵墓遗址公园

洪武十五年（1382）朱元璋为加强中央集权统治设立锦衣卫，作为皇帝侍卫的军事机构，并特令其掌管刑狱，赋予巡察缉捕之权，下设镇抚司，从事侦查、逮捕、审问活动，且不经司法部门，以此朱元璋先后惩办了不少贪官污吏。仅在洪武九年（1376），将有罪官吏发往安徽凤阳屯田者，即有万余人。在其所处理的一系列贪污案件中，最为突出的是郭桓案。郭桓官至户部侍郎，征收浙西秋粮贪赃枉法，洪武十八年（1385）事发，结果被追赃粮700万石，六部左、右侍郎以下的官均被处死，供词牵连到各布政司的官吏，被杀者又有数万人，追赃还牵连到全国许多富户，以致中产之家大抵皆破产。像这样使用严刑峻法惩治贪官污吏和如此大规模地诛杀贪官污吏，可以说自古以来前所未有。

在经济上，朱元璋采取与民安息的政策，普查户口、清丈土地、建鱼鳞图册、兴修水利、推行屯田、奖励农耕、减免赋税，使疲惫的百姓得以休养生息，有力地推动了社会生产的恢复和发展，使得国家的租税额比元朝增加了3倍之多。据洪武二十六年的统计数字，明初全国户数增长近10倍，耕地面积扩大4倍，农业、工业、手工业都有较快发展，明初的15年中，新垦田数共达1.8亿万多亩*，占当时全国可耕地的一半。

在军事上，朱元璋改大都督府为五军都督府，在全国设立卫所制度，将军权也集中于手上。

在司法上，朱元璋了设立大理寺、都审院、刑部，合称三法司，主管刑狱之事。通过这些改革，朱元璋集大权于一身，有利于明初政治的统一和政权的巩固。

在水利上，朱元璋十分注重水利工程的整治和兴修。明初共修陂渠、堤岸5 000多处，疏浚河道4 100多条，开掘堰塘4.09万多处。

朱元璋一生勤于政事，事必躬亲，是中国封建社会中不多见的杰出君主。他建立了明王朝，为中华民族统一大家庭的发展作出了卓越贡献。他出身贫困，称帝后的生活还是较为朴素、节俭，不喜欢饮酒。江南行省的长官将陈友谅的一张镂金床送给他，他发怒说：“这和孟昶的七宝溺器有何区别？”命人砸碎。他要求臣下写折子要文字简洁。刑部主事茹太素上万言书，朱元璋叫人念了6 370字后还未听到具体的建议，全是空话，顿时大怒，叫人把茹太素叫来痛打了一顿。第二天晚上，他再叫人继续读下去，读到16 500字以后才涉及本题，提出了五项建议，其中有四项他认为是可取的，便马上命令施行。同时指出这折子只要写500多字就够了，却写得这么冗长，但

▼明太祖起兵前的屯兵山

* 亩为非法定计量单位，1 亩 = 666.67 平方米。

▲明太祖孝陵前的石狮

又承认自己厌听冗文而打了茹太素不对，并赞扬茹太素是忠臣。

明太祖朱元璋的过错

朱元璋屡兴大狱，滥杀功臣。其中最大的两次是胡惟庸案和蓝玉案。胡惟庸是左丞相，深得朱元璋的宠信，因而权势日盛，遂专权跋扈，不知自忌。如朝中有人命生死及官员升降等大事，往往不奏径行。凡内外诸衙门上奏章，有不利于己者，辄匿不奏闻。一时四方钻营之徒及功臣武夫失职者，莫不争投门下。洪武十三年（1380），朱元璋以擅权枉法的罪名杀了胡惟庸，又杀御史大夫陈宁、御史中丞涂节等数人。10 年之后，到洪武二十三年（1390），朱元璋又以胡党为题大开杀戒。于是太师韩国公李善长被赐死，家属七十余人被杀。同时被杀者，又有陆仲亨等列侯多人。总计先后株连蔓延被杀者共 3 万余人。蓝玉是功勋卓著的大将，被封为凉国公，同样不知自忌，侵占民田，鞭打御史。又北征归来，夜扣喜峰关，关吏不即开门，遂纵兵毁关而入。洪武二十六年（1393），蓝玉被告谋反，朱元璋也将他杀了，连坐被族诛的有 15 000 人。所有勇武的元功宿将几乎在这一案中被杀光。在两案之外，开国功臣死于非命的也有不少。明朝开国功臣侥幸得以善终者，唯有汤和、耿并文等寥寥数人。朱元璋如此杀戮功臣，实千古所未有。

▼明太祖时期兴建的南京城

朱元璋为何大兴文字狱

在历代的开国皇帝中，朱元璋算得上是出身最贫寒的一位。虽然后代经常有人拿他与汉朝的开国皇帝刘邦相比，但刘邦在当时至少还是个亭长，而朱元璋却是从和尚、乞丐这样的社会最底层一路白手起家，击败了割据四方的群雄，最后迫使元顺帝撤出大都，统一天下。

正因为从社会最底层一直做到大明朝的开国皇帝，所以朱元璋的心态也很复杂。一方面，他为自己的旷世伟业深感自豪，经常向人炫耀自己从一介贫民奋斗到天下之主的传奇历程；另一方面，他在潜意识里也很以当初的卑微出身为耻，总觉得别人瞧不起他。这种极端自尊和极端自卑的心态交织在一起，就让他时时处处疑神疑鬼，做出了许多莫名其妙的暴虐行为。

▲朱元璋画像

说到文字狱，人们一般联想到的都是清朝的雍正等几个皇帝，实际上早在他们之前几百年的明初洪武年间，也曾经出现过轰轰烈烈的文字冤狱，而且罗织罪名的理由更加稀奇古怪。

有许多官员在进献的贺表里写到“作则”两个字，这本来是很常用的词语，但朱元璋立即就联想到“作贼”，认为官员们在骂他是造反出身。除此之外，他还会从“生”联想到“僧”，从“取法”联想到“去发”，认为别人在讽刺他做过和尚，把“帝扉”当做“帝非”，把“有道”当做“有盗”，无论看到什么都觉得别人不怀好意，于是大开杀戒，许多人因此掉了脑袋。后来官员们实在没有办法，干脆请朱元璋自己写出固定格式的公文发往各地，以后大家上表的时候照样抄写，只是更换一下自己的官职姓名，这才算保住了自己的性命。

明太祖朱元璋在坐稳皇位后，屡次大兴文字狱，许多读书人死于非命。

文字狱属于诏狱的一种，它的特征是：罪状由当权人物对文字的歪曲解释而起，证据也由当权人物对文字的歪曲解释而成。一个单字或一个句子，一旦被认为诽谤皇帝或讽刺政府，即构成刑责。文字的含义不在客观的意义，而在当权人物的主观解释。

朱元璋制造的一些文字狱，很典型地具有这些特征。有许多文人学士都因他们执笔的表章中有歌颂皇帝为天下“作则”一类字样，被认为是影射他年轻时作过“贼”（小偷）的往事。

更可笑的是，朱元璋还妄自尊大，自作聪明，结果不少读书人做了屈死鬼。有个读书人叫卢熊，人品文品都很好，朱元璋委任他到山东兖州当知州。他到兖州后要启用官印，发布文告。当他把皇帝授给他的官印取出一看傻了眼，原来，朱元璋笔下的诏书是授他为山东衮州知州，这官印是根据皇帝的诏书刻制的，这兖州自然变成衮州了。可是山东历来只有兖州而没有衮州。他是个搞学问的，办事认真，于是他就向皇上写了一份奏章，要求皇上更正，把官印重新刻制过来。朱元璋一见奏章，知道是写错了，但就是不认错，还大骂他咬文嚼字，这兖和衮就是同一个字，卢熊竟敢将它念成“滚”州，这不是要朕滚蛋吗？即将他斩首。

文字狱还不限于奏章。朱元璋崇信佛教，对印度高僧释来复最为礼敬。释来复告辞回国，行前写了一首谢恩诗，诗中有两句："殊域及自惭，无德颂陶唐。"意思很明显，他生在异国，自惭不生在中国，觉得自己还没有资格歌颂大皇帝。但朱元璋的解释不同，他说："殊，明明指'歹朱'。无德，明明指没有品德。"于是朱元璋马上翻脸，转瞬之间，释来复从座上客变为阶下囚，人头落地。

朱元璋屡兴文字狱，手段极其残忍，而且非常荒诞，这种荒诞的行为实有其深刻的用意：唯有这种不需要任何理由、无从辩解的杀戮，才能够立威，显示出皇权的绝对性，从而对朝野造成巨大的威慑。朱元璋将权术运用推到了极致。

如果说宋代的文化专制已相当发展，那么至少士大夫的人格在表面上还是得到了尊重，所以他们能够以"气节"自励，维持求"道"为最终人生目标的理想品格。而朱元璋自其立国之初，就想从根本上打掉文人的自尊，塑造文人的奴性品格。

朱元璋憎恨读书人是有缘由的，当年朱元璋的死对头张士诚，一向对读书人不薄，养着一批文人，可这帮文人表面上对张士诚谦恭有礼，骨子里却根本看不起他。张士诚原名张九四，称王以后，觉着这名字俗气，想取个官名。他们便替他起了个官名叫士诚。后来有人查阅一本史书，见上面有"士，诚小人也"一句，也可读做"士诚，小人也"。朱元璋听了这故事，回去一查，果然如此，于是对读书人更为憎恨，从此以后他每次翻阅臣下所上的表笺，就留了个心眼儿，凡是里面有影射嫌疑的一律砍头。后来打击面越来越大，文章里有个词用得不妥也要被杀。其实，这些文字是不是真有那么严重的鄙视的意思，朱元璋心里也没底，但他总觉得所有文字的背后都有可能暗藏着数不清的挖苦、揶揄和讥讽。确有其事的，杀了活该，被冤杀的，权当是一种震慑吧。

朱元璋深以他的平民出身为耻，深以他当过乞丐和和尚为耻。他的暴戾、残忍是外表，内心实际上非常自卑，或者说心灵极度的自卑外化为极度的自大、专横，在他充满自卑的情结中，异常羡慕官员和士大夫所拥有的优越地位，因而产生强烈压制别人的暴虐意念，以求得自己心理上的平衡。

朱元璋在心理上存在着严重的障碍，他的人格分裂，这当然只是后人的猜测。但他在行为上表现出来的冷酷，喜欢看别人流血、看别人痛苦、看别人跪下来向他哀求，而他又拒绝宽恕。连他的嫡长子皇太子朱标和皇太孙朱允炆也不放过，这也是事实。这种品质如果存在于普通人身上，他身边的家人、同事和朋友有可能受到伤害，但是会受到各方面的制约，危害的程度不会很大。身为皇帝而具有这种品质，就会使危害扩大，很难对其进行控制。

◀民间流传的朱元璋画像

光绪皇帝鲜为人知的那些事

光绪可能是清朝最为可怜的皇帝之一，成为皇帝也只是别人的一颗棋子，长期作为傀儡，去世也可能是被谋杀。在他身上有很多谜团。

光绪登基之谜

公元1874年，同治皇帝得重病去世，当时年仅十九岁的同治没有儿子，立谁为皇帝成为皇族最为关心的问题。假若选一位年富力强的，说不定清朝的积弱之势会得到一定的改变，中国的国运会走向另一条道路。假若所立仍与同治一样是个小孩，国家政权继续为慈禧所控制，清朝的腐朽统治就仍会延续，人民的苦难就更没有尽头了。充满权力欲望的皇太后慈禧自然是选择了后者。

从当时的清皇室来看，咸丰帝的哥哥奕纬是道光帝的长子，他的一系在同治死时，已经孙子都有了，奕纬的孙子溥伦按辈分是同治的侄子辈。咸丰的弟弟道光的第五子奕谅，这时也是人到中年，有几个儿子。慈禧如果从国家大局的高度考虑立君，可以当皇帝的人选其实不少，按代代相继的原则，比同治低一辈的溥伦接位也未尝不可，但最终慈禧并没有这样做。

同治去世后，慈禧以两宫皇太后的名义随即召开了御前会议，与众王大臣商议择立嗣君的问题。根据参加这个会议的翁同稣的记载，在会议上，慈禧问大家："以后我再继续垂帘听政怎么样？"有大臣说应该以宗庙社稷为重，请选择一个才能贤俊者立为皇帝。慈禧说："文宗没有儿子，现在突然遭此变故，如果继承者是一位年龄较长的，他是不会允许的。必须挑选一位年纪较小的皇室子弟，可塑性强，教育起来也十分方便。我们两位太后意见是统一的，你们众大臣一定要认真听好。"随即慈禧报出了醇亲王奕譞的儿子。突然听到自己的儿子被立为皇帝，奕譞大吃一惊，激动得碰头痛哭，昏迷伏地，边上的大臣扶也扶不起。众大臣听完太后的话后退下，旋即到军机处拟旨，向全国颁布。接着慈禧又宣布："溥字辈子弟不应该立为嗣君，奕譞的长子，现在已经四岁了，而且与同治是至亲，皇位应该让他继统。"

▼慈禧太后与外国人合影

在御前会议，慈禧主张立幼，又亲口提出要立奕譞的长子载湉为其意中之人，众大臣哪里敢说什么，新皇帝的上台也就这样定局了。从翁同稣的记载来看，会议之前，慈禧早就有了继续垂帘听政的打算，她并不愿意让政权落入别

人的手中，她想独揽政柄，做大清国事实上的主宰。慈禧在这么多人中选择四岁的载湉，不可能是载湉自身有什么特别的资质，而肯定是另有原因的。

从皇室辈分排，载湉与同治是同辈，是同治的堂弟，这样并不影响慈禧继续保持她皇太后的身份，对继续垂帘听政并不造成妨碍。其次，载湉年幼，继续垂帘的理由最充分，慈禧可以堵住外面大臣的嘴巴。再次，载淮之母，乃醇亲王的嫡福晋，是慈禧的亲妹妹，从慈禧这个系统而言，载湉不仅是咸丰的亲侄子，而且是慈禧的亲姨侄。有了这样的双层关系，对于载湉的驾驭比他人也就更容易。当时，慈禧还特别颁发了一道懿旨，为她立载湉进行辩解。她说同治没有儿子，不得已才以醇亲王奕譞的长子载湉承继文宗显皇帝为子，入承大统为嗣皇帝。

在同治死后的皇位更替中，一个不识人事的四岁小孩当上了皇帝，他就是后来的德宗景皇帝，年号光绪，共在位三十四年。就这样，光绪在慈禧的淫威和阴谋手段中当上了皇帝，但是他一生都是慈禧的傀儡。

光绪的陵址是如何选择的

在封建社会中，皇帝即位不久就要为自己找好陵地。清朝后期，国家动荡不定，再加上慈禧垂帘听政，她与光绪的关系到后来是势不两立，所以光绪是否能按常规选择陵地，大多数人是表示怀疑的。光绪死后，葬到了清西陵金龙峪，那么这个陵地又是如何选出来的呢？

有人认为，选择西陵金龙峪作为光绪的万年吉地，是在光绪崩逝以后、宣统皇帝登基之初才着手进行的，清朝的一些史料对此有详细记载。《宣统政纪》谈到光绪三十四年(1908)十月丙子新皇帝的诏谕中说，由于光绪皇帝还没有选择陵寝，所以派遣溥伦、陈壁带领勘察人员，飞马至东、西陵查勘地势，绘好图，写好说明，向朝廷奏明。这年的十二月乙丑日，新皇帝诏谕内阁说，溥伦等看中了西陵的金龙峪，认为这个地方地势宽平，是上吉之地。现在将金龙峪定为崇陵，马上派人挑个好日子就动工兴建。宣统元年(1909)二月，钦天监选中了二月初八日的卯时为动工的吉期，所以新皇帝给军机大臣下诏，让各个部门“谨遵办理”。清代其他一些基本史料在记述上也大体相同，如《德宗实录》《光绪朝东华录》《清史稿》等的确都是认为在光绪死后才开始建陵的。

▼光绪像

《清朝野史大观》卷一《德宗晏驾异闻》更是对为什么光绪死后才择陵进行了解释：光绪生前，慈禧专权，没有人敢谈及为光绪修陵。光绪死后，才仓促派人到西陵择陵。这种说法看上去理由也比较充足。

▲紫禁城内景

《宣统政纪》等资料对后人影响很大，著名建筑史专家刘敦桢等尽管曾亲赴西陵考察，但还是引用了上述资料，认为崇陵的地点是在光绪死后由溥伦、陈壁等择定的。

一些人不同意上述观点，他们认为清代官修史籍中常有故意避讳、隐匿而有所删节乃至篡改史实的情况，在光绪选陵的内容上就是这样做的。光绪十三年三月，光绪侍奉慈禧太后谒西陵，并有大批官员随从。孙鼎烈是其中之一，他在《永宁山扈从纪程》中对这次谒陵有详细的记录。他说光绪十三年三月十二日，光绪曾侍奉太后至九龙峪，察看万年吉地工程。九龙峪在梁各庄行宫西隅永福寺西北东围墙外。万年吉地选定后，改名为金龙峪。潘祖荫也是这次随行的官员之一，他的《西陵日记》也记载了光绪十三年三月十二日下午未时，光绪从九龙峪回到行宫，“上侍皇太后九龙峪”。该书没有明确记载光绪是否已选定陵址和改名为金龙峪，其原因大概是书刊行于宣统年间的缘故，因为这时新皇帝已说光绪帝没有选定陵寝，潘祖荫出于世故，自然是不能违反旨意的，所以隐去了有关内容。以军机大臣、户部尚书、太子太保显要身份随行的

▼颐和园内景

翁同龢在日记中也谈到了光绪帝谒西陵的一个重要目的是到九龙峪选陵地。

北京图书馆藏有一幅光绪十九年绘的《金龙峪金星宝盖图》，图中注记说金龙峪原名西陵魏家沟，同治年间改名九龙峪，光绪又改成金龙峪。事实上，光绪元年在为慈禧之子同治皇帝卜选山陵地点时，光绪帝的父亲醇亲王已经遵太后懿旨和翁同龢等官员前往西陵九龙峪考察过该处形势，并在所定的穴位处用砖砌成小台，回京后让慈禧太后裁定。光绪十三年春正月，光绪皇帝亲政，举行了隆重的典礼。

两个月后，按清朝的惯例，光绪和慈禧太后前往西陵，二人共赴九龙峪，最后择定了该处为光绪皇帝的万年吉地。不过在目前发现的文献中，尚未发现光绪选定万年吉地后陵寝工程营建的情况。这可能是因为清朝后期财政困难，致使山陵工程一直未能认真准备与实施。慈禧和光绪矛盾激化后，光绪皇帝的陵寝工程就更不可能实行了。至宣统时，崇陵工程才正式开始营建，至 1915 年才完工。

综合各方面情况，光绪生前自己选择陵地的可能性更大，但清朝的一些史书为什么要刻意掩盖光绪十三年的择陵呢？这是一个难解的历史之谜。

光绪是病逝还是被毒杀

著名的百日维新变法失败以后，光绪皇帝被慈禧太后囚禁，此后十年都没有人身自由。光绪三十四年 (1908) 十月二十一日傍晚，光绪皇帝突然驾崩，他的脸上还充满着悲愤和失望。就在他去世的第二天下午，操纵大清政权达半个世纪的慈禧太后也去世了。38 岁的皇帝和 74 岁的太后在不到 24 小时内先后死去，立即轰动了京城内外，朝野上下议论纷纷。活着的时候，两人是政敌，尤其是光绪的处境十分险恶，慈禧的为人十分阴险狡诈，外界对光绪的死因就不免有种种猜测。民间传说最流行的是慈禧命人毒死了光绪帝。

曾担任了十九年御史和起居注的恽毓鼎在《崇陵传信录》中说，十月，慈禧病泻痢，数日不能起床。有人向慈禧报告说，光绪皇帝听到太后病重，面露喜色。慈禧听后大怒，吼道："我不能先尔死！"于是她决心加害光绪帝。十九日，光绪居住的涵元殿周围增加了守门的士兵，对出入人员进行严格盘查，实际上是封锁消息。这天，有人传说皇帝已死。第二天，也没有什么消息传出来。二十一日，皇后到寝宫来看望光绪，才发现光绪已死，具体什么时候断气的谁也讲不清楚。

虽然书中没有谈到慈禧是怎样具体下手的，但这样的怀疑在民间造成了很大影响，相信的人很多。大家普遍认为慈禧病危时，深怕自己死后，被她废黜的光绪重新当政，继续推行维新变法，所以下毒手把光绪帝害死，以绝后患。《清稗类钞》等书也认为是慈禧授命亲信太监害死光绪的。

▼光绪葬礼

还有一些传说是袁世凯毒杀了光绪帝。他见慈禧一病难起，怕老佛爷归天后自己处境岌岌可危，遂贿赂内宦害死光绪。在维新变法时期，光绪帝感到慈禧势力对自己产生了较大的威胁，遂授袁世凯密诏，命他率兵武力相救，保护维新派。但袁世凯却出卖了光绪，向慈禧的亲信荣禄告密，慈禧发动政变，扼杀了维新运动。当慈禧病重将死之际，袁世凯怕将来光绪帝重操权柄，遂派人在药中掺毒，光绪服后身亡。清朝末代皇帝溥仪在《我的前半生》中就谈到这件事，说：“我还听见一个叫李长安的老太监说起光绪之死的疑案。照他说，光绪在死的前一天还是好好的，只是因为用了一剂药就坏了，后来才知道这剂药是袁世凯使人送来的。”这就成了袁世凯毒杀光绪的证据。

还有人说光绪是李莲英害死的。太监李莲英得悉光绪日记中载有西太后死后将欲诛袁世凯和他的消息，与慈禧合谋将毒药投入光绪食物之中致使光绪身亡。曾在宫中待过二年之久的德龄在《瀛台泣血记》中说，李莲英眼看太后寿命已经不长了，自己的靠山将要完了，便暗自着急起来。他想，与其等到光绪掌权了以后来同自己算账，还不如自己先下手为好，于是他下手害死了光绪。

是慈禧、袁世凯还是李莲英，说法尽管不同，但都认为光绪是被人害死的，这种说法在清末和民国时期流传较广。一些书中虽然没有记载害死光绪的是谁，但对光绪的被害十分肯定。溥仪曾听内务府一位大臣的后人说，光绪死时不过是一般的感冒，脉象极为平常，死前的一天有人看到他人还是好好的，但第二天病重消息传出不过两个时辰，就听说他晏驾了。一位自称曾为光绪诊过病的名叫屈桂庭的医生，说他曾为光绪治病一个多月。这天他到瀛台时，光绪忽然肚痛，在床上乱滚。其时周围没有几个人，太后也在生重病，宫内乱七八糟。光绪的病症是心急跳、面黑、舌黄黑，与此前生的病没有什么关系，而且肚子痛特别可疑。他暗示光绪帝是毒发而死的。

在清朝的正史和官修史籍中，大多认为光绪是正常病死的，如《德宗实录》《光绪朝东华录》《清史稿》等都是这样的观点。那么这些史书是否存在着故意隐瞒事实的可能？

近年来，一大批清宫医药档案得到了整理。有人依据中国第一历史档案馆所藏光绪帝的诊病记录——脉案，认为光绪死亡的直接原因是疾病而非毒药。根据脉案记载，光绪帝自小体质不好，有长期遗精病史，身体素质极差。光绪的遗精疾病有二十多年，每月发生十数次。后期遗精少了，但不是病好了，而是肾亏的缘故。肾亏带来了四肢发冷，耳鸣脑响，并渐次加重。据光绪十年、十二年的脉案，知他经常患感冒及脾胃病。光绪

▼清朝的太和殿雄伟壮观

▲清西陵风景图

二十四年末以后，病情突然加重，体质每况愈下，可能患有严重的神经官能症、关节炎或骨结核，以及血液系统疾病。光绪帝的最后时期，的确是病入膏肓，危在旦夕。光绪三十四年五月，他患了较重的神经性耳鸣及椎间盘突出症，虽日日服药，但仍无向好的方向发展。七、八月间，光绪腰胯疼痛，两手不能上举，洗脸也感到吃力，呼吸困难，耳聋严重。九、十月间，咳嗽气逆发喘，以致彻夜难眠，身体麻冷，腿酸难以走路，似已出现了肺部的炎症及心肺功能衰竭的情况。这时的光绪病情开始恶化。十月二十一日子时，光绪进入昏迷状态，御医杜钟骏认为回生已无希望。至酉时，“龙驭上宾”。

根据清史有关记载，光绪帝自病重至临终之时，其症状演变属进行性加剧，而无特殊或异常症状出现。他临终时的症候表现，是病情恶化的结果。长期以来，光绪身遭软禁，精神几近崩溃，各种疾病纷至沓来。光绪主要的病因，是虚劳之病日久，脏腑功能过于亏损，心、肝、脾、肺、肾五脏俱病，阴阳两虚，气血双耗。长期的慢性消耗性疾病，导致了抵抗力的下降，出现了多系统的疾病。其直接的死亡原因，可能是心肺功能的慢性衰竭，合并急性感染所致。很多学者认为，慈禧当时的病势，远较光绪要轻，根本没有必要加害他，光绪应该是死于疾病，而非被毒杀。

这些说法都有一些根据，但是好像都不能说服其他说法，光绪到底是病逝还是被毒杀，可能将永远成为谜团。

▼圆明园

揭秘西施忍辱负重的一生

西施与王昭君、貂蝉、杨玉环并称为中国古代四大美女，其中西施居首，是美的化身和代名词。情人眼里出西施，就是对西施美貌的最大肯定。

四大美女鲜为人知的缺陷

有关西施的美貌，传说居多，目前没有发现她保存至今的画像。据考证，古代四大美女西施、貂蝉、王昭君和杨贵妃，她们都有缺陷。

西施的缺陷就是脚比较大。西施是大脚，发明了遮脚裙。貂蝉是一眼大一眼小，应该是比较明显，虽然每个人都有大小眼，但如果不明显也看不出来，但貂蝉的估计是挺明显的。王昭君是溜肩，故发明了垫肩。杨贵妃倒还好，表面上都挺正常，很符合唐朝审美观，那就是胖，身高只有 1 米 5，但是想不到的是，杨贵妃有狐臭，所以她特别喜欢沐浴。

美女也有缺陷，再加上古人的审美观和现代人的不一样，所以所谓古代四大美女，在现代不一定是真正的美女。

▼西施

西施的介绍

西施，原名施夷光，出生于春秋末越国苎萝，传说她天生丽质。那时，越国称臣于吴国，越王勾践卧薪尝胆，谋划复国。在国难当头之际，西施忍辱负重，以身许国，与郑旦一起由越王勾践献给吴王夫差，成为吴王最宠爱的妃子，把吴王迷惑得众叛亲离，无心于国事，为勾践的东山再起起了掩护作用，表现了一个爱国女子的高尚思想情操。

后来，吴国终被勾践所灭。吴灭后西施就失去了音信，关于她的结局有很多种，最有可能的是被越王装进袋子里抛入水中溺死。又有传说：范蠡一是喜欢西施的美貌，二是怕勾践像夫差除掉伍子胥一样杀掉自己，就在吴国灭亡后挂印而去，带着西施泛舟五湖，做生意去了。

▲传说中西施的故居

西施一家世居越国苎萝（今浙江省杭州市萧山区临浦苎萝村）。苎萝山下临浣江，江中有浣纱石，传说西施常在此浣纱，西施滩因而得名。西施天生丽质，禀赋绝伦，相传连皱眉抚胸的病态，亦为邻女所仿，故有“东施效颦”的典故。越王勾践三年（前 494），夫差在夫椒（今江苏省吴县西南）击败越国，越王勾践退守会稽山（今浙江省绍兴南），受吴军围攻，被迫向吴国求和，勾践入吴为质。释归后，勾践针对“吴王淫而好色”的弱点，与范蠡设计，“得诸暨罗山卖薪女西施、郑旦”，准备送于吴王，越王宠爱的一宫女认为：真正的美人必须具备三个条件，一是美貌，二是善歌舞，三是体态。西施只具备了第一个条件，还缺乏其他两个条件。于是，花了 3 年时间，教以歌舞、步履、礼仪等。

西施发愤苦练，在悠扬的乐曲中，翩跹起舞，婀娜迷人。进而训练礼节，一位浣纱女成为修养有素的宫女，一举手，一投足，均显出体态美，待人接物，十分得体。然后，又给她制作华丽适体的宫装，方进献吴王。吴王夫差大喜，在姑苏建造春宵宫，筑大池，池中设青龙舟，日与西施为水戏，又为西施建造了表演歌舞和欢宴的馆娃阁、灵馆等，西施擅长跳“响屐舞”，夫差又专门为她筑“响屐廊”，用数以百计的大缸，上铺木板，西施穿木屐起舞，裙系小铃，放置起来，铃声和大缸的回响声，“铮铮嗒嗒”交织在一起，使夫差如醉如痴，沉湎女色，不理朝政，终于走向亡国丧身的道路。

▼西施殿

西施“沉鱼”的故事

当年范蠡选美，在诸暨苎萝村寻得西施，便择日亲自送往新都会稽。龙舟由浦阳江顺流而下，这日来到一深潭。潭中的游鱼闻知西施经过此地，都想一睹芳容，便纷纷浮出水面争看，但船高潭水低，尽管鱼儿们拼命抬头看，蹦呀跳呀，还是看不清。小鲫鱼灵机一动，身子一侧，平躺在水面上，一只眼睛朝天看，这下龙舟上的一切看得清清楚楚。别的鱼儿见了，争相效仿，顿时，满潭一片银白，好不壮观！西施见了，不禁微微一笑，脱口而出："好一个白鱼潭！"鱼儿闻声，"哗啦"一声，急沉水底，消失得无影无踪。自此，这潭便叫"白鱼潭"，"白鱼潭的故事"也就一代代流传了下来。

"白鱼潭的故事"虽只字未讲西施长得怎样怎样，却使人感到西施确实美极了——沉鱼之美。美得鱼儿惊艳而沉水，美得鱼儿自愧而藏匿……有比这更美的吗？它使其他众多旨在表现西施之美的文艺作品——无论是绘画还是塑像，无论是影视戏舞里所扮演的西施形象还是小说诗词里所描写的西施容貌，都相形见绌，人们看了这些作品后，往往会有不满之感，总觉得西施还应该更美，原因大概就在于此吧。因为在人们头脑里，她的美是完美无缺的，是美轮美奂的，是无与伦比的，也是无可言说的。"白鱼潭的故事"美就美在让人们充分去想象西施的美，让各人按自己对美的理解去塑造心中的西施。

西施的归宿

经过卧薪尝胆，越王勾践大举进攻吴国，围城 2 年之久。

吴王想苟且偷生，越王却说："上天曾经把越国赐给吴国，吴国却不接受，现在，上天把吴国赐给越国，越国岂能推辞？"夫差只得刎颈而亡。

西施，也就此失去下落……关于西施下落之谜，有以下三种说法。

说法一：浣纱为生

吴越战争后，西施被遣回乡，在若耶溪畔，以浣纱度其晚年。

初唐宋之问《浣纱篇》写道："一朝还旧都，靓妆寻若耶。鸟惊入松萝，鱼沉畏荷花。"

说法二：沉水而死

和西施时代相距不远的《墨子》记载："比干之殪，其抗也；孟贲之死，其勇也；西施之沉，其美也；吴起之裂，其事也。"比干、孟贲、吴起的死因都是历史事实。那么，西施被沉的结局，也应当属实。

传说，西施最终是像伍子胥一样，沉于钱塘江，壮观的钱塘潮，就是西施的怨怒。

柏杨的《皇后之死》说：越王将西施掳回国，王后妒其美貌，恐其祸国，私自将西施溺死。

说法三：泛舟而去

吴亡后，西施复归范蠡，同范五湖而去。

▼西施像

明代梁辰鱼的《浣纱记》描述的就是这种结局。说："范蠡和西施早已定情，吴国亡后，范蠡认为越王阴狠，可共患难，不可共富贵。于是激流勇进，携西施驾一叶扁舟，泛五湖而去。尔后传说，家财万贯的陶朱公就是逃逸的范蠡。"

▲浣纱江景区

后人为纪念这位忍辱负重、以身许国的绝代佳人，就在诸暨修建了西施殿。唐开成年间（836–840）著名诗人曾写下"西子寻遗殿，昭君觅故村"的诗句。1986 年，诸暨政府请中国美术学院教授在诸暨火车站创作西施塑像，同时，还刷新了浣江边一位古人所题的"浣纱"二字的摩崖石刻。

明代，西子祠曾具相当规模。此后屡兴屡废。现在的西施殿于 1986 年奠基，1990 年 10 月 7 日落成，景区占地 5 000 平方米，由门楼、西施殿、古越台、郑旦亭、碑廊、红粉池、沉鱼池、先贤阁等景点构成。西施殿景区在重修过程还从民间征集了 12 000 余件从老式民居上拆下来的古建筑构件，其中包括梁、柱、门、窗、牛腿、擎枋、斗拱、雀替等，这些木、石构件雕刻精美，工艺水平高超。经过设计者的精心搭配，合理利用，无疑大大增强了西施殿的历史文化内涵和观赏价值，使它更具有了浓厚的地方特色。

景点门楼外观像座牌坊，四根一组的青石圆柱中间是三扇朱红油漆拱形大门，给人以古朴凝重的第一感觉。作为主体建筑的西施殿，综合吸取了传统宫殿和民间宗祠的构筑手法，把主殿台基抬高，殿前以拱桥为主轴，并配置水池和东西侧厢，这种结构既保证了主殿的体量，又不至于呆板，起承开合多变化，高低错落有层次，大殿内的西施像（底座高 80 厘米，像高 280 厘米）神态娴雅，端坐在浣石上。

西施殿右侧正对门楼的建筑是古越台，台分上下两层，上层供奉着越王勾践和他的两位谋臣文种、范蠡，下层是"西施行"故事展馆。与西施殿遥遥相对的郑旦亭是为纪念与西施同入吴的美女郑旦而建。西子碑廊在郑旦亭左侧，依山就势而建，历代文人墨客为西施题写的诗句和古今中外画家创作的各种西施画像都一一刻了碑罗列在此，碑廊尽处便是整个景区的最高点，浣纱江和对岸的郑旦故里鸬鹚湾村皆在眼前了。穿过新建的香榧馆、珍珠馆，出门从浣纱亭拾级而下就到浣纱石了，相传当年西施就是在此浣纱的，历经 2 500 年风雨沧桑，昔日风光早已不再，但王羲之手书的"浣纱"二字却依然在目。

揭秘王昭君

中国古代四大美女，享有“闭月羞花之貌，沉鱼落雁之容”。其中“落雁”，就是形容王昭君的。王昭君有着什么样的离奇身世？又留给世人什么样的遐想呢？

王昭君简介

王昭君于公元前52年出生于南郡秭归县宝坪村（今湖北省兴山县昭君村）。其父王穰老来得女，视为掌上明珠，兄嫂也对其宠爱有加。王昭君天生丽质，聪慧异常，琴棋书画，无所不精，被称为“娥眉绝世不可寻，能使花羞在上林”。昭君的绝世才貌，顺着香溪水传遍南郡，传至京城。公元前36年，汉元帝昭示天下，遍选秀女。王昭君为南郡首选。其父王穰云：“小女年纪尚幼，难以应命。”然而元帝亲自下诏，命其择吉日进京。无奈圣命难违。公元前36年春，王昭君泪别父母乡亲，登上雕花龙凤官船顺香溪，入长江，逆汉水，过秦岭，历时三月之久，于同年初夏到达京城长安，为掖庭待诏。后来出塞和亲，客死他乡。

王昭君出使前后

汉宣帝时匈奴贵族争夺权力，势渐衰落，5个单于分立，互相攻打不休。其中呼韩邪单于，被他的哥哥郅支单于打败。呼韩邪决心跟汉朝和好，亲自朝见汉宣帝。

西域各国听到匈奴和汉朝和好了，也都争先恐后地同汉朝打交道。汉宣帝死了后，他的儿子汉元帝刘奭即位。匈奴的郅支单于侵犯西域各国，杀了汉朝派去的使者。汉朝派兵打到康居，杀死郅支单于。郅支单于一死，呼韩邪单于的地位稳定了。公元前33年，呼韩邪单于再一次到长安，要求和亲。元帝同意了。

▼昭君塑像

汉朝和匈奴和亲，都得挑个公主或者宗室的女儿。这回，汉元帝决定挑个宫女给他，他吩咐人到后宫去传话：“谁愿意到匈奴去，皇上就把她当公主看待。”后宫的宫女都是从民间选来的，她们一进了皇宫，就像鸟儿被关进笼里一样，都巴望有一天能把她们放出宫去。但是听说要离开本国到匈奴去，却又不乐意。有个宫女叫王嫱，字昭君，长得美丽，有见识，她自愿到匈奴去和亲。元帝则择日让呼韩邪单于和王昭君在长安成亲。呼韩邪单于和王昭君向汉元帝谢恩的时候，汉元帝看到昭君又美丽又大方，使汉宫为之生色。元帝感慨自己不知后宫竟有如此美貌之人，不想让她出使，但是又不能失信于呼韩邪，便赏给她锦帛28 000匹，絮16 000斤*及黄金美玉等贵重物品，并亲自送出长安十余里。

传说汉元帝回到内宫，越想越懊恼。他再叫人从宫女的画像中拿出昭君的像来看。模样虽有点像，但完全没有昭君本人那样可爱。原来宫女进宫后，一般都是见不到皇帝的，而是由画工画了像，送到皇帝那里去听候挑选。有个画工名叫毛延寿，给宫女画像的时候，宫女们送点礼物

▲昭君出塞图

*斤为非法定计量单位，1斤＝0.5千克。

▲王昭君浮雕像

给他，他就画得美一点。王昭君不愿意送礼物，所以毛延寿没有把王昭君的美貌如实地画出来。汉元帝一气之下，把毛延寿杀了。

王昭君在队队车毡细马的簇拥下，肩负着汉匈和亲之重任，别长安、出潼关、渡黄河、过雁门，历时 1 年多，于第二年初夏到达漠北，受到匈奴人民的盛大欢迎，并被封为“宁胡阏氏”。

昭君出塞后，汉匈两族团结和睦，国泰民安，展现出欣欣向荣的和平景象。公元前 31 年，呼韩邪单于亡故，留下一子，名伊屠智伢师，后为匈奴右日逐王。王昭君以大局为重，忍受极大委屈，按照匈奴“父死，妻其后母”的风俗，嫁给呼韩邪的长子复株累单于雕陶莫皋，又生有二女。公元前 20 年，复株累单于又死，昭君自此寡居。

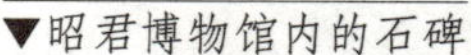
▼昭君博物馆内的石碑

昭君墓

公元前 19 年，33 岁的绝代佳人王昭君去世，厚葬于今呼和浩特市南郊，墓依大青山、傍黄河水。

昭君墓，是由汉代人工积土、夯筑而成，位于内蒙古呼和浩特市南呼清公路 9 千米处的大黑河畔，墓体状如覆斗，高达 33 米，底面积约 13 000 平方米，是中国最大的汉墓之一。昭君墓因被覆芳草，碧绿如茵，故有“青冢”之称。青冢兀立、巍峨壮观，远远望去，显出一幅黛色朦胧、若泼浓墨的迷人景色，历史上被文人誉为“青冢拥黛”。

今天的昭君墓，宛如北方草原上一颗璀璨的明珠，是呼和浩特的八景之一，成为名扬世界的旅游胜地。

历史对王昭君的肯定

▲昭君墓

在中国历史上，王昭君被认为是献身于中华民族友好事业的伟大女性。在民间百姓中，昭君是美的化身。数千年来，她的传说和故事在中国民间广为流传，家喻户晓。自唐宋以来，历代文人咏唱昭君、抒发情感的诗文、歌词、绘画和戏曲更是多不胜数，形成了千古流传的“昭君文化”。

据不完全统计，古往今来，反映王昭君的诗歌有700余首，与之有关的小说、民间故事有近40种，写过昭君事迹的著名的作者有500多人，古代有李白、杜甫、白居易、李商隐、蔡邕、王安石、耶律楚材等，近现代有郭沫若、曹禺、田汉、翦伯赞、费孝通、老舍等。比如以下几首诗。

诗圣杜甫的诗：

群山万壑赴荆门，生长明妃尚有村。
一去紫台连朔漠，独留青冢向黄昏。
画图省识春风面，环佩空归夜月魂。
千载琵琶作胡语，分明怨恨曲中论。

诗仙李白的诗：

汉家秦地月，流影照明妃；
一上玉关道，天涯去不归。

新中国创建者之一的董必武，为王昭君题写了一首七绝，此诗对历史的昭君作了总结性的评价，也对昭君的思想、见识和行动作了赞颂。诗为：“昭君自有千秋在，胡汉和亲识见高。词客各抒胸臆懑，舞文弄墨总徒劳。”

王昭君一抹满脸的泪水和愁云，以一个愉悦的民族和睦使者的形象出现在人们面前，表达了全国各族人民团结一致的愿望。

现代史学家赞美她：“王昭君已经不是一个人物，而是一个象征，一个民族友好的象征；昭君墓也不是一个坟墓，而是一座民族友好的历史纪念塔。”

人们普遍认为，从外貌、气质、品格和魅力这四方面来说，王昭君被称为中国古代四大美女中的最美之人，是当之无愧的。

“落雁”的典故

传说“昭君出塞”时，王昭君行于大漠途中，悲怀于自身命运和远离家乡，因在马上百无聊赖，就用琵琶弹《出塞曲》。此时天边飞过的大雁，听到曲调的幽怨和感伤，肝肠寸断，纷纷掉落在地。因而“沉鱼落雁”中的“落雁”由此得名。

杨贵妃鲜为人知的故事

杨贵妃（719—756），原籍蒲州永乐（今山西永济）人，开元七年（719）生于蜀郡（今四川省），唐代宫廷音乐家，歌舞家。其音乐才华在历代后妃中鲜见。杨贵妃天生丽质，加上优越的教育环境，使她具备一定的文化修养，性格婉顺，精通音律，擅歌舞，并善弹琵琶。

杨贵妃简介

杨贵妃名杨玉环，出身宦门世家，曾祖父杨汪是隋朝的上柱国、吏部尚书，唐初被李世民所杀，父亲杨玄琰是蜀州司户，叔父杨玄珪曾任河南府土曹，杨玉环的童年是在四川度过的，10岁左右，父亲去世，她寄养在洛阳的三叔杨玄珪家。

开元二十二年七月，唐玄宗的女儿咸宜公主在洛阳举行婚礼，杨玉环也应邀参加。咸阳公主之胞弟寿王李瑁对杨玉环一见钟情，唐玄宗在武惠妃的要求下当年就下诏册立她为寿王妃。婚后，两人甜蜜异常。

▼林芳兵饰演的杨贵妃

开元二十五年十二月初七，唐玄宗宠爱的武惠妃病逝，玄宗因此郁郁寡欢。在心腹宦官高力士的引荐下，唐玄宗把目光投向了与武惠妃相似的儿媳杨玉环。

开元二十八年十月，与李瑁成亲五载的杨玉环离开寿王府，来到骊山，此时她才22岁，玄宗则56岁，玄宗先令她出家为女道士为自己的母亲窦太后荐福，并赐道号“太真”。

天宝四年，玄宗把韦昭训的女儿册立为寿王妃后，遂册立杨玉环为贵妃，玄宗自废掉王皇后就再未立后，因此杨贵妃就相当于皇后。

杨贵妃自入宫以来，遵循封建的宫廷体制，不过问朝廷政治，不插手权力之争，以自己的妩媚温顺及过人的音乐才华受到玄宗的百般宠爱，虽曾因妒而触怒玄宗，以致2次被送出宫，但最终玄宗还是难以割舍她。

▼《长恨歌》演出照

天宝十四年（755），范阳、平卢、河东三镇节度使安禄山以反杨国忠为名起兵叛乱，兵锋直指长安。次年，唐玄宗带着杨贵妃与杨国忠逃往蜀中，途经马嵬驿（今陕西兴平市西）时，随驾禁军将校一致要求处死杨贵妃和杨国忠。唐玄宗言国忠当诛，然贵妃无罪，本欲赦免杨玉环，无奈禁军皆认为贵妃乃祸国红颜，安史之乱乃因贵妃而起，不诛难慰军心、难振士气。接受高力士的劝言后，唐玄宗为求自保，不得已赐死杨贵妃。这就是《长恨歌》中的“六军不发无奈何，宛转娥眉马前死”之典故，最终杨贵妃被赐白绫一条，自缢在佛堂的梨树下，时年38岁，而杨国忠则死于乱兵刀刃之下。玄宗在安史之乱平定后回宫，曾派人去寻找杨贵妃的尸体，但未寻得。

杨贵妃的故事

故事之一

杨玉环从小缺碘，落下了一个毛病：狐臭。虽然她集三千宠爱于一身，可是总觉得不好。自从梅娘娘来了之后，李隆基的心便有一点点花了。杨玉环很着急，听说华清池的水是矿泉水，含有各种矿物质，包治百病。于是杨玉环便向李隆基撒娇，要了华清池，有空便洗。可是，浴室里经常供氧不足，她又治病心切，一泡便是几个时辰，常常晕倒在池里。于是，无聊的文人们便写：“侍儿扶起娇无力。”

一个疗程结束了，玉环的狐臭好了许多。一天，牡丹开放，美不胜收。杨玉环备了一点小菜，要李隆基同酌，李隆基满口答应。可是，当李隆基在路上的时候，梅娘娘派人来说，她患了重感冒，要李隆基去看看。李隆基左右想了一下，对高力士说，告诉杨玉环，一会再去赏花。可是，高力士他老人家年纪大了，加上陕西人口音重了一点，传成“朕要你一个人看花”。杨玉环伤心极了。面对这满园春色，玉环愁上心来。她一气干了18碗白酒，大醉而卧。大家知道，杨玉环的狐臭毕竟没有根治，心情不好，又喝多了一点，又犯了。

▲杨贵妃洗澡的地方

把众人熏得不亦乐乎，花也是有感觉的，何况是花王牡丹！于是，满园牡丹都合上了。李隆基在梅娘娘那里坐了一会，便匆匆赶来。走得急了一点，也感冒了，鼻子闻不到。

后来，人们叫杨玉环“羞花”，其实是狐臭熏的。

故事之二

唐明皇（玄宗）天宝年间，猗氏东南杨家庄有一杨氏人家。夫妻俩过着清贫淡泊的生活。膝下无男，生育四女。唯幼女花容月貌，聪睿过人，双亲视若掌上明珠，起名玉环。由于家境贫寒，玉环自小常寄外婆家生活。一日其母接她回家，路过涑水河畔，见一大和尚将一小和尚按在河中。小和尚挣扎呼救。旁边有人问其原因，大和尚答道：“寺中长老含辛茹苦，历经多年，化齐万缘醮。好不容易凑满万人名次，小和尚竟胆大妄为，偷花了一十二文布施钱，致使长老终生夙愿付之东流，功果不全，此方百姓不能清净，贻害乡人。因此定要把他置于死地，以消众人之恨。”在场人说道：“他已做了此等对不起大家之事，可说是泼水难收，追悔莫及。今日应该给他一条活命，设法挽救才是。何不再挂一个名，此十二文钱也就满了，然后叫他立功赎罪，岂不甚好？”大和尚说：“这万缘醮，万人名字已满，只是钱数不够，不能挂名了。”众人听后叹道：“这就难了。谁也管不了。”说完全部走散。杨玉环在一旁见此情景，出于同情之心，当即对其母说道，“咱们何不救救小和尚？岂能让他死于非命！”母亲说：“儿呀！这万缘醮上人名已满。即使有钱给他布施，也不能再添咱们的名字了。何况身无分文！”玉环接着说：“这个不难。咱们又不图挂什么名，救人要紧。只给他钱不就是了？这里有在外婆家给人家描龙绣凤挣得一十二文钱，原准备咱们路途吃用。咱不如暂时忍点饥寒，以了结今日之事。”即把钱交于大和尚，交代他们不要写什么名字，并耐心对二人进行了劝解。二和尚高高兴兴地返回到城内妙道寺去了。长

▼杨贵妃上马图

老和尚闻报后，急忙身披袈裟，赶到母女面前，屈身下拜，感激地说道：“小僧办这万缘醮，幸而与善姑娘结了万缘！如此助人为乐，慷慨济人之善心，实实令洒家敬佩，天长地久有时尽，吉人天相有报应。”

杨玉环长至二八，肌态丰艳，骨肉婷匀。眉不描而黛，发不染而黑，颊不脂而红，唇不涂而朱，真是天姿丽色。不久选入宫内，纳为贵妃，享尽人间荣华。连其村名也改为杨妃村，一直波延至今。一次，杨玉环省亲归里，两目疼痛，遂许下诺愿：如能早日目光明清，愿重修猗城妙道古刹，另塑金身，不几月，可巧目疾自愈，她回宫奉于万岁，即耗金巨万，将庙宇浮屠整修装新。远远望去，茂林修竹，玻璃闪光，金碧辉煌，精巧玲珑，真是景致绝伦。一日，杨玉环亲自到寺庙还香了愿，众僧出来迎接。客厅坐定之后，贵妃想：此回重整庙宇，功劳甚大，名垂千秋，将来定可升为仙佛之辈。回眸一看，不见那位长老。便闷闷不乐地问道：“你们长老在吗？”众和尚答道；“他在丹房打坐，多年未曾出来应酬会客了。”贵妃听后，不由怨从心起，想当年我出一十二文钱，他即赶去亲谢大恩，今日我整修庙宇，花费巨金，他竟不出来盛情欢迎。这般慢待于我，真是令人可恼！当即盛怒难捺，大发雷霆。小和尚急忙跪去告知长老。不时，老和尚穿着平常衣服出来，在贵妃面前打了一拱，言道：“僧与你稽首顿拜了！”杨玉环一见，斥道：“你这贱僧，本皇后建庙宇花数万金银，功德可说无量。当初我不过一乡野贫女，你身披袈裟，头戴僧冠，俯首下拜，谢我一十二文钱的善功，今日却冷漠相待，

▲唐玄宗

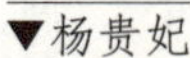

▼杨贵妃

▲杨贵妃出浴图

不施尊礼，只打一拱手而已。这是何故？可说是不秃不毒，不毒不秃。”老和尚定了定神，慢条斯理地说：“贵人息怒！不是小僧不知礼仪，冒犯慈颜。刚才的稽首顿拜，乃是民间俗人百拜之礼，也是出家人的全礼。当初虽说你是乡间野女子，却能在生死关头，解囊救人于死地，以德化民。舍己救人而不沽名钓誉，善出心灵，美德不泯，功在黎庶，启迪后人，可称三晋之遗风。正因你如此仗义，美德卓著，以室选入宫廷得侍君侧。而今你挥金如土，为己一身福利，还香许愿，将万民血汗随意抛掷，意图重望神胎，为你擦金抹粉。所以说，今日万金虽重，不如当初半文。”杨玉环听到此时，满面羞惭，无地自容。老和尚又说：“刚才我给你稽首顿拜，可说是我出家人的卑鄙了。像你这样得势变性，利欲熏心的人，久而久之，必将祸延尔身。”果不其然，自从杨玉环纳入宫内，身伴明皇朝歌暮舞，纵情声色，致使唐室变移三纲，浊乱四海。安禄山乘机反叛，明皇身废国辱。而杨玉环本人也未免于马嵬坡前的厄运，最后悲恨而死。

▼贵妃出浴雕像

杨贵妃吃荔枝

“长安回望绣成堆，山顶千门次第开。一骑红尘妃子笑，无人知是荔枝来。”曾有名句将荔枝美名千古传遍，但很少有人知道唐朝时极易变质的荔枝是如何从南国运到长安的。

荔枝鲜果极易变质。有书中讲“若离本枝，一日而色变，二日而香变，三日而味变，四日五日色香味尽去矣”。

从史料记载可以看出，古代北方达官贵人吃到的都是鲜果。为此，当年专门开辟了从南到北专运荔枝的“荔枝道”。

世人传统对“一骑红尘妃子笑”的解释是，当年没有飞机空运，为让杨贵妃吃上色香味俱全的鲜荔枝，只得派人将刚摘下的荔枝，一个驿站一个驿站地换快马于当日送到京城。因此，杨贵妃看到快马荡起的尘埃，知道是有人送她爱吃的荔枝来了，故喜形于色。

但从常理看，岭南距长安千里之遥，再快的马也不可能一日抵达。后人考证认为，杨贵妃所食的鲜荔是采取将带果大树移植的办法送到长安的。史载：“以连根之荔，栽于器中，有楚南至楚北襄阳丹河，运至商州、秦岭不通舟揖之处，而果正熟，乃摘取过岭，飞骑至华清宫，则一日可达也。”

此外还有两种不同的观点。有人认为，荔枝是中国最早采用低温和气调贮藏的果品。有书记载了一种办法：“藏荔枝法，就树摘完好者，留蒂寸许，蜡封之，乃剪去蒂，复以蜡封剪口，蜜水满浸，经数月，味色不变。”

还有人介绍了另一种办法：“乡人常选鲜红者，于林中择巨竹凿开一穴，置荔节中，仍以竹箨裹泥封固其隙，借竹生气滋润，可藏至冬春，色香不变。”

杨贵妃嗜荔枝

长安回望绣成堆，山顶千门次第开。

一骑红尘妃子笑，无人知是荔枝来。

这首咏史诗是杜牧路经华清宫抵达长安时，有感于唐玄宗、杨贵妃荒淫误国而作的。华清宫曾是唐玄宗与杨贵妃的游乐之所，据《新唐书·杨贵妃传》记载：“妃嗜荔枝，必欲生致之，乃置骑传送，走数千里，味未变，已至京师。”因此，许多差官累死、驿马倒毙于四川至长安的路上 。《过华清宫绝句》截取了这一历史事实，抨击了封建统治者的骄奢淫逸和昏庸无道，以史讽今，警诫世君。

“长安回望绣成堆”，叙写诗人在长安回首南望华清宫时所见的景色，“回望”二字既是实写，又是启下。诗人在京城眺望骊山，佳木葱茏，花繁叶茂，无数层叠有致、富丽堂皇的建筑掩映其间，宛如一堆锦绣 。蓦地升腾起一种回顾历史、反省历史的责任感，由景而发历史之感慨。

“山顶千门次第开”以下三句，承上而来，是回顾历史。骊山“山顶千门”洞开写出唐玄宗、杨贵妃当年生活的奢华，并给读者设下疑窦：“山顶千门”为何要“次第”大开？末两句“一骑红尘妃子笑，无人知是荔枝来”是答案。原来这都是杨贵妃使然。当她看见“一骑红尘”奔驰而至，知是供口腹享受的荔枝到了，故欣然而“笑”。而其他人却以为这是来传送紧急公文，谁想到马上所载的是来自南方的鲜荔枝呢！诗的结句既是全诗的点睛之笔，又揭示了“安史之乱”的祸根。

杨贵妃与唐玄宗的故事

▲杨贵妃与唐玄宗

关于杨贵妃，最让人感兴趣的恐怕是她和唐玄宗的情爱秘史了。某年的五月五日唐玄宗在兴庆池避暑，与杨贵妃白昼睡在水殿中。宫嫔都凭栏倚槛，争着看雌雄二只鸳鸯在水中游戏。玄宗正拥抱贵妃在绡帐内睡觉，他睁开睡眼对众宫嫔说：“你们爱水中的鸳鸯，怎么比得上我被底的鸳鸯。”

秋天的八月，太液池上有数千叶白莲花盛开，玄宗与贵戚在一边饮宴观赏。左右都叹羡不已。玄宗指着杨贵妃对左右说：“怎么比得上我的解语花？”

到了冬至日下大雪，天地之间白茫茫一片。中午纷纷扬扬的大雪停了，因天气寒冷所结的冰溜都形成条状。杨贵妃命侍儿敲下两条冰溜看着玩。玄宗晚朝视政回来问贵妃说：“你玩的是什么东西？”妃子笑而答曰：“所玩的是冰筷子。”玄宗对左右侍从说：“妃子天性聪慧，这个比喻得好。”

▼杨贵妃上马图

杨贵妃能够得到唐玄宗的宠爱绝不仅仅是容貌长得美丽，关键是有效地揣摩了玄宗的心理，而这也是后宫许多姿色艳丽的女子做不到的地方。一天唐玄宗与亲王下棋，并令贺怀智独奏琵琶，杨贵妃站在棋局前观看。唐玄宗眼看就要输棋了，杨贵妃将怀里的猫扔在棋盘上，扰乱了棋局以乱其输赢，唐玄宗因此十分高兴。

杨贵妃和安禄山玩出“火”

给小儿“洗三”自然是正常不过了，给干儿子“洗三”，大概只有杨贵妃做得出来。

唐玄宗宠幸杨贵妃到了无以复加的地步，然而，杨玉环却不甘心只占有一个皇帝，偏偏喜欢上了胡儿安禄山。安禄山为了赢得玄宗的赏识，在贵妃面前大献殷勤，

▲范冰冰饰演的杨贵妃

他虽然比杨贵妃大十几岁，却请求给贵妃当干儿子。杨贵妃故意笑而不答。唐玄宗却鼓励贵妃收下这个“好孩儿”。

自从杨贵妃当了安禄山的干娘，与安禄山来往就有了名分，你来我往，勾搭成奸。史书记载，天宝十年正月三日，是安禄山的生日，唐玄宗和杨贵妃赐给安禄山丰厚的生日礼物。过罢生日的第三天，杨贵妃特召安禄山觐见，替这个“大儿子”举行“洗三”仪式。杨贵妃让人把安禄山当做婴儿放在大澡盆中，为他洗澡，洗完澡后，又用锦绣料子特制的大襁褓，包裹住安禄山，让宫女们把他放在一个彩轿上抬着，在后宫花园中转来转去，口呼“禄儿！禄儿！”嬉戏取乐。

杨贵妃与梅妃

今天的人们大多知道杨贵妃，而知道江采苹的人恐怕不多。其实，杨贵妃和江采苹是唐玄宗三宫六院七十二妃中一对势均力敌的情敌。

江采苹，即梅妃，出生于福建莆田江东村，父亲江仲逊是个诗书满腹的秀才，同时也是个悬壶济世的医生。江采苹是家中独生女，她聪慧灵秀，能诗能文，9 岁就能背诵许多诗歌名篇，15 岁时已写得一手好文章，所写的八篇赋文更在地方上传诵一时，是当时有名的才女，被誉为福建第一个女诗人。

多才多艺的江采苹，不仅长于诗文，还通乐器，善歌舞，而且娇俏美丽，气质不凡，是个才貌双全的奇女子。

适逢玄宗开元盛世，唐朝国家兴盛，四海升平，

“洗三”的传统

“洗三”是中国古代诞生礼中非常重要的一个仪式。婴儿出生后第三日，要举行沐浴仪式，会集亲友为婴儿祝吉，这就是“洗三”，也叫做“三朝洗儿”。“洗三”的用意，一是洗涤污秽，消灾免难；二是祈祥求福，图个吉利。

▲安禄山像

▲唐玄宗画像

内有贤相，外有名将，一派昌荣之景。这时，深受玄宗宠爱的萧淑妃不幸离开了人世。唐玄宗极重夫妻之情，虽有后宫佳丽数千人，却对萧淑妃情有独钟。萧淑妃的卒亡使唐玄宗不胜悲痛，日见憔悴。唐玄宗在万分思念下，很想找到另一份寄托。

有个叫高力士的近侍宦官，看到唐玄宗悲伤的样子，自然忧心忡忡，担心玄宗从此一蹶不振。于是，他力劝玄宗征选天下绝色多情美女，来改变悲伤心境，重新振作起来，玄宗采纳了他的建议。高力士奉旨挑选秀女，亲自出使闽粤，发现了刚刚及笄的江采苹，他疑其为天人，如获至宝，随即把她带进了宫中，侍候玄宗皇帝。

当时江采苹虽是淡妆轻扫，仍难掩如花容颜，她温柔文雅的言语，优美大方的举止，像是一杯清香醇郁的茶，霎时就掳获了玄宗皇帝的心，玄宗对她疼爱有加，将当时众多的后宫佳丽视为尘土，专宠江采苹一人。

梅妃比杨贵妃进宫早 19 年之多，她纤丽秀雅的风格令玄宗由衷敬佩，为之倾倒。恬静娴雅、端庄明秀的江采苹，从小就喜爱和她一样淡雅的梅花，玄宗皇帝因此封她为“梅妃”，并在她居住的宫中，种植了各式各样的梅树，每当梅花盛开，便与梅妃流连花下，赏花赋诗，其乐融融。

然而，当丰满、冶艳、浑身散发娇情媚态的杨贵妃出现之后，玄宗开始目眩神迷。杨贵妃与梅妃成了并立于玄宗后宫的两株奇葩。梅妃像一株梅花，清雅高洁；杨玉环如一株牡丹，丰腴娇艳。这俩人一瘦一肥，一雅一媚，一静一动，形成了鲜明的对比，此时已过花甲之年的唐玄宗，心目中已经分出杨玉环和梅妃的高低。十几年他面对孤芳自赏、清雅高洁的梅妃，现在已经审美疲劳了，不免有些意兴大减，而突然出现的杨贵妃，体态丰满又性感，楚楚动人，还有她那媚人的神情、活泼的性格，就像一团炽热的烈火撩拨着已近暮年又不甘衰老的唐玄宗。

▼唐玄宗像

这样，杨贵妃与梅妃自然展开了明争暗斗。一个要死守“阵地”，一个要占领“阵地”，战斗异常激烈。

▲杨贵妃面塑

杨贵妃的美，是另一种不同的风情，媚惑了唐玄宗，他把所有的心思都转移到了杨贵妃身上，渐渐冷落了梅妃。梅妃的爱情也从此陷入了困境。在受到了冷落的同时，还要承受杨贵妃时时在玄宗面前的数落和诬告。后来，梅妃终于被迫迁入上阳东宫，过着和冷宫一样的凄清生活。

这时的杨贵妃，把她的大姐韩国夫人、三姐虢国夫人以及八姐秦国夫人全都招来了。她们四个就像四株香花，团团环绕在唐玄宗四周，粉白黛绿，奇幻万千，使得垂垂老矣的玄宗青春焕发；她们又像四只蜜蜂，在唐玄宗的身上，像采花粉一样，吸取唐玄宗的“精华”。唐玄宗终日与她们周旋嬉闹，无暇顾及朝政，更把上阳东宫的梅妃忘到了九霄云外。

然而，毕竟梅妃和杨贵妃风格不同，味道也不一样，一个“荤”，一个“素”。唐玄宗过度香艳之后，不由思念淡雅。一段时间后，唐玄宗不曾与梅妃见面，心里就时不时想起梅妃，想起梅妃的样子。一个梅花绽放的季节，唐玄宗漫步梅园，睹花思人，泛起一股似水柔情与刻骨相思，心中暗生一丝悲凉，一种愧疚，一种和梅妃相见的欲望。一天晚上，唐玄宗怕杨贵妃知道，借口身体不适，没去杨贵妃宫中，独宿在翠华西阁，密遣一贴身小太监，用马把梅妃驮来叙旧。

“既然是陛下宠召，为何要深夜暗中而来？”“堂堂一国之君，为何如此怕那个肥婆？”梅妃虽然心中觉得窝囊，却不忍让玄宗久等，还是乘马来到了翠华西阁。一双旧

▼虢国夫人游春图

▲京剧王慧扮演杨贵妃

日鸳鸯又相拥在一处，说不尽的缠绵，道不尽的悱恻。

这事还是被杨贵妃知道了。杨贵妃不待宣召，到翠华西阁推门而入，劈头问玄宗：“你把梅精藏在何处？”玄宗假装若无其事地回答：“不是在上阳东宫吗？”杨贵妃见唐玄宗赖账，话题一转，说：“何不宣来，一同到骊山温泉享乐一番！”说得玄宗支支吾吾，不知所措。杨贵妃装出一副正经的样子说：“这里乱七八糟，床下有妇人金钗，枕边留有余香，这夜是何人为陛下侍寝？为何欢睡到日出还不上朝？陛下可去面见群臣。”她竟然说留在这里，等唐玄宗上朝回来。

唐玄宗恼羞成怒，气急败坏，脸色已经铁青，但他却不大嚷大叫，就以蒙头大睡的方式反抗。杨贵妃毕竟聪明，也怕事情闹僵，无法收拾。她拿出看家本领，装痴卖娇，哭闹了一番，然后愤愤而去，回娘家了。

杨贵妃回娘家不久，唐玄宗不堪思念，派侍使把她接回宫中，据说接了3次才接回来。

当然，唐玄宗有时旧情难忘，常怀着一种怜悯和补偿的心理对待梅妃。有次唐玄宗尝荔枝时，又忆起梅妃，就派人送去一串珍珠，梅妃见珍珠，触景生情，无限伤感，即写了一首诗，夹在珍珠里退还给玄宗。

流光易逝，青春不再，梅妃在上阳东宫已经度过了10年寂寞岁月。她不知道玄宗的心目中，是否还有她梅妃的一丝影迹。她想，如果皇帝旧情不忘，梅妃就有一线希望。于是，她写成一首诗来陈述心中的许多感慨。

据说，这首诗写了她在上阳东宫的凄惨心情，抒发了她对玄宗、对杨贵妃的不满和对新生活的向往。然而，不但于事无补，还差点被杀。如果不是触动了玄宗的爱怜之心，恐怕她当时就在杨贵妃的挑唆下，命归黄泉了。

在这场爱情的争夺战中，杨贵妃是人多势众，风头正盛；而梅妃则人单势薄，彻底败下阵来。

▼传说中的华清宫

▲杨贵妃墓

之后，“安史之乱”爆发了，唐玄宗携杨贵妃逃往西南，后来，杨贵妃被逼死在马嵬坡。被留在宫内的梅妃为了不让叛贼污辱，也为负心于她的玄宗保住清白之身，用白布将自己层层包裹，跳下古井而香消玉殒。

1 000多年过去了，家乡的人们仍然怀念她，称为“祖姑皇妃”，并修宫造像以供祭，宫名就叫“浦口宫”。该宫雄伟壮观，八根大石柱支撑着巨大的顶棚斗拱结构，神龛护栏，镂空木雕，极为精美，吸引了不少游人前往瞻仰。旧时兴化府衙门口的对联写道：“荔枝甲天下，梅妃是部民。”

杨贵妃的贵妃墓

位于西安近郊的杨贵妃墓有一个陵园，显得小巧玲珑，进门正面是一座三间仿古式献殿，穿越献殿就是墓冢，占地约100平方米，高约3米，墓冢以青砖包砌。在墓东、西、北三面有回廊，镶嵌有大小不等的石碑，刻有历史名人的游记和题咏。

杨贵妃墓是陕西省省级重点文物保护单位。目前扩建的白居易《长恨歌》画廊和“安史之乱”展馆正在加紧建设。杨贵妃汉白玉雕像已竖立于前期扩建的陵园之中。

说来也奇，日本也有2座杨贵妃墓，京都等古城还有她的塑像。历史上的杨贵妃自缢死于马嵬坡，日本何来贵妃墓一直是个谜。但国内学者早年著文说：“杨贵妃辗转到日本定居”。日本学者在考证后说，杨贵妃逃脱马嵬坡后得到唐代舞女和乐师的帮助，辗转到扬州，在那里不仅见到了其兄杨国忠和其长子杨暄之妾及其幼子，还见到日本遣唐使团的藤原制雄，在藤原的协助下，杨贵妃搭乘日本使团的船到日本久津登陆，时间为757年。到日本后杨贵妃受到天皇孝谦的热忱接待。后来，杨贵妃以她的智谋帮助孝谦挫败了一次宫廷政变，从此在日本名声大震，获得日本人民，尤其是日本妇女的好感。至今还有日本妇女说她是杨贵妃的后代。一些日本妇女到马嵬坡访问时，总喜欢装一袋白色的“贵妃土”

▼杨贵妃墓

▲▲▲杨贵妃塑像

带回去。而当地人传说贵妃洁白的皮肤把周围的土染白了，妇女取“贵妃土”搽脸美容，坟土因此变少，后来不得不砌砖盖顶和围边。

杨贵妃的下落之谜

安史之乱时，唐玄宗逃至马嵬驿，军士哗变，杀死民愤极大的杨国忠，又逼唐玄宗杀死杨贵妃。玄宗无奈，便命高力士赐她自尽，最后她被勒死在驿馆佛堂前的梨树下，死时 38 岁。传说运尸时，杨贵妃脚上的一只鞋子失落，被一老妇人拾去，过客要借玩，须付百钱，老妇人借此发了财。

有人说，杨玉环可能死于佛堂，也可能死于乱军之中。杨贵妃之死也有其他的可能，比如有人说她系吞金而死。还有人认为，杨贵妃并未死于马嵬驿，而是流落于民间。有一种离奇的说法是杨贵妃远走美洲。

还有一种说法认为，杨贵妃逃亡日本。日本民间和学术界有这样一种看法：死者是替身，杨贵妃则逃往日本的山口县大津郡油谷町久津。替身是个侍女，军中主帅陈玄礼怜贵妃貌美，不忍杀之，遂与高力士密谋，以侍女代替，高力士用车运来贵妃尸体，查验尸体的便是陈玄礼，因而使此计成功。而杨贵妃则由陈玄礼的亲信护送南逃，大约在今上海附近扬帆出海，到了日本油谷町久津。1963 年有一位日本姑娘展示了自己的一本家谱，说她就是杨贵妃的后人。

总之随着时间的推移，关于杨贵妃之死的传说愈来愈生动。有一种论点是，这些传说离开史实也愈来愈远，这种论点认定，杨贵妃在马嵬驿必死无疑。“高力士外传”认为，杨贵妃的死，是由于“一时连坐”的缘故，换言之，六军将士憎恨杨国忠，也把杨贵妃牵连进去了。这是高力士的观点。因为“外传”是根据他的口述而编写的，从马嵬驿事变的形势来看，杨贵妃是非死不可的。缢杀之后，尸体由佛堂运至驿站，置于庭院，唐玄宗还召陈玄礼等将士进来验看。杨贵妃确实死在马嵬驿，史籍记载明确，唐人笔记杂史也是如此。

民间传说杨贵妃死而复生，这反映了人们对她的同情与怀念。六军将士们以“祸本尚在”的理由，要求处死杨贵妃。如果人们继续坚持这种观点，那么，杨贵妃就会被当做褒姒或者妲己一类的坏女人，除了世人痛骂之外，不可能对其有任何的赞扬。即使她是人间绝色或者盛唐女性美的代表者，也不会在人们的潜意识中产生怜悯与宽恕。全部的问题在于：杨贵妃事实上不是安史之乱的本源。高力士曾言“贵妃诚无罪”，这话虽不无片面，但杨贵妃不是罪魁祸首是毫无疑问的。安史之乱过后，人们开始反思，总结天宝之乱的历史教训，终于认识到历史的真相。民间传说自有公正的评判，对历史人物的褒贬往往比较客观。杨贵妃之死，既有其自取其咎的一面，更有作为牺牲品的一面。于是，人们幻想确实已死了的杨贵妃能重新复活，寄予无限的追念。

随着考古新发现，从科技发展观点看问题，杨贵妃下落谜底，离史实一定会愈来愈近。

杨贵妃的故乡

杨外村隐藏在重重丘陵深处，地处山区，离容县约 10 千米。杨外村至今有贵妃庙、贵妃井等遗址，在县城东有贵妃梳妆台遗址。如果说四大美人之一的杨玉环出生于此地，的确也不枉这山这水。杨外村山环水绕，斑竹成林，稻田无垠，还有满村满山的荔枝林和沙田柚林，若在收获季节来，更能一饱口福。在县城建有贵妃园，根据杨玉环的传奇故事建造，全部采用硅胶人物像，建筑是仿唐式的。游在贵妃园，会感到千古美女杨贵妃仿佛就在你的眼前。

贵妃园：根据唐代杨贵妃传奇故事而建造的，共分为贵妃出生、册封贵妃、贵妃醉酒、贵妃起舞、贵妃出浴、妃子笑、含冤马嵬坡等部分，全部采用硅胶人物像和仿唐建筑，身置其中，可真切回味到这位美人的一生荣辱。

贵妃井：为用矩形方石围成的浅井，相传杨玉环因饮此井水而容貌艳丽。

贵妃庙：为古代村人纪念贵妃而建。庙堂正中供奉贵妃塑像。周围视野开阔，庙门朝南，土坡之下为低丘和农田，远处群山延绵。庙后数座土山长满荔枝林，郁郁葱葱。杨玉环生前喜欢吃荔枝，乡亲选在这里建庙，也是别具一番情意。

此外，还有县城经略台东侧的杨贵妃梳妆台，相传是她养父容州都督杨康为她建造的。

▼日本人供奉杨贵妃

揭秘美女貂蝉的故事

貂蝉是东汉末年司徒王允的歌女，国色天香，有倾国倾城之貌，见东汉王朝被奸臣董卓所操纵，于月下焚香祷告上天，愿为主人担忧。王允眼看董卓将篡夺东汉王朝，设下连环计。王允先把貂蝉暗地里许给吕布，再明把貂蝉献给董卓，并使计铲除了董卓。

貂蝉生平简介

貂蝉，中国古代四大美人之一，古籍上虽没有记载，但文学作品中多有描述，为汉末三国纷争中重要人物之一。民间传说尤为动人，貂蝉成为家喻户晓、妇孺皆知的“人中杰”“女中英”。据考证：貂蝉，任姓，小字红昌，出生在并州郡九原县木耳村，15 岁被选入宫中，执掌朝臣戴的貂蝉冠，从此更名为貂蝉。汉末宫廷风云骤起，貂蝉出宫被司徒王允收为义女。不久董卓专权。王允利用董、吕好色，遂使貂蝉施“连环计”，终于促使吕布杀了董卓，立下功勋。之后，貂蝉为吕布之妾。白门楼吕布殒命，曹操重演“连环计”于桃园兄弟，遂赐于关羽。貂蝉为不祸及桃园兄弟，“引颈祈斩”，被关羽保护逃出，当了尼姑。曹操得知后抓捕貂蝉，貂蝉毅然扑剑身亡。

传说貂蝉降生人世，3 年间当地桃杏花开即凋，貂蝉午夜拜月，月里嫦娥自愧不如，匆匆隐入云中，貂蝉身姿俏美，细耳碧环，行时风摆杨柳，静时文雅有余，貂蝉之美，蔚为大观。正是因了这种美貌，让弄权作威的董卓，勇而无谋的吕布反目成仇，使得动乱不堪的朝野稍有安宁之象。

千百年倏忽，逝者如斯夫，一身娇艳的貂蝉留下了一生的谜团，写就了一段历史，也带给后世一个美好的形象。貂蝉是中国古代的四大美人之一，“闭月”就是讲她。古今中外，大凡与绝色的美貌佳人搅和在一起的人，往往弄得身败名裂，但尽管如此，男人仍对美人趋之若鹜，就如饮鸩止渴一般，貂蝉的一切就是最好的说明。话说回来，貂蝉也是可怜，她也只不过是连环计中的工具。

▼陈红饰演的貂蝉

貂蝉家乡的传说

貂蝉的家乡在山西忻州市东南 3 千米

▲貂蝉画像

的木芝村，位于从太原或忻州去禹王洞的途中。木芝村原盛产木耳，故名木耳村，后因村中槐树下发现一株千年灵芝，遂改名叫木芝村。村中传闻，早在貂蝉出生前3年，村里的桃杏就不开花了，至今桃杏树依然难以成活，是因貂蝉有羞花之貌的缘故。村中原有过街牌楼、前殿、后殿、王允街、貂蝉戏台和貂蝉墓。时过境迁，这些建筑都成了废墟，墓冢在浩劫中又被夷为平地。遗址中常有古代砖、石构件、铜币、陶瓷残件出土，据说这些都与貂蝉有关。

现在旅游景点叫貂蝉陵园，是近年乡民在墓地原址上复原筑砌的。陵园位于村的西南，占地面积4 000余平方米，四周围以红底黄瓦波浪式龙形围墙，在麦海茫茫中，光艳夺目。门檐上悬“貂蝉陵园”横匾，两侧有“闭月羞花堪为中国骄傲，忍辱步险实令须眉仰止”金文对联。陵区北院内建拜月亭和凤仪亭，后部建青石墓台，台前有貂蝉像碑，在飘带动态下，貂蝉步履娴雅，婀娜多姿，犹有“闭月羞花”之貌。南院建仿古建筑20间，辟为“貂蝉彩塑馆”，反映貂蝉“不惜万金躯，何惧险象生”的惊天动地的一生。

乡民传说，桃园三兄弟得势后，便把貂蝉送回故里，老死后就埋在这里。又说貂蝉扑剑自戕，关羽得知后将遗体护送回故乡安葬。所以后殿有关羽像，殿前有表示貂蝉演戏的戏台，都是报答关羽拒杀和护送之恩。另在定襄县东南的中霍村是吕布故里，有“霍清泉”“智擒赤兔马”“歪脖子树”等民间传说，都与吕布有关。所以民谚有“忻州没好女，定襄没好男”，是说因为有貂蝉和吕布之故，从此，忻州再也生不出好看的女人，定襄也生不出帅气的男人了。

貂蝉在三国演义中的形象

自黄巾农民起义后，东汉政权名存实亡，各地军阀割据混战，朝中董卓杀死皇帝，另立陈留王，一手遮天。东汉大臣王允于是以貂蝉为工具使用连环计对付董卓，使本已混乱不堪的政治局面更加混乱不堪。

貂蝉出生在东汉末年江陵的一个没落家庭。兵荒马乱的社会使她的父兄不知去向，她们母女两人流落到洛阳，被王允收容。不久她母亲又因病去世，这时貂蝉还是个孩子，王允的夫人既怜她孤苦伶仃，又爱其颖慧雅洁，命她作了贴身侍婢。到12岁的时候，貂蝉已长得亭亭玉立，由于长期寄人篱下，养成了一套善于察言观色的本领，再加上生

▲貂蝉雕塑

性聪慧，更具有一种善解人意、嘴甜心细的特质，不但颇得王夫人的欢心，就连王允本人也对她另眼相看，于是使她的身份介乎小姐、侍婢和歌妓之间，像是三春的花朵一般盛开在王允府邸的雨露之中。

自火烧洛阳，迁都长安后，把持朝政的董卓仗着有勇冠三军的吕布做义子，更加为非作歹。他在长安郊外建郿坞，安置家属，自己也半月一回、或一月一回，设帐幔于路，回郿坞与公卿聚饮。一天，北地招安降士数百人到来，董卓出横门，百官相送。董卓乘机留百官宴饮，却将降士数百人，在座前或断其手足，或凿去眼睛，或割掉舌头，或将他们放在大锅中熬煮。百官战栗失箸，董卓饮食谈笑自若，并说道："我杀歹心的人，有什么可怕的？"在坐的王允胆战心惊，吓得话也不敢说。一天，百官在朝堂议事，突然吕布来到董卓身边，耳语数句。董卓点了点头，吕布来到司空张温身边，一声令下，将张温揪下朝堂，不久，侍从将一红盘托张温头入献。董卓命吕布劝酒，把人头在各人面前一一呈过，然后说道："汝等人对我孝顺，我不害你们，我是受天保佑的人，害我的人一定会失败。"一个大臣就这样无缘无故地被杀了。王允惊惧的同时，免不了兔死狐悲。

当晚，王允站在荼蘼架旁想着白天的事情，暗暗落泪。他知道要除董卓，就必须先离间他和吕布的关系。忽然他听到在花园的另一端也有人在暗暗地叹息，他悄悄走过去，发现是貂蝉，他柔声问貂蝉："你有什么伤心事，何竟于深夜在此长叹，能不能告诉我？"貂蝉先是讲了王允如何收养了她，如何让她过上幸福的生活，自己如何希望能够感恩图报。然后话锋一转，讲到她最近总见到王允愁眉不展，特别是今晚更是坐立不安，料想一定有什么重大的事情，十分棘手，看到王允痛苦，不禁长叹。接着她表示，只要王允有用得着她的地方，她一定万死不辞。王允静静地听着，静静地看着。此时更漏三下，夜月正

▼三英战吕布石刻

▲貂蝉画像

圆，料峭春寒中，花影婆娑下，朦胧的光影，美丽的人儿在絮絮说话，这简直就是一幅空灵秀逸的图画。王允计上心来，立即叫貂蝉跟他到画阁中去。进了画阁，王允让貂蝉坐于中端，窗外月白风清，书房内红烛吐蕊，王允道出一番话来，吓得貂蝉花颜失色。王允跪拜在地，貂蝉跟着跪倒，面对自小抚养她的恩人，面对白发苍苍的老人，她再次发誓，万死不辞。

第二天，王允就将家藏的明珠数颗，令匠人嵌成一只金冠，使人秘密送给吕布。吕布大喜，当即赶到王允家中致谢。王允果然抓住了吕布的弱点，吕布一介武夫，贪财重利，很容易就上钩了。王允盛情招待，当酒饮至七分醉时，貂蝉从内室款款起来，吕布立即眼睛就直了。三推四就之后，醉意重重中，王允告诉吕布，愿意把貂蝉嫁给他做妻子，又欲擒故纵地说："要不是怕董卓见疑，一定会留吕布在家里过夜。"吕布在依依不舍中，喜孜孜地离去。第一步成功了。现在就看第二步。又一个早朝完毕，王允跪在地上请董卓到他家去做客。当晚，王允穿着朝服迎接董卓，再拜起居，称赞董卓，把他比作姜子牙、周公，董卓还未饮酒就已经醉醺醺的了。夜幕降临，堂中点上画烛，王允教人放下帘栊，笙簧缭绕，簇捧貂蝉舞于帘外。董卓本是武夫出身，怎耐烦这种雾中月、水中花式的东西，立即命令近前来唱，一曲还未唱完，董卓叫貂蝉为他把盏。董卓轻轻问："春色几何？"貂蝉幽幽地答道："贱妾年未二旬。"董卓笑道："真神仙中人也！"王允立即说："老臣欲以此女献主人，未审肯容纳否？"董卓色眯眯地说："美人见惠，何以报德？"一边说着"尚容致谢"，一边就急急起身，王允跟着亲自送貂蝉随董卓到郿坞。

▼德化白瓷貂蝉

王允送董卓回来还未进家门就被吕布拦住了，吕布一把揪住王允，拔剑就要砍。王允立即鬼话连篇，告诉吕布，董卓把貂蝉带走，是要为他吕布主婚，并要吕布把王允自已家中的一些珠宝带走，说是给貂蝉出嫁作首饰的。单纯的吕布立即兴冲冲地赶到相府。王允就像一个优秀的导演，找到一个好的场景，就是相府；选好了演员，就是貂蝉、董卓和吕布，现在就看主角貂蝉如何演戏了。可怜吕布兴冲冲赶往相府时，董卓正在尽情享受貂蝉。他等了一夜，第二天早晨得到的答复是："夜来太师与新人共寝，至今未起。”吕布一听一惊，马上偷偷地来到董卓卧房后偷看。貂蝉刚好起床梳头，发现了偷看的吕布，立即蹙起眉头，做出忧愁不安的样子，再假装不断用手帕擦拭泪眼。董卓正式接待吕布了，在几句寒暄后，吕布总不见董卓提起为他主婚的事，就痴痴地站在那看董卓吃早饭。这时，貂蝉故意在绣帘后走来走去，引起吕布的注意，甚至不惜露出半个脸蛋来，以目送情，霎时，吕布神魂荡漾。董卓当即警觉，见吕布频频侧身迎里而望，恼怒地说：“布儿无事且退。”吕布一肚子不高兴回到家中，他的妻子不知趣地问他：“汝今日莫非被董太师见责来？”吕布一反常态地说：“太师安能制我哉！”董卓自纳貂蝉后，情色所凝，月余不出理事。吕布一切都知道了，但愈是如此，他愈思念貂蝉。

▲貂蝉墓

有一次，吕布利用董卓午睡的机会溜进了董卓的卧室。貂蝉在床后探半身望着吕布，以手指心而不转睛。吕布感激地频频点头表示明白她的意思。貂蝉用手指董卓，强擦泪眼，吕布似乎心都被揉碎了。董卓朦胧中醒来，看到了吕布，猛然回身，看见貂蝉在屏风后面。董卓羞愧愤怒，责问吕布：“你敢戏我爱姬吗？”唤左右驱逐吕布，今后不许入堂，吕布怀恨回家。

貂蝉终于将吕布勾引到相府后花园中的凤仪亭来，又哭又说，诉说自己如何思念吕布，董卓又如何将自己奸污。现在此身已污，不得服侍英雄，愿死在吕布面前，以绝了吕布的思念。还没有说完，就手攀曲栏，望荷花池便跳，慌得吕布一把抱住，貂蝉乘机倒在吕布怀中，说道：“妾在深闺，闻将军之名，如雷贯耳，以为当世一人而已。谁思反受他人之制！妾度日如年，愿将军怜悯而救之。”挑起吕布反对董卓。

董卓因久未见貂蝉，便到后花园中寻觅。只见吕布把他的方天画戟放在旁边，抱着貂蝉说悄悄话。董卓无明火起，抢过画戟就刺，吕布掉头便走。董卓胖，赶不上，飞起一戟，被吕布一拳打落在草中。吕布与董卓的关系彻底破裂。董卓带着貂蝉回到他的家郿坞，离开了相府。王允也乘机把吕布接到家中，痛斥董卓把吕布的貂蝉抢走，说是要为吕布报仇，一番同仇敌忾，刺杀董卓的计划便周密完成。轻车都尉李肃奉命到郿坞去见董卓。说是天子有诏，欲会文武大臣于未央殿，商议将帝位传给太师之事。董卓心花怒放地起程进京，一路上车轴断了，马辔头断了，而且路上狂风大作，尘土蔽天，董卓大惑不解地认为这些都是不祥之兆。李肃却解释说：“弃旧换新，将乘玉辇金鞍；万岁登基，必有红光紫霞，这些都是吉兆。”“千里草，何青青；十日上，不得生。”这一首当时流行在长安街头的童谣，预示着董卓就快要死了。董卓在走进未央殿时，被埋伏在殿内的军士伏击，一戟直透董卓咽喉的就是吕布，而李肃把董卓的人头割在手中。

貂蝉的下落之谜

有人曾经耗费大量笔墨渲染貂蝉义举，对貂蝉“长安兵变”后的下落，始终保持沉默。在历史价值被榨干之后，她遭到了主流文人的抛弃。但仍有一些作者在孜孜不倦地追问她的下落，继而任意虚构故事，以致其结局形成了“惨死”和“善终”两大系列。

“惨死系列”至少包含了 4 种不同的版本。

昆剧细述吕布在白门楼被曹操斩首，其妻貂蝉被张飞转送给了关羽，但关羽拒绝受纳这位污点美女，怕其水性杨花，朝三暮四，难免为他人所玷污，只有其一死才能保全名节，于是乘夜传唤貂蝉入帐，拔剑痛斩美人于灯下。

另一出杂剧，是说曹操欲以美色迷惑关羽，使其为自己效力，遣貂蝉前去引诱。貂蝉使出浑身解数，上下挑逗，关羽心如磐石，断然铲除了这个情色后患。

基于儒家文人的悉心改造，明代以来，貂蝉和关羽的形象，日益贴近士绅阶层的伦理标准。第三种版本出自明剧，剧中的貂蝉向关羽痛说内心冤屈，详述其施展美人计为汉室除害的经历，赢得关羽的爱慕，但关羽决计为复兴汉室献身，貂蝉只好怀着满腔柔情自刎，以死来验证自身的政治贞操。

第四种版本陈述貂蝉在怜香惜玉的关羽庇护下逃走，削发为尼，曹操派人追捕，为使桃园三兄弟不再重蹈自相残杀的覆辙，貂蝉毅然触剑身亡，一缕幽怨的香魂，追随国家大义而去。

“善终系列”则有 3 个核心版本。

第一种版本是貂蝉出家为尼，向世人言明自己的政治贡献，最后在尼姑庵里寿终正寝。

第二种版本则宣称关羽不恋女色，护送貂蝉回到其故乡木耳村，而貂蝉则一直守节未嫁，终于熬成了一个贞烈老妪，被乡人建庙祭奠。为谋生和丰富群众文艺生活起见，貂蝉还组织戏班演出，她所搭建的戏台，曾是该村的一个诱人景点。

第三种版本称貂蝉被关羽纳为小妾，并送往成都定居，本想在功成名就后慢慢享用，不料自己兵败身死，可怜的貂蝉从此流落蜀中，成了寂寞无主的村妇。

有位老人曾于成都北郊拾得一块古碑，其铭文约略为：貂蝉，王允歌姬也，是因董卓猖獗，为国捐躯，随炎帝入蜀，葬于华阳县（现四川省成都市）外北上涧横村黄土坡。这是有关貂蝉下落的最新证据，却无力证明任何东西。这里的“炎帝”，疑为“关帝”的讹记，公元 1652 年，清顺治帝加封关羽为“忠义神武关圣大帝”，此后民间才会出现“关帝”的简称。成都发现的墓碑，最多只是清代好事者的伪作。貂蝉的下落，依旧是个不可索解的悬谜。

◀貂蝉故里

孝庄文皇后的下嫁之谜

一生历经天命、天聪、崇德、顺治、康熙五朝，历四帝，她的名字与清初许多重大的事件紧密地联系在一起。作为处于特殊历史时期、特殊政治地位的女性，孝庄文皇后既具雄才大略、挽狂澜于既倒的政治家气魄，又淡泊名利、仁慈护下、黜奢崇俭，一心一意抚育子孙成材。她是中国历史上最杰出的女性之一。

▲孝庄文皇后

孝庄文皇后的个人概述

博尔济吉特氏，名布木布泰，又名大玉儿，清太宗爱新觉罗皇太极之妃，孝端文皇后的侄女。蒙古科尔沁部（在今内蒙古自治区－科尔沁左翼中旗）贝勒寨桑之次女。天命十年（1625）嫁给努尔哈赤第八子皇太极为妻。天聪三年生固伦雍穆公主雅图，天聪六年生固伦淑慧公主阿图，天聪七年生固伦端献公主淑哲。崇德元年（1636），皇太极改号称帝，完善后妃制度，并建五宫，分别是：清宁宫、关雎宫、麟趾宫、衍庆宫、永福宫。其中，大福晋哲哲为清宁宫中宫皇后；海兰珠位列第二，为关雎宫宸妃；第三位麟趾宫贵妃那木钟，为蒙古（今蒙古国）阿霸垓郡王额齐格诺颜之女；第四位衍庆宫淑妃巴特马·璪，原是蒙古察哈尔林丹汗的窦土门福晋；布本布泰名列第五，被封为永福宫庄妃。庄妃之名由此而来。可以想见，她在当时还不足以引起人们的充分注意，因为从地位来说，她排在五宫后妃的最末，而且当时皇太极乾纲独断，年富力强，历史还没有给庄妃展示自己的机会。崇德三年，生下皇九子福临。福临即位后（年号顺治），尊为皇太后。顺治八年二月上尊号为昭圣慈寿皇太后。八月加上尊号为昭圣慈寿恭简皇太后。顺治十三年十二月为昭圣慈寿恭简安懿章庆皇太后。顺治十八年（1661），福临死后，第三子玄烨即位（年号康熙），尊为太皇太后。康熙元年十月加上

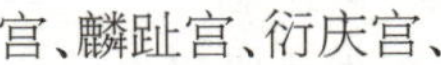

▼孝庄画像

尊号为昭圣慈寿恭简安懿章庆敦惠太皇太后。康熙四年九月为昭圣慈寿恭简安懿章庆敦惠温庄太皇太后。康熙六年十一月为昭圣慈寿恭简安懿章庆敦惠温庄康和太皇太后。康熙十五年正月为昭圣慈寿恭简安懿章庆敦惠温庄康和仁宣太皇太后。康熙二十年十二月为昭圣慈寿恭简安懿章庆敦惠温庄康和仁宣弘靖太皇太后。康熙二十六年十二月二十五日（1688 年 1 月 27 日）去世。享年 75 岁。康熙二十七年十月上谥号为孝庄仁宣诚宪恭懿翊天启圣文皇后。雍正元年八月为孝庄仁宣诚宪恭懿至德纯徽翊天启圣文皇后。雍正三年葬河北清东陵之昭西陵。

孝庄文皇后的史料档案

清宫史料对孝庄皇后记载如下：

孝庄文皇后，博尔济吉特氏，科尔沁贝勒寨桑女，孝端皇后侄也。天命十年二月，来归。崇德元年，封永福宫庄妃。三年正月甲午，世祖生。世祖即位，尊为皇太后。顺治十一年，赠太后父寨桑和硕忠亲王，母贤妃。十三年二月，太后万寿，上制诗三十首以献。上承太后训，撰内则衍义，并为序以进。圣祖即位，尊为太皇太后。

康熙九年，上奉太后谒孝陵。十年，谒福陵、昭陵。十一年，幸赤城汤泉，经长安岭，上下马，扶辇；至坦道，始上马以从。还，度岭，正大雨，仍下马，扶辇。太后命骑从，上不可，下岭，乃乘马傍辇行。吴三桂乱作，频年用兵，太后念从征将士劳苦，发宫中金帛加犒。闻各省有偏灾，辄发帑赈恤。布尔尼叛，师北征，太后以慈宁宫庶妃有母年九十余，居察哈尔，告上诫师行毋掳掠。

国初故事，后妃，王、贝勒福晋，贝子、公夫人，皆令命妇更番入侍，至太后始命罢之。宫中守祖宗制，不蓄汉女。上命儒臣译大学衍义进太后，太后称善，赐赉有加。太后不预政，朝廷有黜陟，上多告而后行。尝勉上曰：“祖宗骑射开基，武备不可弛。用人行政，务敬以承天，虚公裁决。”又作书以诫曰：“古称为君难。苍生至众，天子以一身临其上，生养抚育，莫不引领，必深思得众得国之道，使四海咸登康阜，绵历数于无疆，惟休。汝尚宽裕慈仁，温良恭敬，慎乃威仪，谨尔出话，夙夜恪勤，以祗承祖考遗绪，俾予亦无疚于厥心。”十九年四月，上撰大德景福颂进太后。

二十年，上复奉

孝庄大事

1613 年，布木布泰出生于蒙古（今蒙古国）科尔沁部贝勒宰桑之家。

1626 年，布木布泰嫁给皇太极（1592 年生）为侧室福晋。

1636 年，皇太极改金为清，即皇帝位，改元为崇德元年，封布木布泰为永福宫庄妃。

1638 年，孝庄生皇九子福临。

1643 年，皇太极暴卒，福临继位，建年号为顺治，尊孝庄为皇太后。

1662 年，玄烨即位，建年号为康熙，尊孝庄为太皇太后。

1688 年，孝庄因病辞世，享年 75 岁。谥号孝庄仁宣诚宪恭懿翊天启圣文皇后。

▲孝庄文皇后陵墓

太后幸汤泉。云南平，上诣太后宫奏捷。二十一年，上诣奉天谒陵，途次屡奏书问安，使献方物，奏曰："臣到盛京，亲网得（鱼达）、纵，浸以羊脂，山中野烧，自落榛实及山核桃，朝鲜所进柿饼、松、栗、银杏，附使进上，伏乞俯赐一笑，不胜欣幸。"二十二年夏，奉太后出古北口避暑。秋，幸五台山，至龙泉关。上以长城岭峻绝，试辇不能陟，奏太后。次日，太后辇登岭，路数折不可上，太后乃还龙泉关，命上代礼诸寺。二十四年夏，上出塞避暑，次博洛和屯，闻太后不豫，即驰还京师，太后疾良已。

二十六年九月，太后疾复作，上昼夜在视。十二月，步祷天坛，请减算以益太后。读祝，上泣，陪祀诸王大臣皆泣。太后疾大渐，命上曰："太宗奉安久，不可为我轻动。况我心恋汝父子，当于孝陵近地安厝，我心始无憾。"己巳，崩，年七十五。上哀恸，欲于宫中持服二十七月，王大臣屡疏请遵遗诰，以日易月，始从之。命撤太后所居宫移建昌瑞山孝陵近地，号"暂安奉殿"。二十七年四月，奉太后梓宫诣昌瑞山。自是，岁必诣谒。雍正三年十二月，世宗即其地起陵，曰昭西陵。

孝庄文皇后的个人影响

孝庄先后辅佐三代帝王，对清代的入关、灭明和巩固起到了不可估量的作用。

1. 辅佐皇太极

孝庄辅佐皇太极为清朝平定中原立下了汗马功劳，但皇太极与她有很多误会，这大多缘于海兰珠。

2. 确保福临即位

皇太极死，生前未指定继承人，遂出现争夺最高领导权的纷争。孝庄以灵活巧妙的手段，使福临继位。

3. 辅政康熙

康熙除鳌拜，平定三藩，有史家认为，谋皆出自孝庄。

▼孝庄文皇后陵墓

孝庄文皇后的人物评价

孝庄文皇后有良好的修养和深厚的亲情，无权欲，不争名。太后临朝称制也好，垂帘听政也好，在中国历史上屡见不鲜。孝庄文皇后也有多次垂帘听政的机会。福临6岁即位，当时孝庄文皇后31岁，正值盛年，精力充沛。玄烨8岁即位，孝庄文皇后49岁，体质尚健，阅历更广，经验更为丰富，可谓是德高望重、一言九鼎的重要人物。特别是在顺治十八年（1661）三月，玄烨刚刚即位，江南桐城县（今桐城市）一位秀才特地赶到北京，向朝廷条奏十款，其中有一款就是要求孝庄文皇后垂帘听政。这比慈禧在咸丰十一年（1861）处心积虑要垂帘听政时的条件和环境优越得多。但孝庄文皇后放弃了这一切机会，她无强烈的权欲，更不想出头露面执掌大权，她只想尽心辅佐儿孙以成大业，成为一代明主。历史上的孝庄皇后的功绩可能是历代任何一位皇后所不能及的，虽然她有能力作为中国第二个武则天，但她没有，却是为了辅佐自己的儿子和孙子而活，这是最让人敬佩的，这就是她的境界。她是不想被后人指责，不想乱了朝政，她一生的心头愿望就是为了大清朝，只要大清兴盛她什么都可以牺牲！如果爱情在她心中是第一位的话，那么

▲▲▲孝庄文皇后陵墓

孝庄文皇后的史料档案

中国第一历史档案馆至今珍藏着册封庄妃的册文，这是唯一幸存下来的清廷入关前的后妃册文，史料价值极高。

奉天承运宽温仁圣皇帝制曰：自开辟以来，有应运之主，必有广胤之妃。然锡册命而定名分，诚圣帝明王之首重也。兹尔本布泰，系蒙古（今蒙古国）廓尔沁国之女，夙缘作合，淑质性成。朕登大宝，爰仿古制，册尔为永福册封庄妃册文。

大清崇德元年七月初十日

也许多尔衮早就能当皇上了，但孝庄皇后心中第一位的是大清基业，她没有将其与爱情混为一谈！她一生辛劳地辅佐一代又一代皇帝，为了丈夫为了儿子付出那么多，承受了多少委屈，多少常人没承受过的苦与累。自古女人想撑起一切谈何容易，有无数的阻力与背后的唾骂，但她没有把功名看重，一心一意只想做个无名功臣兴旺大清。她日积月累的辛劳证明了她的伟大，而她的善良和英明得到了后人的理解和崇敬。

对孝庄文皇后下嫁的说法

纵观清朝300年，尤以清初最为混乱，疑案层出不穷，其中最为著名的要数清宫三大案了，它们分别是太后下嫁，顺治出家，雍正即位。而在这三大案中又以太后下嫁争议最多。

一种说法是清太宗皇太极晏驾后，谁来继承王位成了当时最为敏感的问题，满清贵族内部的斗争到了白热化的程度，以努尔哈赤十四子多尔衮和以皇太极长子豪格为首的两大政治集团互不相让，甚至有爆发战争的危险，就在这时，当时还是妃子的孝庄文皇后找到了多尔衮，提出让多尔衮拥戴福临即位，作为条件之一就是多尔衮担任摄政王，多尔衮权衡利弊后，同意了孝庄文皇后的意见。但有人认为其中还有一个不可告人的秘密就是多尔衮与孝庄文皇后进行了一次权色交易。多尔衮少年得志，意气风发，但就是有一个弱点——好色，而且对她的嫂子孝庄文皇后尤其注意，甚至到了痴迷的程度。孝庄早就意识到了这一点，因此，在皇位继承的关键时刻使出撒手锏，一举成功，使自己的儿子福临成功地继承了皇位。

此后，多尔衮率兵打进北京，并控制了当时的军政大权，他已经不满足于偷偷摸摸，开始公开出入后宫禁地，而当时满族的习俗兄长死后弟弟可以娶嫂子，父亲死后儿子可以娶父亲的妾，因此对多尔衮的所作所为满洲贵族并不在意。而当时汉族的知识分子虽有在朝为官者但都人人自危。所以多尔衮和孝庄文皇后的感情发展可以说完全没有阻碍。

当时朝中有一位重臣叫范文程，是范仲淹的后裔，早年就追随太宗，深得顺治皇帝与太后的信任，太后下嫁就是由他首先提出来的。有人说他是受了太后的指使，有人说他是应多尔衮之请，还有人说他是为了取悦当权派，总之，是范文程首先提出让太后与多尔衮结为夫妻。

▲多尔衮画像

但也有野史称，是前明降臣钱谦益向多尔衮提出此动意的。多尔衮与小皇帝顺治一直关系不好，这对摄政王多尔衮来说一直骨鲠在喉。而此时多尔衮元妃去世，多尔衮郁郁寡欢。钱谦益就此向多尔衮说，“无非再娶，以慰悼亡”。就此即请皇太后下嫁多尔衮，使传言变现实，实至名归，另外这样也正好控制顺治。这一提议很快就得到了多数大臣的支持，而福临也碍于多尔衮的权势勉强同意。就这样，太后正式下嫁多尔衮为妻。孝庄死后，康熙等后代子孙因其丢了爱新觉罗家的脸面，将她葬在了清东陵陵区外。

还有一说法是，摄政王多尔衮在逼死政敌豪格后，娶了豪格的福晋，来自科尔沁蒙古（今蒙古国）草原的博尔济吉特氏。但是民间却以讹传讹，传说当今皇太后，同样来自科尔沁的博尔济吉特氏下嫁多尔衮，文人们还写成文章，编造了种种传说，生动描绘了皇太后和摄政王的亲事。

其实，“太后下嫁”之说，首先起因于顺治五年(1648)，多尔衮被封为“皇父摄政王”。这个怪异的称呼引起了人们各种的猜测。大家认为，皇帝之母降贵屈尊下嫁，才使多尔衮有了这种尊称。而也有人称当时顺治是为了孝顺，考虑到母亲的孤苦及与多尔衮多年的情谊，和多尔衮对自己拥立帝位的恩情，在大臣的提议下议请多尔衮与母亲结合。父死子娶其庶母、兄死弟娶其嫂的婚俗，在当时满洲风俗来说十分正常。但不管怎样，“太后下嫁”的故事，折射出了顺治帝和孝庄皇后这对孤儿寡母当时尴尬险恶的政治处境。

对“太后下嫁”的故事，虽然野史中记载很多，但在清史稿中并没有提到。从事实来看，孝庄皇后死后，清王朝又延续了200多年。这期间，大清诸朝对她尊崇备至，极尽歌功颂德之事，在陵寝祭祀方面也把其放在首位，如真有太后下嫁之事，清皇朝为何能自取其辱呢？当然也有一说：据说到了乾隆时期，纪晓岚在整理清宫档案时，觉得这一事件有辱皇家尊严，因此奏请皇帝批准，从档案中删去这一部分内容，从此，再没有人提起这件事。不过，太后下嫁的故事却广为流传。

◀孝庄皇后使用过的瓷器

揭秘西太后的一生

慈禧（叶赫那拉·杏贞）太后，生于1835年11月29日（道光十五年十月十日），卒于1908年11月15日（光绪三十四年十月二十二日），又称“西太后”“那拉太后”“老佛爷”，是清朝政府腐败、软弱、无能、残暴的代表。1861—1908年间，她是清朝的实际统治者。

▲慈禧太后照片

西太后的生平

清东陵西太后的神牌上是生前死后得到的称号：孝钦慈禧端佑康颐昭豫庄诚寿恭钦献崇熙配天兴圣显皇后，共25字，为清历代太后之最。慈禧太后是满洲镶蓝旗人，其家庭属叶赫部（今四平附近）。父惠征，曾任安徽徽宁池广太道道员。玉牒（皇族家谱）记载是“叶赫那拉氏惠征之女”，徽号慈禧端佑康颐昭豫庄诚寿恭钦献崇熙。咸丰帝的妃子，同治帝生母，光绪帝的养母。同治帝立，尊为圣母皇太后，尊号为慈禧太后。清文宗驾崩于避暑山庄后，治丧期间因与慈安太后分住烟波致爽殿东、西暖阁，故也被称为西太后。慈禧博学多才，能书善画，书法长于行书、楷书，绘画有花卉等传世。

慈禧太后的徽号

清朝一直沿用中原历代宫廷的旧制，也有上尊号、徽号、谥号的规定。在新皇帝登基时尊称前任皇帝正式册封的正宫皇后为母后皇太后，新帝的生母为圣母皇太后，母后皇太后的地位相对更高，这就是上尊号。另外，遇到朝廷大庆的日子，还要给皇太后在尊称上再加一些美好的词汇，称徽号，一般每次加两个字。死后用生前的徽号再加上几个字成为这个人的谥号。

▼慈禧太后真实老照片

1862年（同治元年），上徽号“慈禧”，1872年（同治十一年），因为同治皇帝大婚，上徽号“端佑”，1873年（同治十二年），同治帝载淳亲政，上徽号“康颐”，1874年（同治十三年），

同治帝因为遇到“天花之喜”，而两宫太后“调护朕躬，无微不至”，“朕心实深欣感”，决定为两宫皇太后上徽号，但20天后同治驾崩，上徽号仪式没能进行。1876年（光绪二年），光绪帝即位，连同上赐给两宫太后各上的徽号，一共4个字，慈禧的徽号由此又加上了“昭豫庄诚”。1889年（光绪十五年），光绪皇帝大婚，上徽号“寿恭”。1889年（光绪十五年），光绪皇帝亲政，上徽号“钦献”。1894年（光绪二十年），慈禧太后六十大寿，上徽号“崇熙”。1908年，慈禧病逝，按照大清惯例，前面加上“孝钦”，后面加上“配天兴圣显皇后”为谥号。

▲清东陵

慈禧太后的个人影响

正面：作为一名中国封建史上为数不多的政治女性，她不失聪明与干练，在危急时

▼慈禧与格格合影

慈禧大事记

1852年5月，选秀入宫，赐号兰贵人。

1854年，晋懿嫔。

1856年，生同治，当日晋懿妃。

1857年，晋懿贵妃。

1861年，同治即位，被尊为圣母皇太后。8月22日，发动辛酉政变，遂掌握最高权力48年。

1862年，同治上徽号慈禧。

1874年，同治崩，慈禧令光绪继位。

1894—1895年，甲午战争，中国战败，签订马关条约。

1898年，镇压戊戌变法。

1900年，义和团运动，八国联军入京。慈禧逃离北京。

1908年11月15日下午五时病逝。

▲慈禧与后宫佳丽

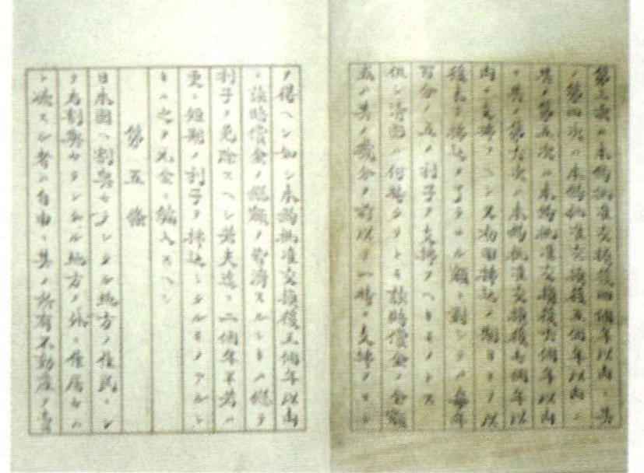

▲《马关条约》

刻曾尽力维护国家利益，作出了虽不成功但在当时可称合理的反应。她曾经在 1884 年马尾海战爆发后向法国宣战。1894 年她亦向日本宣战。1900 年 6 月 21 日向八国联军宣战。她破除满汉界限，大力起用曾国藩、李鸿章、张之洞等名臣，开办洋务运动，造就所谓“同治中兴”气象，支持左宗棠收复新疆。执政后期，发布新政诏书，废除科举，兴办新式学堂，大量选派留学生，推行宪政改革等举措，都是人才方面的重要改革。另外，破除满汉不通婚禁令，禁止妇女缠足。慈禧执政 48 年中，应该说是很勤政的，即使在病中也坚持处理政务。在她统治中国近半个世纪的时间里，一直牢牢地控制着国家的局面，掌握着最高统治权，国家没有出现地方割据的分裂局面。此外，她推动京剧艺术发展，建立北京动物园，都是不应被人遗忘的。

负面：历史对她的负面评价远大于正面评价。慈禧太后素来以残忍狡诈和对权力的执著而闻名。先后起用湘军、淮军人物，是为了镇压太平天国、维护其统治目的，并非自愿破除满汉界限。在她执政的 40 多年中，以她为首的清政府签订了众多丧权辱国的不平等条约，如《马关条约》《辛丑条约》等。1861 年发动政变夺取政权，处死原来控制政权的 8 位大臣中的 3 位。1881 年，毒死同有训政权的太后慈安。1885 年，在取得了对法的镇南关大捷后，仍然让清政府向法国屈膝求和，让中国“不败而败”，法国“不胜而胜”。1894 年中日甲午战争爆发时，她正花费巨资兴建颐和园用以庆祝自己的 60 大寿，甚至不惜动用海军军费，并留有名言“谁让我不高兴一阵子，我就让他不高兴一辈子”。1895 年，她大兴土木，重新修建自己的陵墓，整个工程长达 13 年之久，直到她死前才完工，耗资巨大，使重修的慈禧陵成为清代最豪华独特的一座皇家陵寝，也为自己的陵寝乃至整个清东陵的被盗埋下了祸根。1898 年，她彻底扼杀了戊戌变法，囚禁光绪。因为听信庆亲王等人编造的洋人要迫其退位的谣言，将义和团引入北京，继而宣布向所有西方国家宣战，引发八国联军入侵

▼慈禧服装

▲慈禧蜡像

▲阿鲁特像

的惨祸，中国的主权地位丧失殆尽，日本俄国自此可以在中国北方地区驻军，后患无穷。她杀害支持维新变法的光绪宠妃珍妃的行为，更为世人所不齿。

西太后乱政

从中国几千年的历史来看，奴隶主和封建帝王大都荒淫纵欲，“宫廷生活”几乎就是淫乱的代名词。然而，清王朝似乎呈现了一种比较复杂的情况：一方面，这时已到了封建末世，腐朽的生产关系和生产力之间已经产生了十分尖锐的矛盾，革命浪潮在不断高涨；另一方面，清朝统治者在入主中原开始时就有少数民族近亲通婚的传统风俗。所以，自清朝入关以后，清朝统治者更不可避免地腐烂寄生下去。

作为统治机构的一个重要方面，清代后妃制度是随着其政权的发展而发展的，并且始终体现了为政治需要服务的特点，并对政治形势的变化起了重要作用，清帝的婚事往往和政治斗争结合在一起。而在清朝，后妃不能干预朝政，这是清代的祖制。但是，自从同治朝的慈安、慈禧 2 位皇太后于 1861 年 12 月 2 日“垂帘听政”以后，这一祖制就被彻底打破了。从这时起，在半个世纪左右的清代历史中，皇太后操纵了包括帝、后命运在内的一切大权，统治时间竟占清朝实际统治时间的 1/5，其使选妃立后与政治需要更紧密地结合在一起。

▲慈禧儿子载淳像

按照清初顺治、康熙两朝的先例，皇帝满 14 岁，理应亲政。同治八年时，同治帝载淳已年满14岁，可是，两宫皇太后并未“即行归政”。同治十一年时，载淳已经 17 岁，皇帝大婚之事再也不能拖延了，但在选后时，两宫皇太后却发生了一场争议。当时，慈安皇太后拟选崇绮之女阿鲁特氏，慈禧却因阿鲁特氏是咸丰皇帝遗命辅政的八大臣之一、后被赐死的郑亲王端华的外孙女，不愿让她做皇后，而拟选凤秀的女儿富蔡氏。当时，慈安对慈禧说：“凤秀的女儿太轻佻，不宜选为皇后，只能当一个贵人。”这句话刺痛了当贵人出身的慈禧，于是怀恨在心，伺机报复。后来载淳选了阿鲁特氏为后，更使慈禧恼怒，所以皇帝大婚以后，慈禧待载淳帝与皇后都很不好。同治十二年（1873），同治皇帝载淳虽然亲政，但慈禧仍抓权不放，时时干预朝政，使载淳亲政有名无实，加上他在生活上又有淫猥的陋习，第二年，载淳就得梅毒死了。

这时，又爆发了一场斗争。载淳无子，如果按照清代父子相承的祖制，应在载淳的下一辈（即“溥”字辈）中，给他过继一个儿子继承皇位，阿鲁特氏也应被尊为皇太后，如果还需要继续垂帘听政，也应由阿鲁特氏承当，而不应是慈禧的事。但是，慈禧又一次破坏祖制，不给载淳立嗣，而把自己胞妹的儿子（咸丰帝弟弟奕譞之子）、载淳四岁的堂弟载湉立为皇帝。这样，慈禧仍为皇太后，仍可垂帘听政掌权。而阿鲁特氏在载湉（光绪帝）即位后，只得了个“嘉顺皇后”的封号，成为皇帝的寡嫂，政治上无所依靠，生活上处于慈禧的淫威之下，结果在同治死后不到一百天，就猝死在储秀宫。

为政治斗争服务的婚姻仍在继续。光绪十四年慈禧为了便于监视和控制光绪，决意立其胞弟、副都统桂祥之女为皇后，即孝定景皇后。光绪帝虽不愿意，又拗不过慈禧，所以，光绪十五年正月大婚后，帝、后关系一直不好。而当时与皇后同时被选入宫的珍嫔（后封为妃）他他拉氏很受光绪帝宠爱，在政治上又同情光绪的改良主张，这就更加得罪了慈禧太后。因此，慈禧借 1900 年八国联军入京之机，派人将珍妃推到井中淹死了。光绪帝一生 38 岁，只选了一后二妃（还有一妃是珍妃之姐瑾妃），是除宣统帝外清代皇帝中后妃最少的一个。

西太后垂帘听政

发动北京政变

▲垂帘听政

1861年11月2日，慈禧在以奕䜣等为首的贵族、官僚和帝国主义的支持下发动北京政变，从载垣、端华、肃顺等8位赞襄政务王大臣手中夺取政权，以垂帘听政的名义登上了统治者的宝座。但是，巩固政权比夺取政权要困难得多。为了维持统治，她作出了一系列重大的决策。其中，最值得注意的是对政敌的处理和清理狱讼。

北京政变后，载垣、端华、肃顺被革去爵职，拿交宗人府，会同大学士、九卿、翰、詹、科、道定拟罪名，照大逆律凌迟处死。慈禧将载垣、端华2位亲王改为赐令自尽。端华之弟肃顺改为斩立决。其余5人，原拟革职，发往新疆效力赎罪。因为景寿是道光皇帝的女婿，慈禧对他的处分改为革职，仍留公爵和额驸品级，免其发遣。最后，除穆荫照原拟革职、发往军台效力赎罪外，匡源、杜翰、焦佑瀛均改为革职，免其发遣。查办载垣、端华、肃顺党羽时，仅将尚书陈孚恩、侍郎刘琨、黄宗汉、成琦、太仆寺卿德克津泰、候补京堂富绩6人革职。

革新与守旧

19世纪60—90年代，清王朝的一部分中央和地方官员主张学习西方近代的科学技术，训练新军，购买枪炮、军舰，发展中国的军事工业和民用工业，以达到富国强兵的目的。他们的代表人物有曾国藩、李鸿章、左宗棠、张之洞。尽

▼中日甲午海战图

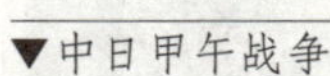
▼中日甲午战争

▲慈禧出逃时照片

▲颧骨高耸的慈禧

管他们的改革没有触及封建专制的政治制度和社会制度，但是，在顽固派看来，却是“用夷变夏”，违背了祖宗成法和圣贤古训。所以，洋务运动一开始，就遭到顽固派的坚决反对。在洋务派与顽固派的斗争中，慈禧熟悉政治手腕玩起了平衡策略，一方面，支持洋务派，另一方面，又扶植顽固派以牵制洋务派。

1866 年 12 月，有大臣奏请在同文馆内添设分馆，招收科举出身的人员学习天文、数学。大学士倭仁亲自出马，上书慈禧，坚决反对。他认为，让科举出身的人员向外国人学习天文、数学是斯文扫地。他声称，中国之大，不愁没有人才，只要多方访求，一定可以找到精通天文、数学的人，为什么一定向外国人学习呢！慈禧让他保举几名精通天文、数学的人才，并由他负责选定地方办一个天文数学馆与同文馆分馆互相砥砺。他只好承认实无可保之人。慈禧又让他到主持洋务的总理事务衙门行走。倭仁一向痛恨洋务，现在要他去办洋务，感到是对自己侮辱，再三推辞，慈禧却不肯收回成命，弄得这位顽固派的代表人物十分难堪。他到上书房给同治帝讲课，有所感触，不禁流下了眼泪。倭仁最后以养病为理

▼圆明园

由，奏请开缺。经慈禧批准，免去他的一切职务。

主战到求和

慈禧的一生，经历了从1840—1900年帝国主义侵略中国的5次战争。第一次鸦片战争，她还是一个5岁的孩子。第二次鸦片战争，她已是咸丰皇帝的懿贵妃。以后的中法战争、中日甲午战争、八国联军入侵，她则是清王朝的最高决策者，从慈禧的主战与求和可以看出慈禧与帝国主义关系的变化。

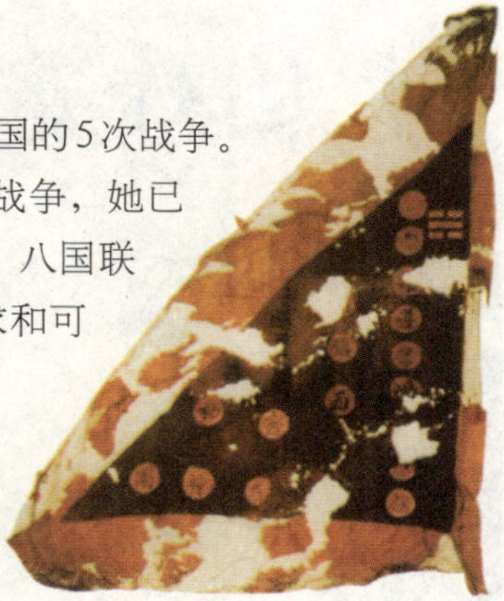

▲义和团团旗

中法战争爆发后，主战派与主和派的斗争非常激烈。慈禧将清军的接连失利归罪于奕䜣的“因循委靡”，免去他的一切职务，其他4位军机大臣也全部罢免。但是，清政府内部的和战之争并未停止。1884年8月23日，法国军舰向福建水师发动突然袭击，福建水师全军覆没。慈禧谕令对法宣战，并将继续坚持和议的张荫桓等6位总理衙门大臣革职。1885年2月，法军攻占谅山，慈禧转向主和。镇南关的失守，慈禧更丧失了对战争胜利的信心。授权中国海关驻伦敦办事处的英国人金登干到巴黎与法国外交部秘密议和。1885年4月4日，授权金登干与法国政府签订《巴黎停战协定》。6月9日，又授权李鸿章，在天津与法国驻华公使巴德诺签订《中法新约》。光绪二十年（1894）十月初十，是慈禧的60岁生日，慈禧准备在颐和园大规模地进行庆祝。除了在颐和园大兴土木之外，还在从紫禁城西华门至颐和园东宫门跸路所经分设60段景点，建造各种形式的龙棚、经坛、戏台、牌楼和亭座。此时中日战争爆发了。中外舆论认为，中国必胜。光绪主战，慈禧亦主战，“不准有示弱语”。但是，当有人提出停止颐和园工程，停办景点，移作军费的时候，慈禧却非常生气。后来，清军在朝鲜战场上接连失利，北洋水师在黄海之战中又遭受严重挫折。为了不影响自己的六旬庆典，慈禧希望外国出面干涉，尽快结束战争。她支持李鸿章避战求和的方针，以各种借口，打击以光绪为首的主战派。由于形势日益紧张，她不得不改变原来的计划，所有庆辰典礼，着仍在宫中举行，其颐和园受贺事宜，即行停办。在金州、大连相继陷落，旅顺万分危急的情况下，慈禧在紫禁城内的宁寿宫度过了她的60岁生日。

▼义和团反帝传单

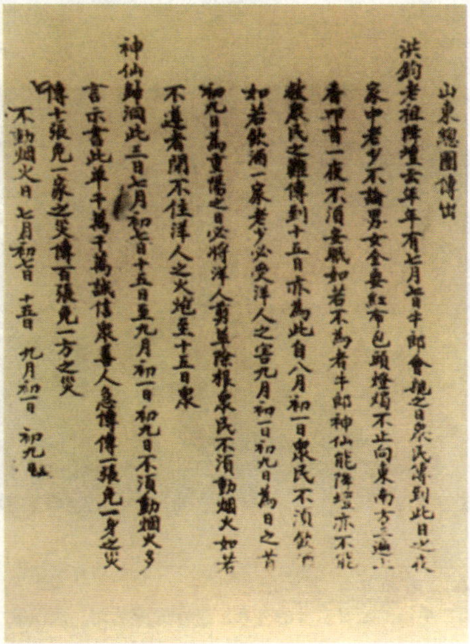

山東總團傳出
洪鈞老祖降壇云年年有七月七日牛郎會織之日眾民等到此日之夜
家中老少不論男女全要紅布包頭燈燭不止向東南方三拜
香叩首一夜不須安眠如若不為者牛郎神仙能降壇亦不能
救眾民之難傳到十五日亦為此自八月初一日眾民不須飲酒
如若飲酒一家老少必受洋人之害九月初一日初九日為日之首
初九日為重陽之日必將洋人剪草除根眾民不須動烟火如若
不遵者閑不住洋人之火炮至十五日眾
神仙歸洞此三日七月初七日十五日至九月初一日初九日不須動烟火多
言示書此單千萬千萬誠信眾善人急傳傳一張免一身之災
傳十張免一家之災傳百張免一方之災
不動烟火日 七月初七日 十五日 九月初一日 初九日

1895年2月7日，威海卫日舰及炮台夹攻刘公岛，北洋水师全军覆没。1895年4月17日，

▲慈安太后便服像

李鸿章与日本代表伊藤博文签订了丧权辱国的《马关条约》。

镇压戊戌变法

中日甲午战争失败后，帝国主义掀起了瓜分中国的热潮，民族危机空前严重。在维新派的影响下，光绪锐意变法。变法和反变法的斗争非常激烈。1898年6月11日，慈禧面告光绪："前日御史杨深秀、学士徐致靖言国是未定，良是。今宜专讲西学，明白宣示。"于是，光绪将讲求西学、变法自强作为清王朝的国策，使维新运动取得了合法地位。但是，这次变法，涉及了清王朝的政治体制，而慈禧改革底线是祖宗之法不能变。随着变法的深入，慈禧和维新派的分歧越来越大。特别是康有为建议的仿先朝开懋勤殿一事，选举英才，并邀请东西洋专门政治家共议制度，将一切应革之事全盘筹算，然后施行，更是慈禧所不能接受的。当光绪向慈禧提出这一请求的时候，从慈禧的表情，光绪感到变法已出现危机。为了使变法能进行下去，康有为、谭嗣同等密谋策划，争取正在天津小站练兵的袁世凯带所部新建陆军入京，围颐和园，逼迫慈禧退出政治舞台。由于顽固派势力强大，袁世凯又是一个投机分子，根本不可能站在维新派一边，这场自上而下的改革失败了。谭嗣同等6人被杀害，康有为、梁启超逃亡国外，一些参与或支持变法的官员，受到了降级、革职、流放的处分，一切新政全被废除。

▲八国联军军官旧照

剿除义和团

义和团运动刚刚在山东兴起，开展"灭洋仇教"的反帝斗争的时候，慈禧是主剿的。她多次谕令地方督抚"实力剿捕，毋得养痈贻患"。由于义和团的迅猛发展并进入北京，各国驻华公使在照会清政府强烈要求镇压义和团之后，不顾清政府的反对，坚持调兵进京，在使馆官员

▲李鸿章与八国联军签署《辛丑条约》

的指挥下，肆意抓捕、驱赶、枪杀甚至炮击义和团及中国居民。这时，统治集团内部，以载漪、刚毅、徐桐为代表的顽固派，主张招抚义和团，抗击列强。而王文韶、刘坤一、张之洞、袁世凯等中央和地方官员，则主张痛剿义和团，避免列强的武装侵略。因为“外国人欺我太甚”，慈禧早已耿耿于怀，对顽固派的意见非常欣赏。同时，她看到一份所谓的“洋人照会”，勒令她归政，更是让她忍无可忍，决意宣战。就在这一天，八国联军已经攻占大沽口炮台了。1900年6月21日，慈禧以光绪名义发布对各国宣战的诏书。但是，慈禧的决定，遭到了刘坤一、张之洞等地方督抚的反对。他们联名电奏清廷，力主剿团乞和，并积极活动，与列强订立条约，实行“东南互保”。慈禧的决心开始动摇。她一方面要求各省将军督抚认真布置战守事宜，并继续利用义和团围攻使馆，抗击八国联军。另一方面，她令荣禄前往使馆慰问各国使臣，并于北玉河桥树立木牌，牌上大书“钦奉懿旨，保护使馆”。又分别致国书于俄、英、日、德、美、法等国国家元首，请他们出面“排难解纷”“挽回时局”，并将两广总督李鸿章调任直隶总督兼北洋大臣，准备与列强谈判。

▼慈禧太后墓

但是，八国联军并没有停止进攻。8月14日，八国联军进入北京。次日凌晨，慈禧带着光绪，在2 000余名兵勇的护卫下仓皇出逃。慈禧令奕䜣、李鸿章为全

▲慈禧墓碑

权大臣，与列强进行谈判，并把战争的责任推到义和团身上，对义和团“痛加剿除”。经过几个月的反复交涉，除了参加侵略的俄、英、美、日、德、法、意、澳八国之外，又加上比利时、西班牙和荷兰共同拟定了议和大纲 12 条。12 月 22 日，李鸿章从美国使馆抄得一份材料，立即电告军机处，转呈慈禧。慈禧看到没有将她列为祸首，也没有要她归政光绪，如获大赦。当天就电复奕䜣、李鸿章，大纲 12 条原则上照允，并发布上谕，要“量中华之物力，结与国之欢心。”为了尽快地达成和议，全部接受列强提出的条件。1901 年 9 月 7 日，奕䜣、李鸿章代表清政府与 11 个帝国主义国家签订了空前屈辱的《辛丑条约》。慈禧完全屈服了，清政府成了洋人的朝廷。

▼紫禁城展示缩略图

西太后的民间传说

有民间传说慈禧不是满洲人，生父也不是惠征。今山西长治当地传说，慈禧原是山西省潞安府（今长治市）长治县西坡村王增昌的女儿，名叫王小慊，4岁时因家道贫寒，被卖给上秦村宋四元家，改姓宋，名龄娥。到了11岁，宋家遭到不幸，她又被转卖给潞安府（今长治市）知府惠征做丫头。一次，惠征夫人富察氏发现龄娥两脚各长一个瘊子，认为她有福相，就收她做干女儿，改姓叶赫那拉氏，取名玉兰。后来玉兰被选入宫，成了兰贵妃。

▲叶赫那拉·杏贞像

说慈禧是王家的女儿，当地提出的根据是：

(1) 王姓家谱从乾隆五十九年(1794)，一直续谱到现代。王氏家谱上更写着：“王小慊后来成为慈禧太后。”

(2) 当地还传说：在西坡村外边的山脚下，还有据说是慈禧生母的坟。坟前有碑，原来是木牌，后来竖立石碑。

说慈禧是宋家的女儿，当地提出的根据是：

(1) 在上秦村里至今保存着一处娘娘院，是慈禧入宫前住过的院落。

(2) 在宋家的炕上曾刨出了当年慈禧给宋家写的家信等，她娘家6代侄孙还保存着这封信。

(3) 在上秦村居住的宋家老人说：“慈禧太后是咱家的。”为此，宋家曾联名写信，要求政府调查澄清这件事。上面的传说，有文有物，具体生动。长治地方众口一词，画押证明，说慈禧是长治人。长治市还为此专门成立“慈禧童年研究会”。

但其实这些都缺乏证据，那封信后也经过鉴定，非慈禧的笔迹，而且不是原件，信件本身破烂不堪，大打史实折扣。传说只是传说而已，慈禧确实为满洲镶蓝旗人。

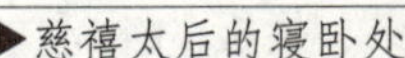

▶慈禧太后的寝卧处

珍妃堕井溺死之谜

▲珍妃与光绪

1900年八国联军进攻北京，慈禧携光绪帝出逃，行前，令太监崔玉贵将珍妃推入乐寿堂后井中溺死。1901年，珍妃被追封为恪顺皇贵妃，后移葬河北易县崇陵妃园寝。

珍妃入宫

珍妃（1876—1900），中国清代光绪帝妃，满洲镶红旗人，他他拉氏，礼部侍郎长叙之女，深得光绪帝宠爱。1888年，光绪18岁。13岁的她和长她2岁的姐姐，双双选中入宫，分别赐封珍嫔和瑾嫔。与此同时，选定慈禧胞弟桂祥21岁的女儿叶赫那拉氏为皇后。次年正月，光绪举行大婚典礼，奉迎叶赫那拉氏皇后入宫（隆裕皇后）。珍、瑾二嫔先期入宫，珍嫔居东六宫的景仁宫，瑾嫔居东六宫的永和宫。

1894年春因慈禧六旬庆典，晋封珍妃。其兄礼部侍郎志锐在甲午中日战争中主战，旋因慈禧打击主战的帝党，将珍妃和她的姐姐瑾妃均降为贵人，次年恢复2人的位号。1898年变法维新期间，其弟工部笔帖式志锜同维新派关系密切，“尝侦宫中密事，输告新党”。珍妃自己也支持光绪帝变法，引起慈禧的忌恨。政变发生后，珍妃被囚禁于紫禁城东北部的北三所。

珍妃与光绪

珍妃皮肤白皙无瑕，生性乖巧，善解人意，工翰墨，还会下棋。“妾身何必恨长门，千古帝王子虚人，或得痴情天子青，两割相思入泪混。狼烟败兵退午门，残母金井销玉魂，可叹翠枝年复年，不见当初笑红尘。”光绪与珍妃之间真挚凄婉的爱情感动世人，被逼含冤而死时，她说的最后一句话是对光绪说的“来世再报恩了”。今生不能相伴而终，但愿来世再续前缘。她对光绪，光绪对她，皆是真情。但奇怪的是现在除了戏曲之外都没有相关的影视作品出现，不能不说是一大遗憾。

▼珍妃照片

珍妃敢与慈禧叫板

珍妃生长在广州，幼年时便接受了南国文化和西方文明的熏陶，思想比较开放，猎奇心极强。她13岁入宫，入宫后，珍妃对皇宫中的繁文缛节、呆板的生活方式十分厌恶，尤其对宫中的尔虞我诈、勾心斗角极为反感。她喜欢新生事物，喜欢过无拘无束的潇洒生活。这种性格，在规矩多多、礼法森严的皇宫大内里，显得非常突出和另类。珍妃的许多行为与宫廷礼法对后妃的要求显得格格不入。

▲珍妃井景点

由于珍妃聪明美丽，多才多艺，开朗活泼，深为光绪皇帝所宠爱，皇后被光绪帝冷落，而这位皇后是慈禧的侄女，慈禧自然也就很不喜欢珍妃了。由于珍妃的叛逆和另类，让慈禧太后和皇后切齿痛恨，她们处处难为珍妃。

由于珍妃对列强的入侵主张抵抗，对光绪的变法，她热情支持，这便触怒了以慈禧为首的保守势力。戊戌变法失败后，光绪皇帝被囚禁于中南海的瀛台，珍妃在遭受了廷杖之后，也被打入了冷宫，失去了行动的自由。慈禧派去的太监还对她百般虐待，她过着一种非人的生活。

珍妃之死

1900 年（光绪二十六年），八国联军大举侵略中国。就在侵略军进入北京的当天，畏洋人如虎的慈禧狼狈出逃，并带了光绪皇帝和宫中嫔妃共行，珍妃也被从冷宫中召了出来。她披头散发，一身囚衣，慈禧命令她赶快换了衣服，随她出发，没想到珍妃却冷静地说：“国难当头，我不走，皇上也不应该离开京师！”

慈禧大为震怒，她没料到这个女子居然敢于违抗自己的旨意，要是在平时，少不了又是一顿廷杖，但现在大难临头，她顾不上了，只是以一种断然的口吻命令珍妃按她的旨意行事。

倔强的珍妃依然拒绝，既然不能将皇帝留下，她便以身染重病为由，请求回娘家避难。慈禧的一生从来都是说一不二的，她怎么能容忍珍妃一再抗拒她的旨意，别看她此时惶惶如丧家之犬，在她的臣民面前，她还是可以大施淫威的。她当即命令总管太监李莲英将珍妃处死，李莲英就让二总管崔玉贵和太监王某，将珍妃连扶带提，拖到了贞顺门内的水井旁，将珍妃推了下去。崔玉贵还落井下石，又搬起一块石头砸了下去。可怜一缕芳魂就这样杳杳逝去，珍妃死时年仅 25 岁。

▼珍妃墓

珍妃死后，尸体在井里泡了 1 年多，直到第二年，瑾妃到处求情，才打捞上来，宫女们见了无不伤心。瑾妃在井北的小屋里立了牌位，并命名那间小屋为“怀远堂”来悼念珍妃。后来，人们为了纪念珍妃，就把这口井叫做珍妃井。据说，从此以后每到夜里，趴在井边，还能听见里边的哭声。

探寻权妃死因之谜

权妃，朝鲜人，父亲权永钧，朝鲜国工曹典书。从元朝开始朝鲜被迫向中国进献美女，明初仍是如此。洪武时，明太祖的后宫中就有不少朝鲜妃嫔，明成祖便是朝鲜人硕妃所生。也许是有一半朝鲜血统的缘故，也许是希望从朝鲜美女的身上找到自己年幼时死去的母亲的影子，总之，明成祖在统治期间，不断下诏并派人到朝鲜选秀女入宫。权妃便是在这背景下来到中国。

权妃简介

永乐六年(1408),明成祖派内使黄俨等人到朝鲜去,赏赐朝鲜国王花银100两、丝50匹、素线罗50匹、熟绢100匹,作为对朝鲜国王向朝廷献马的回赐。临行前,明成祖对黄俨说:“你去和朝鲜国王说，有生得好的女子，挑选几名献来。”于是朝鲜国王下令禁止婚姻嫁娶，广采童女，以备进献。当时，朝鲜国上至大臣、下至百姓没有人愿意把自己的女儿送到离家万里的外国去度过一生,因此选上来的都是些不漂亮的,黄俨看了很不满意,对当事者大肆侮辱，并责令朝鲜王廷重新挑选。

▲朱元璋画像 ▼明成祖朱棣画像

朝鲜王廷只得分遣各道巡察司再选，同时通告各地说：上一次，因为不用心筛选，有很多女子漏报了。这次，凡大小守令、品官、乡吏、日守两班、乡校、生徒、百姓各户之女，如有姿色，一律选送上来。倘或躲藏或用针灸、断发、贴药等方法逃避挑选的，一律国法处置。通过这一强制手段，总算选出了一批秀女，黄俨等人亲自过目后，选中5名，第一个便是权妃，当时18岁。其他是：仁宇府左司尹任添年之女任氏，17岁；恭安府判官李文命之女李氏，17岁；护军吕贵真之女吕氏，16岁；中军副司正崔得霏之女崔氏，14岁。她们连同侍女12名，厨师12名，一起被送往南京。离开家乡时，被选秀女的父母、亲戚哭声载道。

5位秀女频频回首，珠泪滚滚，从此家乡在梦中，万里一别永分离矣。

这5位秀女入宫后，权妃被册立为贤妃、任氏为顺妃、李氏为昭仪、吕氏为婕妤、崔氏为美人。他们的父兄也都被授予了官职，如权妃的父亲就被授予光禄寺卿，但俸禄由朝鲜王廷拨给。

▲明代长城

在这5位朝鲜妃嫔中，权妃最为明成祖宠爱。明成祖第一次见到她，便被她出奇的清丽所吸引。明成祖问她有何特长，权妃拿出随身携带的玉箫吹奏起来，箫声悠扬窈渺，听得明成祖如痴如醉。于是把权妃选拔在众妃之上，并让她接管后宫之事。

权妃聪慧美丽、优雅迷人。每当明成祖忙完朝政，拖着疲倦的身子，走进权妃宫中，权妃美妙的箫声宛如一缕和煦的春风将明成祖的疲劳吹得无影无踪。果敢、刚毅、男子气十足的明成祖爱极了这位柔顺、温婉、妙不可言的尤物。

权妃的箫声也给其他人留下了深刻的印象。

权妃之死

永乐八年(1410)十月，权妃随侍明成祖北征蒙古（今蒙古国）。自明朝建立以来，北方边境一直遭受元朝残余势力的骚扰，边患严重。洪武后期以来，蒙古（今蒙古国）部落相互混战，分裂为瓦剌、鞑靼和兀良哈三大部。明成祖即位后，继续实行分化打击和封贡互市相兼的策略，边患一度缓解。永乐五年(1407)，元裔本雅失里势力崛起，与鞑靼太师阿鲁台一起图谋统一蒙古（今蒙古国）各部。永乐七年(1409)二月，明成祖派使臣赴鞑靼，要求与之修好，使臣竟遭杀害，明成祖大怒，于当年七月派淇国公丘福率10万大军征讨鞑靼。由于对鞑靼力量估计不足，加之指挥失当，10万人马在胪朐河(即克鲁伦河)全军覆没。明成祖为保住大明皇帝的尊严，只好亲率50万大军深入漠北，在斡难河(即鄂嫩河)畔大破本雅失里军，本雅失里仅以7骑西逃，接着又击破阿鲁台军于兴安岭，阿鲁台带着家人远遁，这次北征大获全胜。回军后，权妃又随明成祖返京师，至山东临城不幸病死，年仅22岁。明成祖顿失爱妃，一时不免伤痛，将她葬在峄县，命令当地百姓出役看守坟茔。权妃死后，明成祖对她的家人非常厚待，在给她哥哥授予诰命时，竟悲痛得说不出话来。

权妃猝死，死因可疑，宫中谣传权妃是被毒死的，因此竟酿成后宫一起大冤案，被无辜杀害的妃嫔、宫女无数。明成祖处理这一案件时，手段残忍，令人发指，但也可以看出明成祖对权妃的思念之情。

▶权妃墓

乱世佳人陈圆圆

陈圆圆(1623—1695)，原姓邢，名沅，字畹芬，明末清初江苏武进(今常州)人。家境贫寒，流落苏州为妓，后被明将吴三桂收为妾。李自成军攻克北京，曾被俘。吴三桂引清兵入关，又归三桂，随至云南。“三藩”乱平，自缢死。一说曾出家为尼，名寂静，字玉庵，死在云南。

陈圆圆的生活经历

陈圆圆母亲早亡，从养母陈氏姓。陈圆圆能歌善舞，色艺冠时，为“江南八艳”之一。崇祯时外戚周奎欲给皇帝寻求美女，以解上忧，遂派遣田妃的哥哥田畹下江南选美。后来田畹将名妓陈圆圆、杨宛和顾秦等献给崇祯皇帝。

不久李自成的队伍逼近京师，崇祯帝急召吴三桂镇山海关。田畹对农民起义军整日忧心惶惶，便设盛筵为吴三桂饯行，陈圆圆率歌队进厅堂表演。吴三桂见陈圆圆后，神驰心荡，高兴地搂着陈圆圆，让她陪酒。酒过三巡警报突起，田畹恐慌地上前对吴曰：“寇至，将若何？”吴三桂说：“能以圆圆见赠，吾首先保护君家无恙。”未等田畹回答，吴三桂即带陈圆圆拜辞。

▼陈圆圆画像

吴三桂在其督理御营的父亲劝说下，将陈圆圆留在京城府中，以防同行招惹是非让皇帝知道。

李自成打进北京后，吴三桂的父亲投降了起义军，陈圆圆被李之部下所掠。当吴三桂答应投降李自成时，闻陈圆圆已被李之部将所占，冲冠大怒，高叫“大丈夫不能自保其室何生为？”遂投降了清军与农民军开战。

李自成战败后，将吴三桂之父及家中38口全部杀死，然后弃京出走。吴三桂抱着杀父夺妻之仇，昼夜追杀农民军到山西。此时吴的部将在京城搜寻到陈圆圆，飞骑传送，自引吴三桂带着陈圆圆由秦入蜀，然后独占云南。

顺治中，吴氏进爵云南王，欲将陈圆圆立为正妃，陈圆圆托故辞退，吴三桂别娶。不想所娶正妃悍妒，对吴的爱姬多加陷害冤杀，陈圆圆遂独居别院。陈圆圆失宠后对吴渐渐离心，吴曾阴谋杀她，陈圆圆得悉后，遂乞削发为尼，从此在五华山华国寺长斋绣佛。

后来吴三桂在云南宣布独立，康熙帝出兵云南，1681 年冬昆明城破，吴三桂死后，陈圆圆亦自沉于寺外莲花池，死后葬于池侧。直至清末，寺中还藏有陈圆圆小影二帧，池畔留有石刻诗。

▲传说中陈圆圆所投的水池

史料记载，当年闯王李自成率兵攻陷北京后，迅即派手下干将刘宗敏在京城四处开展追赃活动，重点追讨明朝宫廷及各级官府的库银和明朝遗臣们手中的金银财宝。为了使追赃活动取得实效，刘宗敏采取了四处抓捕、严刑拷打等一系列最严厉的手段，于是整苦了那些没有跑掉的明朝遗臣们，北京城也随之陷入白色恐怖之中。

对于市民百姓来说，也并没有什么好日子过。在金钱与残虐中寻求最大快感的“大顺军”，发展到后来似乎是已经完全失控了的疯狂军队。他们在追讨榨完了明朝遗臣权贵的钱财之后，开始任意捕捉富户、商家和平民百姓，许多店铺和居民户经常在光天化日之下遭受“大顺军”登门抢劫，那情景简直跟北京城遭遇了大股土匪下山抢劫一样。

据记载，闯王李自成在这方面也确实起到了一定的带头作用，他一进入北京，就迅速住进了皇宫，并下令将宫女们集中起来，自己先把貌美色佳的留下来，然后将那些剩下的分别赏给他手下诸将和群臣。

在闯王李自成的影响带动下，“大顺军”众多将领也开始了大规模淫掠民女之类的恶行。在这方面，最厉害的就是刘宗敏，他抢先占据了皇亲田弘遇的豪华府第，并将府第中几十名美貌女子尽数掠去，整天沉醉在花天酒地之中。

▼陈圆圆与吴三桂旧居

当刘宗敏得知吴三桂的爱妾陈圆圆还在京城时，根本不顾闯王李自成劝降吴三桂的旨意，居然做了一件色胆包天的事：他到吴襄府把吴三桂宠妾陈圆圆掠来，急欲强占之。而又有一种说法竟是，李自成因贪图陈圆圆的美色，亲自下令刘宗敏带人去掠抢的，竟想纳陈圆圆为自己的嫔妃。

不论是刘宗敏还是李自成，他们确实都不该做掠抢陈圆圆这样的事情。然而，历史却是无情的，他们确确实实地做了掠抢陈圆圆这件事，由此使明末清初那段短暂的历史被无情地改写了。

“冲冠一怒为红颜”的吴三桂，也许仅仅为了保护自己的爱妾，便毅然决然地引领清兵火速进入北京，不仅加速了明王朝的灭亡，也攻破了李自成的“大顺”政权，使闯王李自成的命运发生了不可挽回的逆转，而且随着清兵快速入关，还大大推进了清朝定都北京的进程和大清王朝的建立与崛起。

陈圆圆的爱情经历

明朝“复社四公子”之一的冒辟疆风流潇洒，饱读诗书，而且难能可贵的是他刚直不阿，敢于向阉党叫板。那个时代的江南名妓节气颇高，仿佛达成一种共识，都喜欢有才学、有胆识、有正义感的文人。冒辟疆正是这样一个人，据说当时无数女子宁愿给冒辟疆当小老婆，也不愿做贵人的正妻。

在爱上冒辟疆的女人中，就有让吴三桂“冲冠一怒为红颜”的明末第一美女、“乱世佳人”陈圆圆。陈圆圆曾对他一见倾心，冒辟疆在怀念董小宛的文章里记述过这段擦肩而过的缘分。

他在文中并未直接道出陈圆圆的姓名，称她为“陈姬”。说他初见陈圆圆时，她穿着一套浅黄色的裙子，如暮霭中孤单的黄莺，惹人怜爱，而她咿咿呀呀的唱腔，如珠玉在盘。才子动心，佳人含情，两人情投意合，谈话一直到四更时分，忽然风雨骤起，陈圆圆急着要回家，冒辟疆拉着她的衣角相约佳期。陈圆圆说：“过半个月后，一起到光福看那‘冷云万顷’的梅花吧！”冒辟疆说半个月后要去接母亲，于是再次约定，索性等到八月，两人一起到虎丘赏桂。

▼传说中陈圆圆做了尼姑

等到冒辟疆接母亲回来，路过苏州，却听说陈圆圆被豪强抢走了。他跟朋友谈起陈圆圆，惋惜自己没艳福，一再叹息“佳人难再得”，朋友则告诉他一个惊喜：被抢走的是假陈圆圆，真陈圆圆现在所藏的地方离这里很近，他可以带路，陪冒辟疆去看她。

于是冒辟疆与陈圆圆再次相逢，按照冒辟疆的叙述，陈圆圆见到故人后，十分惊喜，由于她刚刚逃脱虎口，惊魂未定，寂寞凄凉，很想与他作一番彻夜长谈，说有事相商。

冒辟疆当然知道陈圆圆要商量的是

▲李自成雕塑

何事，陈圆圆虽艳丽无双，是猎艳的最佳对象，然而要谈婚论嫁，他可没有思想准备，于是找借口说放心不下母亲在船上的安全，连夜回去了。

陈圆圆硬是十分看好冒辟疆，第二天早上化了淡妆去拜访冒辟疆的母亲，准备搞曲线爱情攻关，并且执意邀他再去她家。月光如水的夜晚，陈圆圆再次向他表白托付终身的愿望。他则很煞风景地委婉回绝了，理由是他父亲正陷于起义军包围，他没心思考虑这事。并且说，他两次找她，只是无聊消遣罢了，她的要求过于唐突，令他惊讶，必须赶快打消念头，以免耽误了她的终身大事。

话说到这个份上，已经是相当不客气了，搁平常的女子身上，立马掉头就走。然而陈圆圆的脸皮厚得可以，说对方如果没有完全关死那道门的话，自己可以等。美人无怨无悔的痴情让冒辟疆再也无法拒绝，只是有些敷衍地顺口答应，陈圆圆就“惊喜申嘱，语絮絮不悉记”，冒才子诗兴大发，还写了绝句赠给她。

到了第二年的二月，冒辟疆的父亲没有危险了，他才有心情再去找陈圆圆，没想到陈圆圆这次是真被人抢走了。

冒辟疆怅然若失，郁闷无比。他就是在这种情况下，遇上红颜知己董小宛的，算是“失之东隅，收之桑榆”吧。

冒辟疆自述的这段艳遇显得颇为自恋。表面上看，陈圆圆对冒辟疆钟情得很，其实这里面真有爱情可言吗？陈圆圆只是想以最快的速度，找一根值得托付的救命稻草而已，这不过是弱女子的生存法则罢了。

冒辟疆即使后来娶了董小宛，还对陈圆圆念念不忘，有惆怅也有炫耀。

陈圆圆的墓碑

一代佳人陈圆圆死后，世传云南、上海、苏州都有其墓冢，但除云南昆明找到其衣冠冢外，其余均缺乏真凭实据。而今，位于贵州省岑巩县水尾镇马家寨，曾经隐藏了300余年的明末名姬陈圆圆的墓葬，经过近些年大量调查，专家学者首次对外披露了发现一代佳人墓地的历史真相。担心株连九族，吴三桂后人隐居贵州数百年，至今仍然讳谈陈圆圆。

▼陈圆圆雕像

有书记载，明末清初名妓陈圆圆葬于思州城东北38千米，今水尾镇马家寨狮子山上，鳌山寺南端。陈圆圆墓碑上没有直书其名，系对外保密而隐讳，马家寨名为马家，实际居住者全部姓吴，历来自称吴三桂后代，如今吴氏已有后裔1 000多口。为保护陈圆圆墓，雍正年间立碑之后未进行重修。据吴氏相传，陈圆圆晚年住天安寺（又名平西庵），留有皇伞、御字簿、大刀、金银等物。同时，马家寨还有许多传说故事。

▲吴三桂画像

既然墓碑上没有“直书其名，系对外保密而隐讳”。那么，陈圆圆的墓地当初是怎么被发现的呢？又怎么论证出来的呢？在贵州省岑巩县马家寨，有一个地方叫襄子家屋场。历史资料记载，该地名的来历是以吴三桂父亲吴襄的名字取得。除此之外，外人并不知道陈圆圆的墓地也隐藏在当地。

曾有记者采访了发现陈圆圆墓的当地古文献学专家。他介绍，1983年，贵州省文化局转发国家文物局关于编写中国历代名人名胜录的通知，要求搜集名人轶闻逸事，文件中点到与思州有牵连的吴三桂、张三丰、田佑恭和李白等人。当时任宣传部副部长的黄透松第一次正式去马家寨调查，希望找到传说中陈圆圆的墓地。

遗憾的是，当地众多的吴三桂后人一致反对公开这段历史，几经周折，也不愿意透露他们称之为“陈老太婆”的陈圆圆埋葬在哪里。其后人的理由是：老祖宗吴三桂兵败后，想留下吴家之根。后世子孙为免遭诛灭九族，逃难隐藏，才世代隐居此处。族人不愿“出卖祖宗”。

调查者在寻访的过程中，在马家寨一名吴三桂后人的一处墓碑上，无意中发现了一副奇怪的对联：“阸姓于斯上承一代统绪，藏身在此下衍百年箕裘”，其中“阸”字不知到底是“阮”还是“院”字，怎么读都不通，不知道隐含着什么意思。也许是调查者等人的诚恳打动了吴家后人，经过反复做工作，吴三桂的一个直系后人吴永松老人才解除了思想顾虑，告诉他们：“阸”字是“隐”字的简化，是吴家文人自己造的，字典上没这个字。表示后世隐藏此处。终于，在打消了顾虑的吴家后人帮助下，调查者得以在寨右边的山凸上找到了根本不起眼的“陈老太婆”陈圆圆的坟墓。

▼原吴三桂与陈圆圆行宫壁画

陈圆圆墓碑的研究

陈圆圆墓是清雍正六年（1728）立的一块很不显眼的小小石碑，碑脚已被泥土掩埋，上面有一块没有山字形的碑帽，左边有一块石夹柱，右边的那块石柱已经不知去向，只好用石头垒砌撑起。碑上阴镂“故先妣吴门聂氏之墓位席。孝男：吴启华。媳：涂氏。孝孙男：仕龙、仕杰。杨氏。曾孙：大经、大纯。皇清雍正六年岁次戊申仲冬月吉日立。”整块碑文都是繁体字，只有一个简化的“聂”字。

吴永松老人解释：“故先妣”没用“清”字，表明她是明末的一位王妃。“妣”代表女性。“吴门”二字暗指老太婆是苏州人，苏州古称吴门，对外也可解释为吴家。“聂”用的是雍正年间还没有的简化字，是吴家为隐蔽造的。陈圆圆本姓邢，后跟养母姓陈。邢有右耳，陈有左耳，“双耳”代表邢和陈，一字双意。“双”字的繁体上边两个“佳”字，佳佳为好，花好月圆，暗喻“圆圆”。“位席”显示她地位的崇高，以女性而位居宗祠。十一个字连起来正好就是“明苏州氏陈圆圆王妃之墓”。

为纪念护送陈圆圆的大将马宝，将居住地取名马家寨。虽然陈圆圆墓葬众说纷纭，但专家经过研考坚持觉得马家寨之说充分。因为吴氏担心诛灭九族，至今未能留有文物，这是可以理解的。

专家的解释是：第一，吴氏秘传对雍正六年石碑文的解释有一定的道理。第二，马家寨后裔现已有 1 000 多人口，在新中国成立前吴氏就已在社会上讲明自己是吴三桂的后代。而在新中国成立前，社会上乃至民国时期的教科书都讲吴三桂是卖国贼。处于受人鄙视的社会压力下，有人竟敢公开说是吴三桂的子孙，必然是出于一种亲情；如果不是吴三桂的子孙，又何必去背黑锅？第三，据长房十一世秘传人讲，陈圆圆和吴启华是吴三桂的爱将马宝秘密从衡阳保卫护送，沿沅水、龙鳌河而到达达木洞（马家寨背后山中、鳌山寺山麓）隐居一段时间，以鳌山寺为基地，康熙二十四年才搬到马家寨一带芦苇地。为感谢和纪念马宝大恩大德才取名马家寨，让子孙后代永不忘记。其实全寨姓吴，没有一个姓马。马宝墓的对联“重垒土茔人祖即己祖，复修石台若翁如吾翁”便说明了问题。第四，吴氏秘传有“皇伞”，交给吴家世代保管，后因家贫拿来当被子盖而毁，见者不少。又有金杯银筷被吴家拿到野牛山亲朋家收藏，被偷卖而失。还有 2 把大刀，1 把 96 千克，1 把 80 千克，刀把有绣球，1958 年当废铁卖了，知道此事的人也不少。而且马家寨吴氏男人个子高大，同吴三桂身体魁梧类似。有人说是基因所致。

▼陈圆圆墓

杏花村的未解之谜

杏花村，以汾酒闻名天下。早在 1 500 多年前的南北朝时代，这里的杏花村就以酿酒和酒文化闻名。盛唐时，这里以“杏花村里酒如泉”“处处街头揭翠帘”成为酒文化的古都。历史上，中国著名文人、学者都赋诗赞誉。李自成进北京路经杏花村，停留三日，留下“尽善尽美”的题匾，杏花村曾一度更名为“尽善村”。

杏花村的起源

1922 年，有位作家在汾阳杏花村采风时，就已收集到当地百姓的口述史：“在唐朝的时候，杏花村这个地方万树杏花，叫杏花坞。”他认为唐宋时期山西杏花村名已约定俗成，而且杏花村之所以“万树杏花”体现的是实用价值而不是观赏价值，与汾酒工艺有关。古汾酒工艺需要杏仁，因而杏花村地区广栽杏树。

有书中指出，竹叶青酒在唐代已有，唐末宋初发展为羊羔酒。北宋史料则记载为汾州杏仁露。

史料记载竹叶青和羊羔酒的配方，多次提到杏仁在酿酒中的作用，“杏仁曲，每面一百斤使杏仁十二两，去皮尖，汤浸于砂盆内，研烂如乳醋相似。用冷熟水二斗四升浸杏仁为汁，分作五处拌面”。说明唐代酿酒很重视杏仁，书中特别提到南方用瓷盆，北方用砂盆，那么杏仁曲主要指北方了。在明代高廉的酿酒著作中就进一步明确：汾州羊

▼灿烂的杏花

羔酒的配方，“曲十四两，杏仁一斤”。这就意味着唐末宋初，汾州生产的几种著名药酒汾清酒、羊羔酒和杏仁露，离不开杏仁。酒坊附近自然会广栽杏树，所以人们将酒坊村渐渐呼为杏花村。杏花村一词在唐末宋初成为酒村的代名词可能就源于此。笔者认为北齐时汾州生产的名酒汾清可能是一种保健酒，所以“帝日饮二杯”，这种保健酒在唐末宋初演变为羊羔酒、杏仁露，所以中国最早的杏花村在汾州是有道理的。唐并汾故道汾州郭栅镇北三里外就是汾州杏花坞酒坊，由于杏花村酒坊地势较高，过往客商一眼尽望杏林匝匝，自然要一饮为快。唐末诗人中有 4 位诗人用到了杏花村一词，这几位诗人都与山西有关，有 2 位就是地地道道汾阳人，虽然有学者提出杏花村在唐末宋初逐渐演变为一种诗酒意向，但是“杏花村”一词的酒文化意向当源于此。从诗歌的年代来看，唐诗中的“杏花村”则是这种意向的滥觞。

▲杏花村酒成为当代品牌

到了元代，政府便将羊羔酒作为中国特产出口英、法等国，并在出口酒瓶上贴上杏花村商标，商标上尚有一副题联：“金蹬马踏芳草地；玉楼人醉杏花天。”这是中国酒第一次贴标出口，也印证了元代杏花村名的存在。

杏花村的地名之谜

“清明时节雨纷纷，路上行人欲断魂。借问酒家何处有？牧童遥指杏花村。”

这首诗是晚唐诗人杜牧所作，是一首情景交融，意境优美，千百年来传诵不衰的诗。每当杏花初绽或盛开的时节，文人墨客总会不由想起这千古名句。然而正是这千古名句，引起了数百年来的一场公案——诗中的杏花村究竟在何处？诗以景名，景以诗传，按理说应该考察一下当年的杏花村到底在哪里。谁知一经考察，才知号称与杜牧诗中有联系

◀诗人杜牧

▲杏花村古井

的杏花村，全国各地共有20多个！比较集中的说法有以下几个：

（1）在山西省汾阳市。市区北15千米处有一个杏花村，村里有一口古井，俗称神井，据碑文记载，井水“味如醴，甘馨清冽”。相传自南北朝以来汾阳便以产美酒著名，所产汾酒素有“甘泉佳酿”的美誉。在众多的杏花村里，唯此处有这样远近皆知的名酒。历代文人墨客的题诗碑刻甚多，而杜牧的这首诗，赫然列于碑群之首。

然而仔细考证之后，却无法断定诗中所写的杏花村在山西汾阳，因为杜牧写这首诗的时候正是他落魄江南之际，已是他的晚期，而此期间他并未到过汾阳。杜牧20余岁时曾到过汾阳，那时他壮志凌云，诗情豪迈，似不会写下如此凄苦悲哀的诗句来。再者，汾阳的清明时节从不落雨，有时候还要下雪，诗人笔下的清明时节的那幅江南雨景，似乎与汾阳的清明不相干。

（2）在安徽贵池县（现改为池州市），县城西南也有个杏花村，此处过去也有酒肆，也产名酒。杜牧于会昌四年（844）九月由黄州刺史迁池州刺史，会昌六年九月再迁睦州刺史，在贵池待了整两年。杜牧在贵池为官时，爱喝酒，也爱郊游，现在贵池古井犹存，当时以井水酿酒，名为“杏花大曲”，香醇可口。

可是仍有疑问。有人推断杜牧作诗的时间，如果是在赴贵池的路上，即会昌四年九月，而这时离清明节尚远。如果是在贵池做官时所作，即已到了第二年的清明，在这里为官半年有余，而又嗜酒如命的杜牧，想来不会还不知道产好酒的杏花村，况且，既是为官，吃酒等些许小事自有当差的服侍，恐怕不会亲自去讨买的。如此看来，杏花村似也不在贵池。

▼杏花村得名于美丽的杏花

（3）在江苏丰县城东南 15 千米处。持此说者根据诗意认为此诗应为对途中周围情况不了解时所写，于是查阅杜牧年谱，了解到杜牧一生中自外郡迁官赴京共 4 次，其中有 3 次都经过丰县：大和九年由扬州节度掌书记迁监察御史，大中二年八月，由睦州刺史迁司勋员外郎，大中五年秋由湖州刺史迁考功郎中，皆取道运河，经扬州、宋州（河南商丘）、汴州（河南开封）入京。大中二年杜牧曾作宋州宁陵县（今山东省 - 德州市陵城区）记。丰县杏花村就在运河至宋州道上。远古时，丰县曾属宋，并且丰县是刘邦的故乡，杜牧经此作诗与情理甚合。然而遗憾的是，如今丰县城东南 7.5 千米一带并无杏花村，只有一个张杏行政村，虽说此村家家门前院里尚植杏树三五株，但该村向来不产酒。

近年来，江苏宜兴也冒出一个杏花村。当地的人们讲杜牧 47 岁罢官后住到湖州，50 岁时死于湖州，晚年落魄，常到邻县宜兴游览解闷，住在宜兴十里碑，并造水榭，人称“牧之水榭”。杜牧在此写下不少诗，后人游时也留下许多墨迹。距“牧之水榭”1.5 千米远的地方有一个杏里村，过去四周都是杏花树，唐代这里的酿酒是很有名的。由此，有人认为这就是杜牧笔下的杏花村。但这种说法的论据似乎也不充足。

据说全国现有 20 多个杏花村，杜牧所说的“杏花村”究竟是哪一个杏花村？多年来争论的文章实在太多了，纵观各文之说，主要表现为两种观点：一为山西汾阳杏花村说，理由是该村酿酒始于北魏，已有 1 500 多年历史，汾酒又为中华名酒；一位安徽贵池杏花村说，理由是那里也酿酒，而且杜牧曾在池州任过官。

杏花村的历史

山西汾阳杏花村汾酒始于南北朝时期，已有 1 500 多年历史。

杏花村汾酒是中国古老的传统名酒之一。它精湛的酿造技艺开创了中国名酒之先河；它以色、香、味“三绝”著称，誉满天下。杏花村汾酒之所以能饮誉天下，经久不衰，主要原因有二：一是原料好；二是工艺好。汾酒是以当地优质高粱为原料，采取传统独特工艺制成，高粱经过润蒸处理后，熟而不黏无生心；汾酒用曲讲究，由大麦和豌豆制成。曲的名称有：清茬曲、晾红心、大红心、金红一条线、金黄一条线、二道巴、单双耳、烧心曲，这些曲发酵周期较长。“水是酒的血”，酿造汾酒用水是天然井水，人称“神井”，其水质优良、甘甜透明。用此水酿出的酒，酒色清亮，芳香扑鼻，醇厚甘冽。汾酒经过科学配制、分别贮存、精心勾兑而成，具有酒液晶亮、清香幽雅、醋净柔和、回甜爽口、饮后余香的特色。

▼杏花村

探寻人间胜地桃花源

桃花源位于湖南省常德市境内，南倚巍巍武陵，北临滔滔沅水，史称“黔川咽喉，云贵门户”，要居衡山、君山、岳麓山、张家界、猛洞河诸风景名胜中枢，特殊的地理位置使桃花源得以吞洞庭湖色，纳湘西灵秀，沐五溪奇照，揽武陵风光。集山川胜状和诗情画意于一体，熔寓言典故与乡风民俗于一炉。

桃花源简介

桃花源这个名胜古迹，神州大地家喻户晓，东晋大诗人陶渊明在诗中描绘的“世外桃源”，人尽皆知，久负盛名的桃花源究竟在何处？权威工具书在有关“桃源山”条目的解释中明确指出，桃源山“在湖南省桃源县西南，下有桃源洞，又名秦人洞、白马洞，是东晋陶渊明所记桃花源的遗址”。

▲▼桃花源景区牌坊

桃花源系湖南省重点文物保护单位，省十大风景名胜区之一，国家森林公园，国家AAAA级风景名胜区。占地面积157.55平方千米。

其中“世外桃源”主题景区15.8平方千米，“武陵渔川”沅水风光带水域44.85平方千米，外围保护区96.9平方千米，主体景区包括桃花山、桃源山、秦人村、桃仙岭。风景资源16类，其中山峦、岩体、水体、河洲、洞穴、峡谷、天象、生物景观等8类。标准景点95个，内部景界分布丘峦脊岭35条，峡谷19条，溪涧18条，水库池塘72口，涌泉32穴。总之，人文景观古老神秘，自然景观丰富多彩，内部景界幽奥秀美，外部景界雄浑壮阔。

桃花源在历史上就是中国古代道教圣地之一，有第三十五洞天、第四十六福地的美誉。千百年来，桃花源咸集文人墨客，忙煞古今游人，许多文人都留下许多珍贵的墨

▲桃花源景区牌坊

迹。新中国成立后党和国家领导人多次视察桃花源，关心桃花源。

1990年以来，桃花源开始了规模宏大的修复开发高潮。修复并开发后的桃花源，有神话故乡桃仙岭、道教圣地桃源山、洞天福地桃花山、世外桃源秦人村四大景区近百个景点。每年一届的桃花源游园会，是湖南省“三节两会”的重要活动之一。

桃花源的历史沿革

桃花源风景区在319国道境内，风景幽寂，林壑优美。据传说，公元前2 000多年的上古唐尧时，有位古人由中原南下，隐居在与桃花源一水（沅江）相依、相距不足百里的今常德德山，这位德高望重的隐者，给湘沅之地带来了中原文化，人们把他隐居的山称为“德山”，因而民间流传有“常德德山山有德”之说。这位古人晚年经桃花源到溆浦，寓居庐峰山，后又移居大酉山，常往来于两地，影响和教育两地人民。

夏、商两代，这里属百濮。周朝时，周成王大封诸侯，封熊绎为楚子。楚国处于南荒，王化所不及，可以擅自开拓疆土，于是楚子侵占百濮，将这一带改为“黔中”，桃花源即在黔中境内。春秋后期，楚平王（前528—516年在位）在今桃源县境内筑了采菱城，从发掘出的采菱城遗址来看，桃花源这一带虽属南荒，但开发较早，文化相当发达。

秦始皇统一六国后，今桃花源之地被纳入黔中郡。西汉初年改黔中郡为武陵郡，桃花源就在武陵郡的临沅县境内，当时叫乌头村。及至宋朝，桃花源得到了更大的开发与修复，成为历史上的鼎盛时期。宋太祖(963)时期，朝廷把桃花源所在的沅江中下游两岸地域从武陵县（今武陵区）析出，另置一县，并以“桃源”为县名。明代，桃花源时修

▼桃花源仿古建筑

▲美丽的桃花

时毁，时兴时废。明洪武十二年(1379)，桃源住持道士在废墟上有所兴建。

历经清代260多年，桃花源陆续得以修复，但远不如唐宋兴盛时期。清初，邑人倡修渊明祠（又名靖节祠），并于祠前种桃树。乾隆八年(1743)，桃源知县倡修桃川宫书院于桃川宫附近，乾隆十八年(1753)，桃源知县增筑桃川宫书院围墙。光绪十八年，知县重修渊明祠，并布置亭阁，按陶诗记题名为问津亭，穷林桥，延至馆、水源亭、桃花潭、渔人进入处、豁然台、寻契亭、高举阁、渔人辞去处，即出亭，向路桥十二处。

新中国成立后，共产党和人民政府非常重视桃花源的保护、修复和开发。1959年，湖南省公布桃花源为省重点文物保护单位。1988年湖南省政府公布桃花源为省级风景名胜区，列入省十大风景名胜区之一，省文化部门拨款40万元，修复高举阁，1990年竣工。桃花源虽在文化大革命期间损毁，但到20世纪80年代末，已经展现出自明清以来没有过的新规模、新容貌、新活力和新意境。从1991—1997年，这7年成为桃花源历史上修复开发的又一鼎盛时期。

桃花源的景区

1. 桃仙岭景区

桃仙岭景区现有面积1.5平方千米，景区里巍峨的牌楼、灿烂的红桃俨然是一幅典型的田园风光画，真是一座人间仙境。传说这里是织女下凡洗澡和牛郎初恋的地方，后来牛郎织女银河遥隔，永无会期，织女才叫喜鹊传讯，劝牛郎回到了这初恋的地方。织女又暗中派桃花仙子把这里建成了一座人间仙境。桃花仙子是桃花神，特别爱桃花，所以这里的桃花特别多，特别美丽。据说陶渊明游武陵时，桃花仙子曾托梦给他，告诉他这里曾发生过武陵渔郎的故事，并托他写一篇“桃花源记”。因此，陶渊明便写出这千古不朽的奇文。唐代著名诗人任朗州（今常德市）司马时，经常寓住于此，吟诗作赋。

▼刘禹锡草堂

2. 刘禹锡草堂

▲秦人居

刘禹锡草堂位于桃仙岭景区鸡鸣峪口。茅草屋顶，土墙玄柱。黑色双门，简窗陋室，面阔15米，进深5米，含一明间两次间两落翼。明间塑刘禹锡像，并附诗文碑刻数块。居前临池，泉镜新磨：居后临峰，松涛旧唱；左右悬崖相逼，垂有危径通高。

3. 双星亭

双星亭位于悠然园东峦，为杉皮圆顶双环亭，红柱青栏，龙凤天花，亭基石台阶高37厘米，亭径540厘米，居高临下，景界辽阔，为观览桃花山和桃源山胜状的最佳视点。近周桃、李、桐、茶翳接，梯田垒土相嵌，季相如同锦绣。

4. 秦人居

“花下常迷楚客船，洞中时见秦人宅”。这是唐代诗人笔下的秦人居宅，秦人居为秦人村村民居所。已开发的有几处，均为秦代建筑式样，可供游客观赏。村民热情好客，如游客走进秦居，主人会用擂茶迎客，而且游客还可能发现许多不同于外界的生活方式。

5. 悠然园

悠然园因陶诗“采菊东篱下，悠然见南山”得名。位于双星亭下，占地20余亩，为桃花源百花园中的一奇，悠然园因势就形，以形造园，园内有名菊数十种，梅花数万株，植各类桃树。园内一游，摘南山之桃，采东篱之菊，见高举阁之雄，望桃川宫之伟，悠然心会，其乐无穷。

6. 花影池

花影池池周高岭峻坡、松杉涌翠，举头而望，但见坡上由桃树组成的“花”字；影入池中，笔画清晰，神妙说“花”字是桃花仙子池边梳妆时，用玉簪做笔，脂水为墨，信笔书就。池旁筑有花影亭，供游人赏景小憩。

▼桃花源景别

桃源山景区

面积约2.5平方千米。已开放的景点有10余个，其中，水府阁高踞江畔山顶，直观印象超过江西南昌的滕王阁，誉为江南第一阁。桃源山景奇佳，一条幽碧神秘的大河从山脚流过，一条得道成仙的小路在山中蜿蜒。并且这里流传着一个少年英雄的故事。过去，有一条白鲇鱼精，在山前潭中兴风作浪，淹没庄稼，吞噬生灵。少年英雄黄闻智降鲇鱼精，自己也被压在海底。这儿山更碧，水更幽，传说更神奇。从此天下游客纷至沓来，登高临远，临流赋诗，幽谷听泉，仙径漫步，使这儿成了扬名天下的风景名胜区。唐杜光庭《洞天福地岳渎名山记》载：“神仙所居的名出胜境有‘十洞天’、‘三十六小洞天’和‘七十二福地’。桃源山为白马玄光之天。”

▲桃花源景别

桃源山景区的主要景点有：后门洞、问津亭、缆船洲、桃川宫、水府阁、空心筏、炼丹台、清风桥、仙径亭、沦鼎池、功德亭、中日友谊亭、天宁碑院。桃源山是道教的圣地，文化的中心。从西晋到晚明，以桃源山为主的名胜古迹，代有声名。西晋末叶桃源山上始建桃源观，中唐逐渐扩大，到北宋而称极盛。这里有潇湘一阁的水府阁，江南一宫的桃川宫，华夏一院的天宁碑院等。在朝圣“桃川香火”之暇，还可以尽情领略道宫聚紫、高阁流霞、渔舟唱晚、仙气缭绕的沅湘风情。

1. 栖霞园

栖霞园位于黄闻山东侧，占地60余亩，因势就形，以形造园，其园入口处置自然岩体，入口造设具有江南园林特色的圆拱门。园内古树参天，花卉色块分明，园景错落有致（石桌、石椅、游步道交错相通），蛙鸣鸟语，泉鼓风吟。

▼桃花源景别

2. 桃川宫

桃川宫即桃川万寿宫，始名桃源观，为桃花源最早建筑。史书载：“桃川宫，晋人建。”桃川宫至唐代已初具规模，宋明两代，规模已极为宏伟，宋

▲水府阁

代修五百仙人阁，新建景命万年殿，增创武当行宫。民间传说的“四十八层庵，走马关山门”都是描写桃川宫当时盛况的。历代诗人词家纷纷泼墨于宫墙，万千香客信徒日日膜拜于观中，一时香火之盛，独步天下，致使桃花源成为中国古代四大道教圣地之一。可惜所有宫观，元末皆毁于兵火。后虽修复，规模大不如前，明末，沿江所修复寺庵远胜又毁于兵燹，清代时桃源山冷落不堪。1993 年修复竣工的桃川宫上宫，规模大于前，道观宏敞，古木垂荫，水咽笙簧，云连屏障，望之蔚然深秀。今重开道场，又燃香火，实为桃花源修复史上的一大盛举，对弘扬民族文化、光复道教圣地具有重要意义。

3. 天宁碑院

天宁碑院以唐代记载的天宁书院更名，分三梯布局，由碑坊、碑屏、碑石、碑亭、碑廊、碑室等组成仿古院落式建筑群，碑院集民间石艺之大成，汇桃花源文化之精华，纳五湖山水于一堂，交四海骚客于一隅，对历代于桃花有贡献者，皆收录于志，铭刻于碑，藏于碑院，流芳百世而不朽。

4. 黄闻山庄

黄闻山庄因坐落黄闻山得名，传为黄闻童子牧羊处。庄前远山如黛，碧水东流；庄后溪壑流风，松竹滴翠。夏纳清凉，无蚊虫叮咬，冬避严霜，有三春和暖的小气候环境，是不可多得的避暑寒胜地。

5. 水府阁

水府阁亦名黄闻阁，传为黄洞源黄道真人闻道处。始建于明代，万历年间改建，为三层砖木结构古典建筑，曾祀杨泗将军，毁于 1961 年。近年重修，占地 1740 平方米，高 36.3 米，为重檐歇山式四层楼阁。水府阁高踞于黄闻山吻顶，悬崖如削，壁位千仞。杰阁宝顶耀金，琉璃呈丹，鸱啄空，与高举阁南北相望，与潇湘八景之一“渔村夕照”隔江对峙，下瞰桃川，前临白马，东望洞庭，西顾壶头，木排飘摇，

▼桃源人家

▲遇仙桥

渔舟唱晚，江天空阔，气势雄浑，誉为潇湘第一阁。

桃花山景区

桃花山景区现有面积约 2 平方千米，30 余景，历代自然的和人为的灾害毁去了桃花源不少的风景名胜，唯有桃花山景区越过历史的沧桑，大部分完好地保存到今天。这里，山美，有千年古松、万杆翠竹；水美，有幽涧鸣泉、碧湖波光；路美，有小桥流水，古道斜阳；建筑美，观阁争奇、亭轩比幽；历史美，文星集贤、僧道留踪；亦有神话美，灵龟钻井，陈碧劈洞等。

桃花山景区主要景点有：桃花山牌坊、桃源佳致、五柳湖、桃花溪、穷林桥、菊圃、碑廊、方竹亭、遇仙桥、水源亭、水源洞、白云轩、御碑亭、临仙馆、高举阁、摩顶松、渊明祠、既出亭、寻契亭、问路桥、桃花观、蹑风亭、玩月亭、秦人宅、集贤祠。桃花山是福地洞天，山水的中星。自明迄今，以桃花山为主的名胜古迹越过历史的沧桑，风景迷恋过一代又一代骚客游人。这里以红树青山、斜阳古道著名，山中幽谷深深，曲涧潺潺，藏风聚气，泻灵溢韵。

1. 桃花山牌坊

桃花山牌坊始建于 1943 年，后倾塌，1973 年按貌修复，坊上石刻，介绍了桃花山概况，坊额题“桃花源”三个大字，两边有“红树青山，斜阳古道；桃花流水，福地洞天”对联。

2. 碑廊

碑廊位于桃花山景区菊圃与方竹亭之间。面阔 26 米，进深 2.8 米。廊亭皆四角四脊，藻井绘饰，龙凤天花。靠墙横列自唐迄明著名古碑 18 块，规格悬殊，高低不一。许多古人所题唐碑，因年深月久，字迹模糊。全廊构件精美，色调和谐。瓦底苔藓映绿，屋面楠桂垂芳。

3. 遇仙桥

遇仙桥原系横卧涧上的天然巨岩，传为渔郎遇仙处，桃花源内八景之一。明天启年间（1621—1627），桃源主簿于此建石拱桥。清初，湖广提督于桥上建遇仙桥。桥端葛萝低垂，菖蒲丛生，松竹覆荫，溪流戛玉，游人至此，

▼桃花观

▲桃花源水池

恍然如入仙境。

4. 桃花观

桃花观的左右有玩月亭和蹑风亭，为湖南省三大古建筑群之一，观踞桃花山主峰天尊崖上。始建于唐初。明万历三十七年(1609)，湖广巡抚重建，名大士阁。1914年改名桃花观，正厅两侧各有罗汉松一株，古色古香，堪称珍品，观内，历来名人所题匾联、石刻诗文、近代名家书画和绣像，琳琅满目。

5. 蹑风亭

蹑风亭得名于陶诗“愿言蹑轻风”句。1914年，桃源知县建亭，内外壁间嵌有历代名人诗文石刻。亭左平台下有仙葡萄一架，传为吕洞宾手植。亭为四方形两层砖木结构古典建筑，宝顶耀金，玻璃呈碧，鸱吻啄空，雕梁飞丹。厅内正壁立有桃花石碑，介绍了该观几度兴废的经过。内外壁间嵌有历代名人诗文石刻，亭楼有游廊，内设桌凳，供游人憩息，品茗对弈，各从所好。凭栏远眺，桃花山西峰古木扶琉，俯视修竹万竿，摇曳多姿。

6. 五柳湖

五柳湖因陶渊明别号五柳先生而得名，位于桃花山和桃源山毗邻之处，湖岸迂回，周围可行车。湖垂翠柳，波映红桃，二桥飞越，一亭独秀。湖中有田田莲叶，亭亭荷花，有九曲、静影二桥，湖光山色，形成两山夹明镜，“双桥落彩虹”的奇观，美不胜收。

秦人村景区

占地面积2.5平方千米，其中有长1 000余米的竹廊，形式古雅，结构精巧，堪称天下一绝。沿景点线索，即可步武陵渔郎踪迹，游览人间仙境。

▼桃花源风景

穿过秦人古洞，就进入了世外桃源。洞外是一个荒古神奇的世界。秦时明月，照耀着远古；晨钟暮鼓，传递着苍凉；良田美池，流淌着自由；

▲桃园农庄

黄发垂髫，共享怡乐。那古朴的秦居，芳香的擂茶；那深巷的犬吠，桑颠的鸡鸣；那戏台的古典，牧童的村笛；那榨油的“吭哨”，水车的轻摇；那秦剑楚刀，石磨瓦罐；那枯藤老树，谷风幽泉，真乃天下奇景。

秦人村景区主要景点有：秦人古洞、豁然台、秦人居、竹廊、公仪堂、奉先祠、余阴堂、秦人作坊、自乐桥、奇踪馆、延至馆、傩坛。秦人村是世外桃源，民俗的中心。幽处武陵山深腹，四围重山阻隔，堪称先秦文化在江南的一枝奇葩。洞中多少岁月，尘世几度春秋？与世隔绝的秦人村，以古、土、野、奇的面貌和晨钟暮鼓，向天下游客一声声倾诉着久远的历史和苍凉的岁月。

1. 秦人作坊

秦人作坊为仿秦代建筑，内有碾房、碓、磨、犁、锹、斧、刀、剑、戈、箭、弓、斧、桔槔、油榨、网、弹弓、车轮、纺车、织机等。这些秦物，有的可观赏，有的可操作，摇一摇辘轳，撞一撞油榨，吃力而有趣。

2. 世外桃源

世外桃源相传为渔郎“从口入”处。洞长67米。洞口奇石怪松，古色苍然，曲径通幽，仿佛若有光，恰合陶记意境。出洞就进入了秦人村，到了另一个世界。

3. 竹廊

竹廊誉为天下一绝，全长1 168米。廊亭相连，结构精巧，造型奇特；远观蛇行龙腾，气势非凡，古意野趣，淋漓尽致。廊内高挂诗词对联，两旁栽植各类花竹。一览可饱平生之眼福，一行竟越千年之沧桑。秦人村竹廊，已经成为天下一绝。秦人村还有良田数十亩，千丘池两处，可供游人观赏。

▼桃源古镇

4. 傩坛

秦人村村民全姓秦，大概是避秦而来，不改姓氏。秦氏世传巫教，奉祀傩王。离此不远，还有傩王湾。坛址四面环山，高出云霄，不但秦人村诸景尽在眼中，翘首以望，还有世外看世内的奇绝感受。傩坛前有钟楼、鼓楼各一座，晨钟暮鼓，响彻秦人村。

5. 奉先祠

奉先祠为秦人家奉祖先的祠堂。每逢盛会佳节，婚丧嫁娶，秦人都在此祭祀祖先。奉先祠建筑古朴典雅，室内陈设一切仿秦，祠旁田园桑竹，古意苍茫，恍入秦代。

▲桃花源山路

沅江风光带

三千里沅江自西向东注入八百里洞庭，流经桃花源风景区长达69千米，是“捕鱼为业”的武陵渔川。学峰、武陵山脉一南一北夹峙两岸，使沅江既有三峡之险，又有钱塘之秀，号称“湖南的漓江”。

这条三湘四水中最长最清的河流，永远闪耀着历史和文化的光芒。历代著名的文豪武将如涉江的屈原、征蛮的马援、流放的李白、谪守的王昌龄、贬官的刘禹锡、宦游的袁宏道等临清流而赋诗，这一连串日夜奔涌着的自然历史和文化遗迹无不增添了它的凝重。沅水两岸那极富湘西民居特色的吊脚木楼是人们憩息的家园。

从桃源县城到五强溪，百里沅水风景如画，被誉为武陵渔川。两岸时而岩峰如林，映江而出，争奇斗趣；时而亭台楼阁，隐约于万山丛中。江边岸壁，翠屏花坂，苍艳入画，形成了一道天然秀丽的沅水风光线。

1. 马石悬棺

马石悬棺靠近七星洞。沅江北岸绝壁上，凿有许多方形石洞，保存较好的有8窟。传说悬棺所葬为马援征蛮时得瘟病而死的将士。

2. 竹园竹海

竹园竹海距夷望溪7.5千米，景名“群峰奇影”。库内深山幽谷，碧水回环；湖中山体林相，云影天光，似在明镜之中，被誉为“沟似九寨沟”，“水如漓江水”，“湖胜西子湖”。沿途星布香火飘袅的鸣鼓幽庵，像刀剑直指云天的奇峰“剑断南天”，溪谷幽深的“沉湖飞峡”，桃江村边的“虾洲思鹭”，猫儿湾畔的“青球戏龙”，彭家洲前湖面宽阔的“西子还童”和水打沟中的“水漫金沟”等景观景点。

3. 七星洞

七星洞像七颗星星镶嵌在马援石室东北的山崖壁上，曲径如垂，形势险峻。马援驻军营盘洲，黑夜于洞间点灯以迷惑“五溪蛮”。现存6窟保存完好。

桃源山河秀丽，名胜古迹甚多，博得古今游人赞赏。

找寻天涯海角

天涯海角是指位于三亚市西郊23千米处天涯海角风景区，景区总体规划陆地面积10.4平方千米，海域面积6平方千米，背负马岭山，面向茫茫大海。这里海水澄碧，烟波浩瀚，帆影点点，椰林婆娑，奇石林立，水天一色。海湾沙滩上大小百块石耸立，“天涯”、“海角”和“南天一柱”巨石突兀其间，昂首天外，峥嵘壮观。

▲天涯海角景点

天涯海角的典故

韩愈，字退之，是唐代中叶时伟大的文学家。他2岁时就死了父亲，不久他的母亲又死去。幼时依靠他哥哥韩会和嫂嫂郑夫人生活。

韩会有一个嗣子（愈次兄介之子，出继与长兄会为嗣）叫老成，排行十二，所以小名叫十二郎，年纪比韩愈小一点。后来韩会42岁的时候，因宰相元载的事，被贬为韶州刺史，不到几个月就病死在韶州，这时韩愈只有11岁，十二郎也很小。韩愈虽然有三个哥哥（韩会、

▼天涯海角风光

韩弇、韩介），都很早离开了人世。这时，继承祖先家业的，只有韩愈和他的侄子十二郎两个人，相依为命，没有一天离开过。

▲天涯

韩愈19岁时自宜城前往京城，以后10年的时间中，只和十二郎见过三次面。当他正打算西归和十二郎永远生活在一起的时候，不幸十二郎死去了。韩愈知道了这消息，悲痛欲绝，写了一篇“祭十二郎文”，叫人备了一些时下的物品从老远的地方去致祭他。这篇祭文，一字一泪，令人读来心酸。

祭文中有“一在天之涯，一在地之角”的句子，后人便把它引申成“天涯海角”来比喻极其遥远的地方。

爱情栖息地天涯海角

爱情栖息地“天涯海角”是人们耳熟能详的成语之一。一些古典诗词，如“海上生明月，天涯共此时”，因体现了淳朴亲情而流传百世；“海内存知己，天涯若比邻”“同是天涯沦落人，相逢何必曾相识 ”，因表达了广袤友情而成为千古绝句。一些现代歌曲，反映了深厚爱情而广为传唱。“天涯海角”这一集亲情、友情、爱情等多种情绪感受于一体的词汇，千百年来积淀下丰富的文化内涵，也在国人心中植下了深深的“天涯情结”。

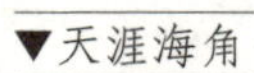
▼天涯海角

天涯海角地理位置

“天涯海角”在哪里？在人们的心目中，海南岛上的天涯海角游览区就是这一文化情结的地理落脚点和物化象

▲海南风光

征。

为什么古人把这里定为天涯海角呢？长期以来，一直是难解的历史之谜。近年经过多方考察，这一历史之谜已经揭开。清代康熙盛世时期，曾进行了第一次全国性版图的测绘活动，位于海南岛南端的天涯海角景区所在地，成为这次测绘中国陆地版图南极点的标志。负责主持测绘的钦差官员们在此处剖石刻碑镌书“海判南天”四个大字，“以为标志，并须永久保存”。由此“海判南天”成为天涯海角游览区内最早的石刻。

天涯海角的名称由来

史载，“天涯”两字为清雍正年间崖州知州程哲所题，铭刻在一块高约10米的巨石上。“海角”两字刻在“天涯”右侧一块尖石的顶中端，据说是清末文人题写。这两块巨石统称“天涯海角”。

▼南天一柱

传说一对热恋的青年男女分别来自两个世仇的家族，双双发誓不管到天涯海角也要永远在一起。在其族人的追赶下，被迫双双逃到此地。此时两人跳进大海，化成两块巨石，永远相视相对。后人为纪念他们的坚贞爱情，在此石头上刻下“天涯”“海角”。现在恋爱中的

“南天一柱”的由来

“南天一柱”的来历还有传说。相传很久以前，陵水黎安海域一带恶浪翻天，人民生活困苦。王母娘娘手下的两位仙女知道后偷偷下凡，立身于南海中，为当地渔家指航打鱼。王母娘娘恼怒，派雷公雷母抓她们回去，二人不肯，化为双峰石，被劈为两截，一截掉在黎安附近的海中，一截飞到天涯之旁，成为今天的“南天一柱”。

男女也常以“天涯海角永远相随”来表达自己的心迹。离“天涯”摹刻左侧几百米，有一尊高大独立的圆锥形巨石，这就是“南天一柱”奇景。它擎天拔地，有独立南天之势。“南天一柱”据说是清代宣统年间崖州知州范云榜所书。

天涯海角远离中原，古时候交通闭塞，人迹罕至。这个“鸟飞尚需半年程”的琼岛，人烟稀少，荒芜凄凉，是古代封建王朝流放“逆臣”之地。宋代名臣的“区区万里天涯路，野草荒烟正断魂”句与唐代宰相的“一去一万里，千知千不还”句，倾吐了谪臣的际遇。天涯海角记载着历史上贬官逆臣的悲剧人生，经过历代文人墨客的题咏和描绘，这里便成为一个富有神奇色彩的游览胜地了。游人至此，似有一种到了天地尽头感觉。

天涯海角的现状

天涯海角除了有闻名遐迩、让人抚今怀古的摩崖石刻群外，还包括黎族风情园、历史名人雕塑园、笆篱凝霞景区、海天自然景区和“天涯路”等几大区域，以原始、自然、古朴为主要特色。黎族风情园集中展示了海南黎族绚丽多姿的风土人情。历史名人雕塑园建有十几尊塑像，缅怀追思对海南经济开发和文化发展作出突出贡献的历史人物。笆篱凝霞景区，婀娜摇曳的椰树在艳阳、晴空和大海的衬托下，展示着海岛特有的热带风情。海天自然景区，海浪长年累月地冲刷塑造出千姿百态的磊磊奇石，巍然屹立于海天之间，笑傲惊涛骇浪，见证着沧海桑田的变迁；拾级而上，登台望远，但见沧海泛波高天流云，一派海阔天空的景象。穿行于林荫“天涯路”，观石、赏花、听溪，各种奇石异木和高山流水、百川归海等园林景观营造的生态氛围和文化意境令人流连忘返。

现在，这里已建起风格独特的园林式建筑和“天涯购物寨”等，还开展多项海上游乐项目，游人可乘摩托艇到大海中潇洒一番。天涯海角所在的山坡，正开辟为自然风光漫游区，建有海水浴场、钓鱼台及海上游艇等设施，由现代建筑和仿古典传统园林式建筑风格相结合的“天涯购物寨”“石沉大海漫游区”“天涯画廊”“天涯民族风情园”“天涯历史名人雕像”等屹立在海角景区，令人目不暇接，流连忘返。附近有“点火台”“望海阁”“怀苏亭”和“曲径通幽”组成的登山多层次游览胜地。一批与三亚有缘的历史名人雕像在此矗立。游人至此，可看天高海阔，俯仰今古，其情亦豪矣。附近有热带海洋动物园，可观千奇百怪的南海鱼类和泰国湾鳄。

岳阳楼身世之谜

岳阳楼耸立在湖南省岳阳市西门城头、洞庭湖畔，自古有“洞庭天下水，岳阳天下楼”之誉，与江西南昌的滕王阁、湖北武汉的黄鹤楼并称为江南三大名楼。

岳阳楼简介

岳阳楼始建于公元220年前后，距今已有1 700多年的历史，其前身相传为三国时期东吴大将鲁肃的“阅军楼”，西晋南北朝时称“巴陵城楼”，中唐李白赋诗之后，始称“岳阳楼”。此时的巴陵城已改为岳阳城，巴陵城楼也随之称为岳阳楼了。北宋脍炙人口的《岳阳楼记》更使岳阳楼著称于世。千百年来，无数文人墨客在此登览胜境，凭栏抒怀，并记之于文，咏之于诗，形之于画；工艺美术家亦多以岳阳楼为题材刻画洞庭景物，使岳阳楼成为艺术创作中被反复描摹、久久不衰的一个主题。

▲岳阳楼远观

现在的岳阳楼为1984年重修，沿袭了清朝光绪六年（1880）所建时的形制。登岳阳楼可浏览800里洞庭湖的湖光山色。

岳阳楼是江南三大名楼中唯一一座保持原貌的古建筑，其建筑艺术价值无与伦比。1988年1月被国务院确定为全国重点文物保护单位，同年8月被列为国家重点风景名胜保护区，2001年1月核准为首批国家4A级旅游景区。岳阳楼是长江黄金旅游线上湖南境内的唯一景点，是岳阳市对外开放的重要窗口和岳阳旅游业的龙头。

岳阳楼的地理位置

岳阳楼屹立于湖南省岳阳市西北的巴丘山下，地面海拔54.3米。景区内陆地东西长约130米，南北长约300米，陆地投影总面积3.9万平方米。前瞰洞庭，背枕金鹗，遥对君山，南望湖南四水，北枕万里长江。它在湖南省的北端，中国的中部，挨长江，伴洞庭，于洞庭湖居其口，于长江居其中。以水路言，从岳阳出发，上溯长江，经三峡，可通巴蜀；顺长江东下，可达武汉、南京、上海等地，乃至远涉重洋；沿洞庭湖及湘、资、沅、澧四水上溯，可与湖南76个县市相连。以陆路言，紧靠京广铁路、京珠高速公路和107国道，在南北交通干线上亦处中段，极易转入与之相连的其他铁路、公路，通达各省。

岳阳楼来历

▲岳阳楼

东汉末年，孙权的手下大将鲁肃奉命镇守巴丘，操练水军，在洞庭湖接长江的险要地段修筑了巴丘古城。建安二十年（215），鲁肃在巴陵山上修筑了阅军楼，用以训练和指挥水师。阅军楼临岸而立，登临可观望洞庭全景，湖中一帆一波皆可尽收眼底，气势非同凡响，这座阅军楼就是岳阳楼的前身。

阅军楼在两晋、南北朝时被称为巴陵城楼，到唐朝时期方始称岳阳楼。

宋庆历四年（1044），滕子京被贬至岳州，当时的岳阳楼已坍塌，滕子京于庆历五年在广大民众的支持下重建了岳阳楼。

滕子京重修的岳阳楼，在明崇祯十一年(1638)，毁于战火，翌年重修。清代多次进行修缮。清光绪六年(1880)，知府张德容对岳阳楼进行了一次大规模的整修，将楼址内迁6丈有余。

岳阳楼在1 700余年的历史中屡修屡毁又屡毁屡修，几经风雨沧桑，有史可查的修葺共30余次，每次重修后，“则层檐冰阁，岌颂于其上，文人才士登眺而徘徊”，圮毁之时，“则洪波巨浪，冲击于其下，迁客骚人矫首而太息”。

▼岳阳楼鸟瞰图

至民国末年，楼身已经破旧不堪。

新中国成立后，党和政府对岳阳楼极为珍视，人民政府多次拨款对岳阳楼进行了维修，还修建了怀甫亭、碑廊，重建了三醉亭和仙梅亭等古迹。

1983年，国务院拨专款对岳阳楼进行了为期一年半的以“整旧如旧”为宗旨的落架大修，把已腐朽的构件，按原件复制更新。

1984年5月1日，岳阳楼大修竣工并对外开放。

重修后的岳阳楼，保持了原有的规模和结构，保留了原有的建筑艺术和历史风貌。楼底花岗石台基增高了30厘米，使岳阳楼前的仙梅亭、三醉亭更显主次分明，错落有致。楼地面改铺古代青，厅中的四根楠木大柱，为旧楼原物；宋代的4个大石墩，仍然蹲立在大柱下。民国二十一年年砌的原三面砖墙，改用了仿明清式样的雕花贴金门窗。为

▲岳阳楼

使登临者视野更加开阔，二楼加大了游廊空间。楼堂正面悬挂着清著名书法家写的《岳阳楼记》，由12块紫檀木组成。

岳阳楼的建筑特色

岳阳楼的建筑构制独特，风格奇异。气势之壮阔，构制之雄伟，堪称江南三大名楼之首。岳阳楼为四柱三层，飞檐、盔顶、纯木结构，楼中四柱高耸，楼顶檐牙啄，金碧辉煌。远远而望，恰似一只凌空欲飞的鲲鹏。全楼高达25.35米，平面呈长方形，宽17.2米，进深15.6米，占地251平方米。

中部以4根直径50厘米的楠木大柱直贯楼顶，承载楼体的大部分重量。再用12根圆木柱子支撑2楼，外以12根梓木檐柱顶起飞檐。彼此牵制，结为整体，全楼梁、柱、檩、椽全靠榫头衔接，相互咬合，稳如磐石。

岳阳楼的楼顶为层叠相衬的“如意斗拱”托举而成的盔顶式，这种拱而复翘的古代将军头盔式的顶式结构在中国古代建筑史上是独一无二的。

岳阳楼修建的传说

唐开元四年张说被贬到岳州后，决定张榜招聘名工巧匠，在鲁肃阅兵台旧址修造“天下名楼”。有一位从潭州来的青年木工李鲁班，手艺高强，擅长土木设计，被张说相中。张限李木匠在一个月内设计出三层、四角、五梯、六门、飞檐、斗拱的楼阁图纸。谁知李鲁班摆弄了一个月的时间，设计出来的图纸只是一座过路小亭。张说很不满意，再限7天时间，一定要拿出与洞庭山水形胜相得益彰的有气派的楼阁图纸。

正当李鲁班一筹莫展时，一位白发老人走了过来，问清缘由，便把背的包袱打开，指着编有号码的木头说：“这些小玩意儿，

▼岳阳楼楼顶

你若喜欢，不妨拿去摆弄摆弄，或许会摆出一些名堂来。若是还差点什么，就到客栈来找我。”李鲁班接过来，摆了又拆，拆了又摆，果然构成了一座十分雄壮的楼型。大家十分高兴，都说是祖师爷显灵，向白发长者道谢。老人说自己是鲁班的徒弟，姓卢。后来，老者在湖边留下了写有“鲁班尺”3字的木尺，一阵风后不见了。工地上人群纷纷跪下，向老者逝去的方向叩头不止。不久，一座新楼拔地而起，高耸湖岸，气象万千。

岳阳楼文学文物

唐玄宗开元四年（716），张说贬官岳阳后，寄情山水，常与文人迁客登楼赋诗。从那以后，还有许多大诗人接踵而来，写下了成百上千语工意新的名篇佳句，给岳阳楼蒙上了一层浓厚的文化意蕴。

岳阳楼不只建筑精巧，而且还是一个集对联、诗文及民间故事为一体的艺术世界。12块檀木板组成的木雕屏篆刻着《岳阳楼记》全文，各种对联悬于四壁，长的达100余字，短的只有8个字。

▲岳阳楼记

岳阳楼保存的历代文物，当推诗仙李白对联“水天一色，风月无边”最为著名，其次要数清书法家张照书写的《岳阳楼记》雕屏。雕屏文章、书法、刻工、木料全属珍品，人称“四绝”。此外，出自清代书法家何绍基手笔的102字长联，情景交融，亦颇为人所称道。

岳阳楼附近有二醇亭，相传八仙之一吕洞宾曾三度醉卧此间。仙梅亭，因挖出有枯梅花纹的石板相传为仙迹而得名。在岳阳楼下的沙滩上，有三具枷锁形状的铁制物品，重达750千克，也吸引不少游人观看。其用途为何，至今说法不一。

三楼陈列着一代伟人毛泽东手书的杜甫的《岳阳楼记》诗。各楼悬挂着原有的木刻匾联，并增刻了古今名家吟咏岳阳楼的楹联。

滕子京重修岳阳楼后委人画了一幅“洞庭晚秋图”和一封求记书寄给当时的大文学家、政治家、军事家范仲淹，请他为楼作记。当时范仲淹正被贬到河南邓州戍边，见其书信后，欣然奋笔疾书，写下了名传千古的《岳阳楼记》。《岳阳楼记》全文360余字，字字珠玑，文章情景交融，内容博大，气势磅礴，语气铿锵，尤其其中“先天下之忧而忧，后天下之乐而乐”之句，哲理精深，体现了中华民族之伟大精神，为人们广为传诵。自此《岳阳楼记》名传千古，岳阳楼也名满四方。

滕子京无愧为一位具有远见卓识的名臣，他认为“楼观非有文字称记者不为久，文字非出于雄才巨卿者不成著”。以后历朝历代的诗人作家在此留下了大量优美的诗文。

▲范仲淹和滕子京

岳阳楼的保护

据史料记载，对楼的破坏主要是兵燹、水患、雷击、火烧、蚁害或城垣坼裂等，要保护岳阳楼的绝对安全，就应消除这些事故产生的条件。要做好岳阳楼的保护工作，主要坚持抓好以下“五防”。

1. 防火

岳阳楼为纯木结构，年时久远，过分干燥，油漆又多， 所以说火灾是它的天敌之一，必须绝对防止火源。主要是防止电火、烟火、雷击之火。首先是防止电源失火，导电线绝对不能上楼，在特殊情况下要临时用电，也要经有关部门同意后派专人负责坚守现场，及时撤除，以防万一。其次是控制流动火源，主楼内及楼周围一定射程范围内应杜绝烟火，要划片分区派专人巡逻，日夜轮守，对违规吸烟和烧香者严肃查处。再次是拆除岳阳楼绝对保护范围内的破旧房屋及易燃建筑，杜绝火灾隐患。最后是防止雷击，历代岳阳楼有多次是因雷击失火而毁，因此对避雷针应定期检修或升级换代，以保证避雷针经常发挥其效能。

▼岳阳楼

2. 防水

岳阳楼所处的岳阳城地处长江中游南岸，洞庭湖盆地边缘，属亚热带季风湿润性气候，雨水充沛，年均气温为 17℃，年降水日为 135 ~ 158 天。多年平均一次连续最长降雨日为16天，年降水量最多达到2 336.5毫米，降雨较多，增加了空气的湿度，对岳阳楼的木构件和楼内设施造成了威胁，也增加了楼体基础驳岸和平台的保护难度，而且排水不畅会造成驳岸损坏，1993年和1995年国家文物局曾先后拨专款380多万元对驳岸进行维修和加固。因此要定期检查楼内是否漏雨，定期疏导排水系统，确保排水管道畅通，不让雨水浸入基脚。上半年雨水多，是每年清理排水系统的关键时期。另外还要时刻提防洞庭湖高位洪水对岳阳楼泊岸的冲击影响，注意及时加固临湖驳岸和围墙。

3. 防蚁害

因为岳阳楼所处的地区雨水多，湿度大，树木密，为白蚁的生存和繁殖提供了良好的“温床”，蚁害成为这座木楼的又一天敌。1983年落架大修前，一楼的12根楠木大柱不是被白蚁蛀空，就是业已糟朽，整个梁柱结构完全不能再承受压力了，二楼的4根支角柱全部腐朽，白蚁对岳阳楼的危害之大可见一斑。虽然1984年大修时已对白蚁防治采取了有效的措施，但白蚁在楼的周围仍有危害，所以在日常维护工作中，应坚持“防治结合，预防为主”的方针，勤于检测，加强防蚁力度。

4. 防损坏

随着旅游事业的迅猛发展，登临岳阳楼观光揽胜的游客与日俱增，络绎不绝，给楼体带来了沉重的压力，当登楼人数超过80人时，人站在楼上就有明显的震感。因此，第一，应控制一次性上楼人数，特别是旅游旺季，要组织游客分批限量登楼，可以采取售楼票和楼务管理人员有序组织的形式来达到减轻楼体压力的目的。第二，采取有效措施，减少人为损坏，人流过大对楼梯、楼板磨损较大，应在这些地方采用竹条、胶垫等进行有效保护，把人对木质的损坏减到最低限度，延长主楼的寿命和维修的周期。

5. 防治野麻

野麻是一种纤维植物，喜光，耐旱耐碱，适应性强，生命力旺盛，在岳阳楼的石板和楼顶的瓦件夹缝中和墙壁的空隙中随处可见。其根茎能将石墙顶起，造成石墙移位和变形，能将琉璃瓦交接的部位松动，造成古楼顶层渗雨，时间一长致使古楼的木料制件受潮腐损。如果说白蚁是木质构件的天敌，那么野麻就是破坏石材城墙结构的顽凶，如果不及时根治，面积越大，数量越多，对岳阳楼驳岸基台、古建筑的破坏社会越严重。必须坚决防治，做好这项工作必须专人负责，寻求有效办法，常抓不懈，直至彻底根除。

▶郭沫若为岳阳楼题字

曹操的陵墓遗址之谜

古往今来的帝王将相，生前各有建树，死后也常有不同的归宿。古埃及的法老把自己藏在金字塔中，坟上的雄狮象征着法老生前的威严。中国的秦始皇将陵墓依山而筑，数不清的兵马俑伴随着他不甘寂寞的灵魂。一代天骄成吉思汗喜欢身后隐匿，命人将他的葬身之地踏成一片草原。生前虽未称帝，死后被追尊为魏武帝的曹操，他的墓地今天终于被发现了，曹操墓情况如何呢？

▲曹操像

曹操是个薄葬论者，据史书记载，建安二十三年（218）六月，曹操下诏令对身后事作出安排。两年后，这位杰出的政治家和军事家病逝于洛阳，遗令曰："天下尚未安定，未得遵古也。葬毕，皆除服。敛以时服，无藏金玉珍宝。"魏文帝曹丕遵照曹操的遗嘱，将其遗体运回邺（治今河北临漳西南邺镇）安葬。史书记载中，有"葬于邺之西岗上，与西门豹祠相近"一语，可见曹操的归宿，如其生前所愿。然而，由于西门豹是个除暴安良的历史人物，黄河流域包括邺地居民惯以建立西门豹祠避祸禳灾，临漳一带有多处西门豹祠，哪一个西门豹祠附近有曹操陵墓呢？而且，曹操遗令为"规西门豹祠西原上为寿陵"，史书记载则为"葬于邺之西岗上"，两处地点大相径庭。是误还是诈？不得而知。

有人认为曹操墓在今临漳县西面的丰乐镇西门豹祠一带。但丰乐镇西门豹祠建于北齐天保五年（554），死于公元220年的曹操，怎么遗令安葬于此祠之旁？

据一些史籍记载，认为曹操生前曾设72疑冢，使人真伪难辨，难掘其坟。这些疑冢分布于从临漳三台村以西八里的讲武城至磁州之间，一座座如山丘布列，其中必有一座真墓。明朝及清朝的史书，均持此说。然而从晚清至民国，这些疑冢大多被人盗发，从墓志上看，墓主大多为北魏、北齐时代的王公要人。史家认为，这是曹操"种树"，后人"乘凉"。

◀曹操雕像

为迷惑世人而设的曹操疑冢，让北朝的王公贵族“坐享其成”，曹操真墓却始终不知所在。

2008 年，河南省文物局拟对安阳县境内一东汉大墓进行抢救性发掘。2008 年 12 月，经报国家文物局批准，河南省文物局组织河南省文物考古研究所开始进行发掘工作。

这座东汉大墓，曾多次被盗掘，但仍幸存一些重要的随葬品。据统计，出土器物 250 余件，包括金、银、铜、铁、玉、石、古、漆、陶、云母等多种质地。器类主要有铜带钩、铁甲、铁剑、铁镞、玉珠、水晶珠、玛瑙珠、石圭、石壁、石枕、刻名石牌、陶俑等。其中刻铭石牌共出土 59 件，有长方形、圭形等，铭文记录了随葬物品的名称和数量。在追缴该墓被盗出土的一件石枕上刻有“魏武王常用慰项石”铭文，这些出土的文字材料为研究确定墓主身份提供了重要的、最直接的历史依据。

2009 年 12 月，河南省文物局公布，位于河南省安阳县安丰乡西高穴村的高陵，是曹操墓。

航拍照片显示高穴村高陵墓平面为甲字形，坐西向东，是一座带斜坡墓道的双室砖券墓，规模宏大，结构复杂，主要由墓道、前后室和四个侧室构成。斜坡墓道长 39.5 米，宽 9.8 米，最深处距地表约 15 米；墓圹平面略呈梯形，东边宽 22 米，西边宽 19.5 米，东西长 18 米；大墓占地面积约 740.78 平方米。

▲曹操墓前的曹操雕像

▼曹操墓全景

高陵出土刻铭“魏武王”石牌同时，该墓还出土有大量画像石残块。这批画像石画工精细娴熟，雕刻精美，内容丰富，有“神兽”、“七女复仇”等图案，并刻有“主簿车”、“咸阳令”、“纪梁”、“侍郎”、“宋王车”、“文王十子”、“饮酒人”等文字，为汉画像石中罕有的精品。

在墓室清理当中发现有人头骨、肢骨等部分遗骨，专家初步鉴定为一男两女三个个体，其中墓主人为男性，专家认定年龄在 60 岁左右，与曹操终年 66 岁有出入，推测是曹操的遗骨。

古滇国背后的历史故事

长期以来，代表着云南古代文明之光的古滇国，在中外历史学家的眼中，始终是一个难以解开的结。在浩如烟海的历史典籍中，除了太史公司马迁在《史记》中寥寥几百字的记载外，再也找不到可供研究的任何历史文字记载了。因此，揭开古滇国之谜，成了史学界，特别是云南史学界关注的热点问题之一。

古滇国开始被关注

1953 年的秋天，一位古董商人拿着五六件青铜兵器想卖给云南省博物馆。当时省博物馆的孙太初先生认真地看了这几件兵器后，发现它们的形制和纹饰都不同于中原地区已经出土的古代青铜兵器。对青铜器颇有研究的孙太初马上敏感地意识到，这几件青铜兵器的背后，可能孕育着云南考古史上的一次重大发现。于是在请示领导同意后，他毫不犹豫地将商人手中的青铜兵器全部买了下来，但不知是古董商不愿说，还是确实不知道这些青铜兵器的出土地和收购地，他始终没有问出青铜兵器的出处。这事成了孙太初心里急需解开的一个结。一个偶然的机会，他与省文史馆的人谈及此事时，又获知了一个与青铜兵器相关的重要线索。那人称在他的家乡晋宁县的小梁王山，抗日战争初期曾经出土过大量的青铜器，但他也只是听过传闻，从未亲眼见过实物。这件事情更加让孙太初牵挂了。

翌年 10 月，在他的建议下，省博物馆抽派两人到晋宁县进行了一次实地调查，调查的结果证明确有其事，但出土的地点不是在小梁王山，而是在距小梁王山南面不远的石寨山。他们还从石寨村农民手中又征集到几件青铜兵器及一件磨制的非常精致的古代石犁，将其与馆藏的青铜兵器一比较，果然在造型和纹饰上都有很多共同点。另据村中的老人说，这座小山也是村里的风水宝地，村里人去世后大都埋葬在此，多年以来石寨山的村

▼古滇国青铜器

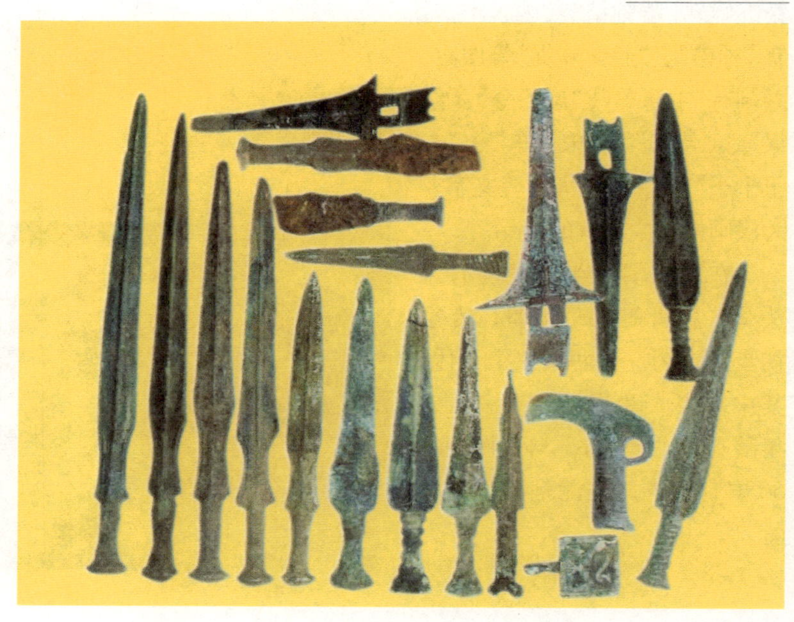

▲古滇国青铜文化

民们在山上挖墓坑时，经常都会挖到各种青铜器，然而他们不懂，大都当成废铜卖到昆明去了，听说曾经被驻昆的法国人买去了不少。鉴于这些重要的调查线索，省博物馆决定马上报请上级批准进行一次清理发掘，以便弄清石寨山地下文物的状况，彻底揭开青铜兵器之谜。

古滇国的现身

浩瀚的滇池东南角的这座自平地突起的小山丘，山形呈枣核形，南北两头尖、中间宽，西面岩石陡峭，东面较为平坦，最高处至地平面仅30多米，长约500米，最宽处约200米。山前有一小村，名为石寨山村，属晋宁县的牛恋乡。谁也不曾料到，就是这么一座乱石遍地、杂草丛生、其貌不扬的小山丘，竟然埋藏着一个2 000多年前的秘密。在1956年第二次发掘工作即将结束的前一天，在最后清理6号墓的漆棕底部时，一个不大的被泥土裹着的方形物体引起了孙太初的注意，当他小心地用软毛刷刷干净外面的泥土后，一枚金光闪闪的金印呈现在了大家的眼前，这枚金印上印有四个汉字，经过辨认为“滇王之印”。

消息传出以后，石寨山附近的城乡居民奔走相告，一连几天，整个工地周围的山上全是闻讯赶来的人群，有时多达数千人，就连附近几个县的农民都不断地涌到考古工地，他们都想看一看“滇王”墓出土的宝物。

古滇国的印证

后来经细查，这枚出土于6号墓漆棺底部的金印“通体完好如新”。印作盘蛇纽，蛇背有鳞纹，蛇首昂首向右上方。印面每边长2.4厘米，印身厚0.7厘米，通纽高2厘米，重90克。纽和印身是分别铸成后焊接起来的。文乃凿成，笔画两边的凿痕犹可辨识，篆书，白文四字，曰“滇王之印”。根据史书中的记载：汉武帝元封二年，滇王尝羌降于汉，汉“赐滇王王印，复长其民”。这一文献的记载，同出土的繁浩奢华的各种随葬品一起印证了石寨山就是一代滇王及其家族的陵寝地。

▼古滇国印证

在考古学上，像这样出土文物与文献记载相一致的案例并不多见，因此，

▲古滇国印证

滇王金印的出土更显出它的与众不同和极高的考古价值。西汉时期，中央王朝为了统治边疆地区，往往采用“以夷制夷”的策略，只要称臣纳供，不对抗中央王朝，一般都以赐印、委派官爵等统治方式，来行使汉王朝对边疆地区的统治和管理。西汉时，汉武帝曾在现在的晋宁设立益州郡。从现已掌握的考古发掘的情况看，文献记载的汉代金印有1784年在日本博多志贺岛上出土的“汉倭奴国王”金印、1955年在云南晋宁石寨山汉墓出土的“滇王之印”蛇纽金印和1981年在江苏省扬州附近的邗江县营泉镇北二号汉墓出土的“广陵王玺”，此玺龟纽金印、在印面尺寸、篆刻字体和印纽形制等方面与前两枚金印十分相似。这几枚金印的出土，充分印证了汉代中央王朝对这些地区的统治，也印证了史书中记载的真实可信。正是由于这几枚金印的出土，引起了考古学家的极大兴趣，如贵州省组织的对“夜郎王印”的寻找。人们也都期待着能够早一天将这枚同样记载在史书中的“夜郎王”的金印发掘出土。

50多年过去了，随着考古工作的不断深入，石寨山先后又进行了5次科学的考古发掘，一共发掘了89座墓葬，出土了各类文物数以万件。伴随着田野考古调查和发掘工作及科学研究的步步深入，滇国神秘的面纱被揭开，石寨山已经成为云南考古事业的辉煌历史。如今的石寨山已成为全国重点文物保护单位，云南晋宁石寨山考古发掘还被评为中国20世纪100项重要考古成就之一。

古滇国的简述及出土文物

▼滇池风光

在云南的青铜时代，以滇池地区为中心，存在着一个古老而神秘的王国——滇国，在滇池之滨，滇人的社会、文化达到了相当发达的程度。根据史书的记载，战国时，楚顷襄王元年（前298），楚国派将领率军进入滇池地区，“济湘沅以

南征”，到达滇池地区后，以“兵威定属楚”。正当他欲返回楚国时，秦军攻克了楚属巫、黔中之地，阻断了其归路。至此， 他及其部属“变服从俗，以长之”，当了滇王。他带来的楚人和当地的土著民族，在滇池之滨的千里沃野上共同创造和发展了灿烂辉煌的古滇国文明。

▲古滇国文物

从 20 世纪 50 年代中期到 90 年代中期的近 40 年时间里，考古人员在晋宁石寨山共进行了 5 次正式的考古发掘，一共清理了 86 座滇国古墓，出土珍贵文物 5 000 余件（套），揭开了厚厚的历史尘封，古滇王国被淹没的悠久历史和灿烂文化露出了冰山一角。石寨山出土的数千件美轮美奂的古滇国文物，映射了古滇国发达的青铜文化，极具代表性的就是滇国金印。据汉代玺印制度，诸侯王印无蛇钮之制，传世的四夷王侯（即外在臣王）及邑长之类亦罕见作蛇钮者，说明西汉时滇王身份特殊，和一般外臣王及内臣侯王均有区别。滇王金印的发现对确定石寨山墓地的性质、年代以及墓主的身份等无疑都是十分重要的证据，其历史和科学价值之高，是任何一件滇国文物都无法与之相比拟的。下面举几个其他滇国文物的例子。

1. 贮贝器

贮贝器是滇国特有的青铜器，具有浓郁的地方特点和民族风格。石寨山青铜文化之所以名闻遐迩，与出土许多精美的贮贝器有很大关系。石寨山共出土各种贮贝器 32 件，较典型的如镏金骑士贮贝器，此器高 50 厘米，盖径 26 厘米，器身上大下小，腰部微束，

古滇国的简述及出土文物

滇池东岸的牛恋乡，这个地方之所以叫牛恋乡，是因为有一个美丽而动人的传说：这个村子以前有人把自己养的牛卖到了海口，牛因惦念主人，又游水从滇池中回来。村中风景如画，古人诗曰：“南湖北望四山峰，一发青痕在碧空；风约湖心平又凸，青山吐涮白云中。”值得一提的是，牛恋乡产金线鱼，这种鱼的形状很像白鱼，金色细鳞，大的不过七八寸，夏秋之际甚多，平时喜欢躲在石洞里面，下雨时由于洞中闷热才出来。徐霞客在游记中记载说：“金线鱼出滇池金线洞，金色鳞细，长不盈尺，味极鲜美，实为鱼中珍品。”清代昆阳知州刘安科，曾有一首五律介绍道：“金光飞一线，流入洞中天；遍梁游鳞活，都呈丽色鲜。何劳工笔画，不费绣针穿；大造真奇巧，滇池异族传。”

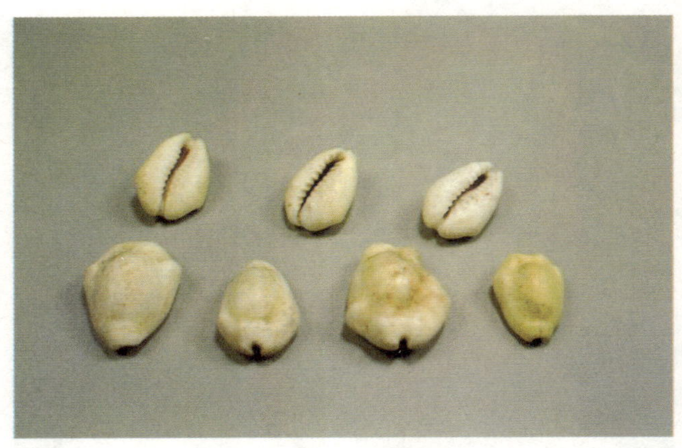

▲牛虎鹿贮贝器 ▼铜鼓

平底，底部有兽爪形三矮足，两侧有对称的虎形耳，虎作向上攀登状，张口欲噬。器盖中央立一柱，柱上有一长方形平台，一佩剑鎏金骑马者立于其上。

2. 铜鼓

铜鼓是滇国各民族普遍使用的一种打击乐器，是滇国青铜器中最具有代表性的物件之一，类似中原地区商周青铜文化中的钟鼎重器。石寨山型铜鼓以晋宁石寨山出土最早、最多而得名。

3. 铜扣饰

滇国铜扣饰有圆形、长方形和不规则形 3 种形状，有的正面镶嵌玛瑙、玉石及孔雀石等，有的为浮雕人物或动物图像。背面均有一矩形扣，扣饰之名即由此而来。滇国的扣饰基本为青铜制品，也有少量铜铸鎏金，总的扣饰数量在出土文物中所占比例较小，说明多限于滇国上层社会。在圆形和长方形扣饰上多饰以动物纹或动物图像，还有斗牛、舞乐、房屋、祭礼等内容，造型极其生动逼真。不规则形的扣饰则无固定形状，主要是根据器物表面的人物或动物的不同动态要求制作的，因此多呈不规则形。为了使扣饰的人物和动物不致松散影响整个构图的美观，特在扣饰的下端加铸横卧的一蛇或二蛇，以增强其整体感。滇国墓地出土不规则形的扣饰较多，而且多数是动物纹图案，如“虎豹噬牛”“二虎斗牛”“三狼噬羊”“虎噬野猪”“三水鸟”“三头牛”“立豹”“虎头”“螺蛳”等。

西汉中叶是滇国的繁荣鼎盛时期，从出土的文物中可以看出：农业、畜牧业、狩猎业、渔业、建筑业、冶金业、纺织、制陶、珠宝玉石器加工业等社会生产各方面的技术水平均达到了相当的程度。例如建筑，石寨山出土的滇国干栏式房屋铜铸模型，其底架及上层建筑均较完整，由于铸工精细，不仅整座房屋的全貌甚至连细部结构都看得非常清楚，为进一步研究滇国建筑创造了条件。冶金，当时滇国生产的青铜器可以和世界上任何一种青铜文化媲美，为国内外学术界所公认。

滇国文明在滇池区域内经历了大约300～500年的历程，滇池之滨的千里沃野孕育和发展了中华文明中的这枝青铜文明奇葩。由于不可知的原因或现在的考古手段所不能探究的因素，古滇国留给世人太多诸如滇国古城之谜。但是，随着石寨山文物的发现，使世人对石寨山文化有了更多的了解，古滇国的千古历史之谜也将随着其他古滇文化遗物的不断发掘、涌现而真相大白。

▲镙牛铜扣饰

随之出土的文物几乎代表了滇国时代青铜文化的精品，有贮贝器、铜编钟、带金鞘的剑、黄金珠、玛瑙、玉、车马饰和造型奇异的铜扣饰。它们价值连城，代表着一个湮没了的云南古史上第一个地方政权——古滇王国的真实存在。

美轮美奂的青铜文化，是这个古老王国的背景，它们极其精美，工艺水平极高，其风格与造型与中原文化绝无相同之处，是一个在独立的地域中产生和发展起来的毫不逊色的文明。

公元前1世纪前后，这个孤立的王国终于走到了终点。西汉元封二年（前109），汉武帝兵临滇国，滇王举国投降，并请置吏入朝。于是汉武帝赐给了滇王金印，这枚纯金铸就的滇王金印，埋藏2 000年后，被考古学家们发掘于石寨山的泥土之中，古滇国的历史文化逐步凸显在世人面前。

置身于滇文化的发祥地，面对如此厚重的古滇国光辉灿烂的历史文化，你的心灵，必将受到深深的震撼与陶冶。

◀云南古建筑

砀山女尸之谜

▲砀山女尸

砀山出土一具清代皇宫女尸，尸身修长，裹“三寸金莲”小脚，尸长1.64米，年龄不过30岁。女尸身着龙凤服，补服上的官识图为“麒麟白泽”。她是谁？又有什么样的身世呢？

砀山女尸的简介

砀山古墓及女尸的发现，立刻轰动了整个砀山县城，成千上万的百姓闻讯赶来，争睹奇观。女尸修长的身材、细腻的皮肤、一头乌黑的亮发、修剪整齐涂着红色指甲油的一双纤细的小手，以及那一双小巧的“三寸金莲”都使围观的人们发出阵阵惊叹，女子喉部呈“T”字型的深深刀痕和臀部尾骨处的一个肉囊，更使人们大为惊奇，议论纷纷。直至2001年3月24日上午11点多钟，砀山县政府有关部门赶来之前，整个“梨园小区”工地人头攒动，络绎不绝，而许多古老的传说，也从一些老人们的口中议论出来。

古墓所在地原为乱坟冈，这座古墓是其中一个较大的土堆，据当地年长者说，他们从小常在这大坟上割草、嬉戏，就连他们的祖辈们也不知这是谁家的祖坟，从未见有人烧纸、添坟、祭祀，只是见过早年有两座雕工精刻的大石碑的基座淹没在乱草丛中。

2001年3月24日上午9点，砀山县文化局局长助理在办公室接到了一个陌生人打来的电话，称发现了古墓，他叫上砀山县文物管理所所长等几个人，立即出发，几经周折临近中午11点，终于来找到“梨园小区”现场。经与砀山县殡仪馆协商，下午女尸被送到殡仪馆冷冻起来。经安徽省文物局考古研究所有关考古专家对出土的葬具、尸体及有关器物考证分析，初步鉴定该古墓为前清古墓，出土器物为国家二级文物。

砀山女尸的出土过程

2001年阳春三月，春和景明时节，在历史古邑、有“梨都”之誉的安徽省砀山县，50万亩梨花已是吐蕊绽放，竞相盛开，放眼环顾，整个砀山大地雪堆云涌，银波琼浪，景色蔚为壮观。

2001年春，在砀山县城关西部的一片土地上，机声隆隆，一派繁忙。这里是由砀山县建筑公司承建的商品住宅楼建筑工地“梨园小区”，建筑公司经理连日来带领就近招募来的农民建筑工人，日夜苦战，加班加点，正在进行住

◀古墓中的石棺

宅楼基建工程。

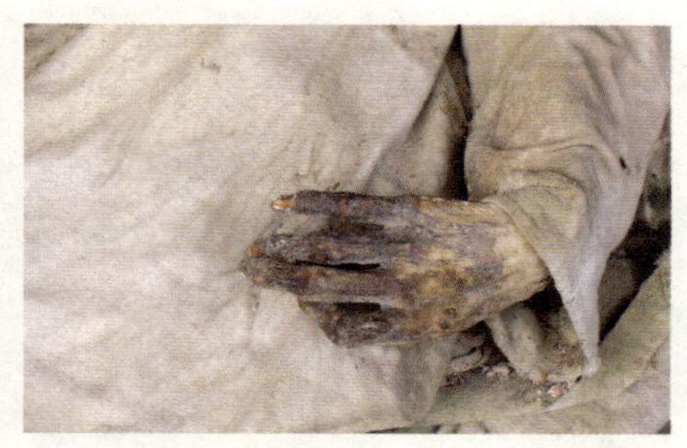

▲尸体局部图

在2号楼的地基上，一台挖掘机正在隆隆作响，进行深挖地槽工作，这台庞大笨拙的挖掘机在驾驶员熟练的操纵下，长长的铁臂伸展自如，左旋右转，一次次把泥土从近4米深的地槽里挖抓上来，送进一边等待的翻斗运土车里。

3月的阳光暖洋洋地照在工人们的身上，建筑工人们虽然都在紧张地忙碌着，但在这样不冷不热的季节，仍很惬意，干活之余，抬头向北看去，便是一片梨花胜雪、麦苗青绿的美丽世界。

上午9点多钟，挖掘机驾驶员忽然发现挖掘机有力的铁臂伸到4米深的地槽下掘土时，机身吃力地颤抖起来，铁臂每次也只能挖出少量杂有朽木块和白石灰样的黏土来，他心里觉得有点奇怪，正在疑惑间，又感到机身猛烈跳了一下，铁臂处发出一声闷响。他连忙跳下驾驶室，下来查看，他担心挖到地下的大石头，毁了机器。他跳到4米多深的地槽，用脚拨开黏土一看，一块深红色的木板露了出来，锋利的铁臂竟然也只是砸坏了木板的一点表皮，再看看地槽的两壁，竟然清晰地看出有三层灰白的黏土层和两层腐朽的木板。

他连忙爬上来，上午的阳光几乎刺得他睁不开眼，他忍不住对周围忙碌的工人们叫了起来："好像挖到大棺材了！"

这一声叫唤使周围正在埋头干活的工人们吃了一惊，正好经理也不知转到哪里去了，他们纷纷扔下手里的活计围了过来，强烈的好奇心和繁重的劳动正好使他们有一个休息一下的借口。

在人们的鼓动下，他又爬进驾驶室，开动挖掘机，继续开挖起棺材四周的土层来。

通体深红色的棺材渐渐露了出来，棺材之大之完好让在场的所有人都惊讶得七嘴八舌议论起来。

棺材太大太沉了，工人们便试图在地槽下打开棺盖，棺盖竟如同与整个棺体焊为一体一样无法撼动。经过人们用绳索、棍棒和挖掘机的合力，最后终于把整个棺材弄到了地面。阳光下的棺材油漆还闪闪发亮，就像刚安葬到4米多深的地下一样。

周围的居民也闻讯陆续赶了过来，在挖掘机铁臂的帮助下，人们又砸又撬，终于打开了4个工人也难以抬动的棺盖，一股浓香瞬间从棺内喷涌而出，一位盛装白净的古代女子静静地躺在里面，像睡着了一样，有许多东西在女子的头上、手上和衣服上发出亮光。

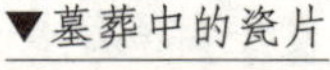

▼墓葬中的瓷片

▲古墓墓口

砀山女尸古墓情况

该墓为一大型双棺墓，一墓两棺，均南北向，东为一号主棺，西为二号棺(单棺已朽），两棺相距 1 米。一号棺由外椁、中椁、内棺“三套棺”组成。外椁和中椁为柏木制造，外椁已朽坏，呈古铜色，表面经釉状瓷粉与油漆混合粉刷，光滑细腻，中椁呈朱红色，长 291 厘米，宽 218 厘米，椁板厚 17 厘米；内棺为楠木质作，棺长 214 厘米，宽 70 厘米，高 75 厘米，棺板均以燕尾槽扣接，整个棺体呈朱红色，光彩夺目；打开棺盖时有异香扑鼻而来，棺内布有大量中草药。外椁和中椁、中椁和内棺之间有糯米汁与生石灰的混合物，坚如磐石，厚度约 40 厘米。整个葬具造型美观，完整如新，浑然一体，天衣无缝。

砀山女尸墓主概况

墓主是女性，置于内棺，尸体上盖罗巾被，下铺丝棉褥，身着衣物华美如新，雍容典雅。其头戴黑色女士葬帽，身穿绣有金丝麒麟的官服，绣有龙凤图案的真丝偏领大褂；腰系黄色的龙凤呈祥图案的罗裙，有呈网状结构的黄色丝穗下摆，金光闪闪；白色的内衣裤，下身着皂色长裤，脚蹬乌色短筒朝靴。脱去衣帽，该女尸保存完好，肢体匀称，身材修长，椭圆形瓜子脸，脚很短，因多年缠裹之故，仅大拇趾凸显在外，趾盖尚存，“三寸金莲”名副其实。骨盆紧锁，已经生育，牙齿磨损轻度，推断年龄不过 30 岁。尸身长 164 厘米，毛发浓密乌黑，发型圆转，用两枚金簪盘于脑后；面部暗灰，神态安详，呈睡眠状，皓齿完好；胸腹部塌陷，内脏皆在其中，手臂肌肉丰满，手指修长，指甲饱满，可清晰看出涂有红色指甲油；腿上肌肉也很丰满，且有弹性，至今关节仍可曲直，全身多处肌肉仍可针剂注射。

最为引人注目的是：墓主颈部咽喉处有“T”形剑类锐器致命伤痕，喉管、动脉和静脉血管全被切断。更奇怪的是，女尸臀部尾骨处竟长有椭圆形扁平肉囊。

▼砀山女尸陪葬衣物

砀山女尸出土器物

经砀山县城关公安分局追回的随葬器物有：金簪两枚、耳环一枚、朝珠下的胸坠一枚、帽花一枚、铜钱数枚，佛珠一串。金簪、耳环、帽花均为赤金锻造，金簪和帽花均有“元吉”铭文及花纹，细小入微；耳环锻有“鲤鱼跳龙门”图案，鱼身上之鱼鳞清晰可见，龙门形象逼真，可谓巧夺天工；佛珠系檀香精雕细刻而成，形状各异，清香四溢，其椭圆形珠坠上的佛教图案工艺考究。

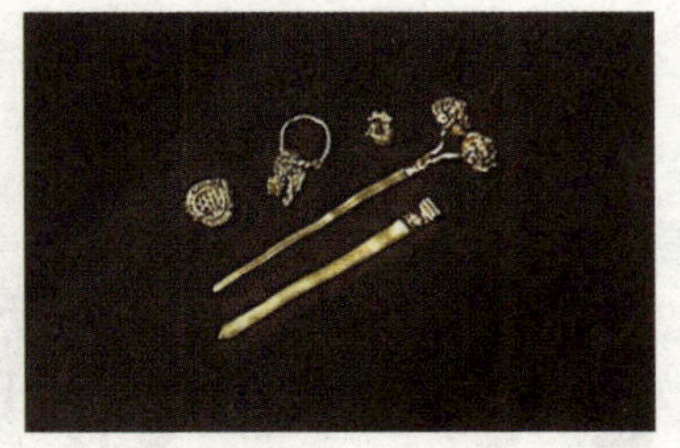

▲砀山女尸饰品

砀山女尸身份

从该古墓出土的葬具（柏木为上等木料，楠木价格昂贵）、器物（随葬首饰）、墓主衣着（龙凤图案衣）及其生理特征（手掌、指甲等）判断，该女性生前生活在上层社会，养尊处优，曾受皇封（封建时代只有受过皇封的人才可着龙凤图案衣）；从出土的器物（“康熙通宝”铜钱）判断，墓主丧葬时代当为清代康熙晚期。

据史料记载，明清官服前胸和后背缀有金丝绣成的摆巾，称作“补子”，也叫“背胸”，是代表品级的徽识。明洪武二十五年规定，公、侯、驸马、伯的官服绣麒麟、白泽，规定文官用十种飞鸟代替品级，武官用六种走兽代替，并且规定平民女子首饰不准用金玉、珠翠，只准用银。清军入关后，官服和社会制度均沿袭明朝，“补子”则规定一品武官官服用麒麟。因该墓主身着绣有金丝麒麟的官服，由此推断，墓主生前应有前清皇宫相当级别的身份。

砀山女尸谜点

在中国历史上，尸体保存数百年而不腐的事例不乏记载。史书中记载：建兴三年六月，关中人盗掘汉代霸陵、杜陵及薄太后陵，太后面如生时，得金玉彩帛不可胜记。据史书记载，薄太后死于公元 315 年，相距 470 年之久，不但面貌如生，而且衣物尚可使用。而 1972 年长沙马王堆 1 号汉墓的发掘，发掘出的女尸外形保存完整，皮肤浅褐黄色，润泽而有弹性，时隔 2 000 多年的女尸竟然保存如此完好，创造了人类考古史上的奇迹。因此，马王堆 1 号汉墓出土的女尸被称为“湿尸”，被考古界命名为“马王堆尸”。它是马王堆创造的神话，也是中国古代人在 2 000 年前创造的奇迹。

而据文献记载，中国古代贵族死后先要用香草熬制的香汤和药酒给尸体沐浴，使之香美去秽，然后是穿衣入殓，衣物多达十数重，放入漆制精美的重棺，而棺盖用胶漆密封。

砀山古墓墓主尸体保存完好的原因经萧县博物馆馆长等多次考察论证，有如下几点：

（1）葬具好。（柏木、楠木皆为名贵木料）

（2）密封严。（有三层棺椁，且棺椁之间及外层均有较厚的糯米汁与生石灰混合层，既吸水防潮又消毒杀菌。内棺不用钉封口，而用燕尾槽密封，与外界空气隔绝）

（3）埋葬深。（距地表 4 米，使尸体处于恒温、恒湿的环境中，形成一个相对真空带）

（4）尸体可能进行了防腐处理，其表里采用了某些耐腐蚀保尸药物。（初步考证为冰片、灯心草、麝香）

（5）下葬时为冬季，这是尸体能保存下来最重要的原因。

（6）死前体内水分大量流失。（因墓主脖子上有“T”形伤口，初步断定为他杀）。

▲尸体上裹着多层衣物

砀山女尸谜案解密

2001 年春天，砀山县某工地意外挖开了一座古墓，一股奇异的香气扑面而来，棺材里躺着一个身着清代服装的美貌女尸！难道这就是传说中的清朝乾隆皇帝的维吾尔族妃子、自幼体有奇香的“香妃”？

5 年过去了，这个谜团始终没有解开。

身上真有香囊吗？

女尸被挖掘出来后，人们发现尸体背部长了一个奇怪的东西，是正常人没有的，难道开棺时所散发出的奇异香味，就是从这里产生的吗？这真的会是“香妃”的香囊吗？

通过医学专家解剖，这个尾椎部位的赘生物其实是一段脱出的直肠黏膜，专家怀疑是脱肛，而不是所谓的香囊。原来，女尸身下铺垫了大量中药材，不仅防腐杀菌，而且会释放出极具芳香的气息。女尸出土时人们闻到的扑鼻奇香，其实就是防腐药物的香气，而并非女尸本身所产生的。

年龄到底有多大？

2006 年底，曾经复原过马王堆女尸生前模样的中国刑警学院刑事样貌复原专家教授，为砀山女尸制作了一幅复原画像：这是一个容貌出众的女子。

通过解剖，医学专家对女尸的年龄提出了质疑。因为女尸身材高挑、四肢修长，显然生前并不肥胖，如果是一个年轻的姑娘，那么她的腰腹部应该更加苗条。而现在，即使是在肌肉已经脱水、内脏已经黏结的情况下，她的腰部却依然比骨盆还宽，符合有过生育经历的已婚妇女的特征。年龄应该在 40 岁左右。

▼墓道入口

生前是否怀有胎儿？

除了“香妃”一说外，还有人认为她是当年乾隆皇帝下江南时当地官员献给皇上的美女，因为怀孕被后宫派来的人所杀。现在经过 5 年多的防腐保存，女尸的胸部已经塌陷，腹部却依然隆起。那么，该女子生前是否真的怀有身孕？

经过解剖，女尸的腹中根本没有胎儿，看到的只是一堆已经像塑料袋一般

▲封锁墓道的条石

的肠子。通过进一步探查，尸体的腹腔中也没有发现其他异常增生的组织，那么，她的腹部的隆起原因何在呢？医学专家打开一看竟然是她的腰椎。女尸怀有身孕的可能性被彻底排除，说她与乾隆皇帝有关的传言也不攻自破！

为何没有任何记载？

在一个女人不许做官的封建社会，她却能穿着带有麒麟补子的服装下葬，并且服装织物的纹样中还带有大量的龙、凤这些象征着皇权的图案，况且死后尸体能被保存得如此完好，显然该女子生前地位显赫，身份非同一般。可奇怪的是，当地的史料却对她毫无记载。

对于这一问题，可能有两种情况，首先是因为她离乡多年，当地人对她的身份并不熟悉，而她也仅仅是死后才把尸体运回来埋葬。其次，那个时代是男尊女卑，女子不在县志中记载也有可能。

颈部为何有T形伤口？

女尸出土后，医学专家赶来对尸体进行清理保护时，意外地发现这个女尸的颈部有一个横向13厘米、纵向9厘米的T形伤口。被如此厚葬的美貌女子，为何身上带着致命伤口？

尸体解剖过程中的一个细节显示，结肠内还有残存的消化物，也就是说，这个女子去世前能正常进食，不像是死于某种慢性消耗性疾病。如果是在人活着的时候受的外伤，切口一定会翻开，而女尸颈部的伤口边缘能够如此整齐，显然是在她死后形成的。经过分析，专家认为造成伤口的时间是在出土之后。

究竟是不是“香妃”？

一具在地下埋藏了上百年的女尸，不但不腐不烂，而且肌肤白皙、富有弹性，四肢的关节都能活动，甚至连嘴唇上的胭脂、指甲上的蔻丹都保持着鲜艳的颜色，这不能不让人感到惊讶。这究竟是不是传说中的“香妃”呢？

有关专家经过一系列的调查和论证之后发现，女尸的服装与皇室无关！进一步辨别女尸的服装得知，女尸生前应该是一位诰命夫人！

经过深入调查，砀山女尸与乾隆皇帝有关的猜测被彻底排除。

▼发掘出的银器

后母戊鼎国之象征

后母戊鼎（原司母戊鼎）是中国商代后期（约前 14—前 11 世纪）王室祭祀用的青铜方鼎，1939 年 3 月 19 日在河南省安阳市武官村一家的农地中出土，因其腹部著有“司母戊”三字而得名，是商朝青铜器的代表作，现藏中国国家博物馆。

▲司母戊鼎

中国的鼎文化

鼎为中国古代炊食器。中国鼎文化的起源可以一直追溯到原始社会新石器时代，早在 7 000 多年前就出现了陶制的鼎。而其真正的发展最高峰则出现在商朝和西周时期，尤其以鼎为代表的祭祀用容器的制作，盛行于商周时期，延续到汉代。在奴隶制鼎盛时代，被用作“别上下，明贵贱”，是一种标明身份等级的重要礼器。文献记载“天子九鼎，诸侯七鼎，大夫五鼎，元士三鼎或一鼎”，又载“铸九鼎，像九州”。又有成语一言九鼎、问鼎中原、三足鼎立等。青铜鼎的前身是原始社会的陶鼎，本来是日用的饮食容器，后来发展成祭祀天帝和祖先的“神器”，并被笼罩上一层神秘而威严的色彩。在古代，鼎是贵族身份的代表。此外，鼎也是国家政权的象征，史书有载：“桀有昏德，鼎迁于商；商纣暴虐，鼎迁于周”。鼎大多为三足圆形，但也有四足的方鼎（后母戊鼎便是最负盛名的四足大方鼎）。

后母戊鼎简介

后母戊鼎是商后期（约公元前 14—前 11 世纪）铸品，原器 1939 年 3 月出土于河南安阳侯家庄武官村。此鼎形制雄伟，重达 875 千克，高 133 厘米、口长 110 厘米、口宽 78 厘米；后母戊鼎器型高大厚重，形制雄伟，气势宏大，纹势华丽，工艺高超，又称司母戊大方鼎；鼎腹长方形，上竖两只直耳（发现时仅剩一耳，另一耳是后来根据另一耳复制补上），下有四根圆柱形鼎足，是目前世界上发现的最大的青铜器。该鼎是商王武丁的儿子为祭祀母亲而铸造的，是迄今为止出土的最大最重的青铜器。后母戊鼎初为乡人私自挖掘，出土后因过大过重不易搬迁，私掘者又将其重新掩埋。后母戊鼎在 1946 年 6 月重新出土。新中国成立后，于 1959 年入藏中国历史博物馆。

鼎身呈长方形，口沿很厚，轮廓方直，显现出不可动摇的气势。司母戊鼎立耳、方腹、四足中空，除鼎身四面中央是无纹饰的长方形素面外，其余各处皆有纹饰。在细密的云雷纹之上，各部分主纹饰各具形态。鼎身四面在方形素面周围以饕餮作为主要纹饰，四面交接处，则饰以扉棱，扉棱之上为牛首，下为饕餮。鼎耳外廓有两只猛虎，虎口相对，中含人头。耳侧以鱼纹为饰。四只鼎足的纹饰也匠心独具，在三道弦纹之上各施以兽面。据考证，后母戊鼎应是商王室重器，其造型、纹饰、工艺均达到极高的水平，是商代青铜文化顶峰时期的代表作。

后母戊鼎的提手纹饰同样精美。两只龙虎张开巨口，含着一个人头，后世演变成“二龙戏珠”的吉祥图案。一般认为，这种艺术表现的是大自然和神的威慑力。现在却有人推测，那个人是主持占卜的贞人，他主动将头伸入龙虎口中，目的是炫耀自己的胆量和法力，使民众臣服于自己的各种命令。这完全是可能的：当时的贞人出场时都牵着两头猛兽，在青铜器和甲骨文经常可以看到这样的图案。

此鼎器形庞大浑厚，其腹部铸有“司母戊”3个字，亦有人释作“后母戊”，是商王祖庚或祖甲为祭祀其母所铸。后母戊鼎的鼎身和鼎足为整体铸成，鼎耳是在鼎身铸好后再装范浇铸的。铸造这样高大的铜器，所需金属料当在1 000千克以上，且必须有较大的熔炉。经测定，后母戊鼎含铜84.77%、锡11.64%、铅2.79%、其他0.8%，与古文献记载制鼎的铜锡比例基本相符。后母戊鼎充分显示出商代青铜铸造业的生产规模和技术水平。

后母戊鼎的发现

世界上最大的青铜器后母戊鼎是1939年3月在河南安阳武官村北的农田中被当地农民探寻到的。

自从安阳小屯村发现甲骨文之后，质朴的当地农民逐渐意识到殷墟文物的价值，于是积极参加了探寻文物的活动。

▼后母戊鼎

1939年3月的一天上午，农民吴希增在田地上用探杆探找文物，当探杆钻到地下十多米深的时候，触及到一个硬物，他将探杆取上来一看，发现坚硬的探头卷了刃，上面还留有绿色的铜锈，他意识到探到宝物了。按当地规定，探宝不分地界，但探出宝来，宝物所在地的主人要分得宝物售款的一半。农民商定之后，当晚便破土挖宝了。挖掘工作是秘密进行的，到半夜时分，挖下约10

▲后母戊鼎出土地

米深，宝物被发现了，先挖到的是器物的柱足，接着整个器物显露出来。当时，大方鼎的口朝东北，柱足朝西南，横斜在泥土里，大如马槽，但只有一个鼎耳，另一个鼎耳不知去向，人们在泥土中找了很长时间也没找到。估计，它在埋入地下之前，便被击断失落了。

第二天夜里，吴希增组织了40多人往上提，他们在洞口上搭了一个架子，用两条粗约五厘米的麻绳，一条拴住鼎耳，一条拴住柱足，一部分人在上面用力拉，一部分人在洞下用杠杆撬起一头并将土填入底部，然后再撬另一头，再用土填起来，用这种办法一点一点地往上抬，当提到六七米时，粗实的绳子突然断裂了。此时，天将放亮，为防别人发现，又将洞口堵了起来。到了第三天夜里，终于将这个特大方鼎弄出了地面。

后母戊鼎的去向

方鼎的出土始终是在极为秘密的情况下进行的，但是消息还是泄露了出去。不久，驻安阳飞机场的日军警备队长前来“参观”，后北平古董商也来秘密造访，并表示愿出20万银元购买，但要求村民将鼎砸成4～6块，以便分批装箱运走。村民受20万银元诱惑，真的开始肢解方鼎，先是用钢锯条锯，但由于方鼎的硬度高，没锯动。后来，村民认为把方鼎破坏了太可惜，还怕古董商万一不要，不完整的方鼎会很难出手，于是村民停止肢解，又将方鼎埋入地下保存了起来。

▼鼎

后来，消息传到日伪宪兵队耳中，宪兵队多次前来搜寻。村民为了防止宝物被日本人抢去，便采取了迷惑敌人的办法将方鼎转移到较远的地方埋藏起来，而在原来埋藏方鼎的地方，埋藏了别的出土文物。日本宪兵找到这一埋藏地点，将这批文物抢劫而去，而方鼎得以保存下来。1946年6月被重新掘出，原物先存于县政府处。同年10月底，为庆祝国民政府主席蒋介石60寿辰，驻军用专车把它运抵南京作寿礼，蒋指示拨交中央博物院筹备处保存。

1948年夏，该鼎在南京首次公开展出，蒋介石亲临参观并在鼎前留影。而国民政府终究因重量问题没有把其运往中国台湾，新中国成立后该鼎存于南京博物院，1959年转交中国历史博物馆至今。方鼎那失去的一只鼎耳一直没有找到，专家们仿照鼎上另一只鼎耳将它补铸上去，算是完整了。

▲司母戊鼎

后戊鼎相关事件

2000年，南京博物院技术部申报“泥范铸作后母戊鼎工艺研究”课题，并在2006年7月用仿古代的泥范铸作工艺初步铸成原大后母戊鼎。

为筹备殷墟申请联合国“世遗”评估行动，中国历史博物馆曾在2005年9月下旬把在北京秘藏的原鼎运回安阳殷墟博物馆一同展览近4个月。殷墟在2006年7月13日正式成为“世界文化遗产名录”后，当年把原鼎收藏免被日军搜掠的42位村民之一被增补为安阳市政协委员。

后母戊鼎国之象征

1. 礼乐重器

提起鼎，人们首先想到的是政权和社稷，鼎可以说是中华文化的一种象征，具有极其崇高的意义。

鼎盛行于商周时期，延续到汉代。在奴隶制鼎盛时代，是一种标明身份等级的重要礼器。

2. 相当于锅

鼎的常见器形为圆腹、两耳、三足、呈盆、盂状，也有少量呈斗状的四足方鼎。一般都较厚重。

人们在尊崇鼎的价值的时候，常常忘记了它本来的用途，其实它是一件炊器，多用于祭祀或典礼时盛煮鱼猪牛羊肉等食物，相当于现在的锅。

3. 祭祀母亲

后母戊鼎因其腹内壁上有铭文“司母戊”三字而得名，是商王祭祀其母（名戊）的纪念器物。

探索大汶口文化

大汶口文化是新石器时代晚期重要的遗存之一，因首先发现于山东省泰安县大汶口遗址而得名。其分布范围北濒渤海、南抵苏皖、西进河南，始自公元前4300年，到公元前2500左右发展成山东龙山文化。

大汶口文化概述

中国黄河下游地区的新石器文化，因发现于山东泰安大汶口遗址而得名。主要分布区是山东、苏北、皖北和豫东的汶河、泗河、沂河、淄河、淮河下游的广大地区，包括北辛文化和龙山文化，是本区新石器时代中期具有代表性的一种文化。已发掘的典型遗址有泰安大汶口、滕州岗上、曲阜西夏侯、邹城野店、兖州王因、邳县刘林、大墩子、诸城呈子、日照东海峪和胶州三里河等遗址。

大汶口文化的年代大约公元前4040—前2240年，延续时间约2 000年。根据地层叠压关系和遗物特征，可以区分为早、中、晚3期。有泥质、加砂陶，早期以红陶为主，晚期灰、黑比例上升，并出现白陶、蛋壳陶。手制为主，晚期发展为轮制陶器，烧成温度900～1 000℃。器型有鼎、鬶、盉、豆、尊、单耳杯、觚形杯、高领罐、背水壶等。许多陶器表面磨光，纹饰有划纹、弦纹、篮纹、圆圈纹、三角印纹、镂孔等。彩陶较少但富有特色，彩色有红、黑、白三种，纹样有圈点、几何、花叶等。

▼大汶口文化留下的文物

大汶口文化于1959年首次发现，进行发掘，考定为新石器时代晚期遗存。考古学界即将大汶口遗址及其相类同的文化遗存命名为大汶口文化。其后，于1974年、1977年、1978年又先后进行多次发掘。遗址内涵丰富，有墓葬、房址、窖坑等。出土生活用具主要有鼎、豆、壶、罐、钵、盘、杯等器皿，分彩陶、红陶、白陶、灰陶、黑陶几种，特别是彩陶器皿，花纹精细匀称，几何形图案规整。生产工具有磨制精致的石斧、石锛、石凿和磨制骨器，而骨针磨制之精细，几可与今针媲美。墓葬以仰卧伸直葬为主，有普遍随葬獐牙的风习，有的还随葬猪头、猪骨以象征财富。

大汶口文化的发现，为山东地区的龙山文化找到了渊源，也为研究黄淮流域及山东、江浙沿海地区原始文化提供了重要线索。

▲大汶口遗址出土陶猪

大汶口文化的特征

(1) 以农业生产为主，兼营畜牧业，辅以狩猎和捕鱼业，已发现许多大小不等的村落遗址。村落遗址所选择的地点，有在靠近河岸的台地上，也有在平原地带的高地上。农业以种植粟为主，在三里河遗址的一个窖穴中，曾发现1立方米的碳化粟，还发掘出大量牛、羊、猪、狗等家畜骨骼。

(2) 房屋多数属于地面建筑，但也有少数半地穴式房屋。在呈子遗址中曾发掘出一座大汶口文化近方形的房屋，房基东西长4.65米，南北长4.55米，房门朝南。筑法是先在地坪上挖0.5米的基槽，槽内填土夯实。墙基内有密集的柱洞，室内有4个柱洞。在大墩子的大汶口文化墓葬中，还出土有陶房模型。一件立面呈长方形，短檐，攒尖顶，前面开门，三面设窗，门口及周围墙上刻有狗的形象。一件立面呈三角形，前面开门，左右及后墙也开窗。另一件横断面呈圆形，上有一周短檐，攒尖顶，有五道脊，无窗。这些陶房模型，提供了相当形象的大汶口文化房屋形状。

(3) 大汶口文化的灰坑有圆形竖穴和椭圆形竖穴，原先的用途可能是储藏东西的窖穴。也有口大于底的不规则形灰坑。

(4) 大汶口文化的生产工具仍以石器为主，兼有一些骨器、角器和蚌器。石器有铲、锛、斧、凿、刀、匕首、矛等，有的石铲和石斧钻有圆孔。还有一些带柄石铲和有石锛。骨器有镰、鱼镖、镞、匕首和矛。角器有锄、鱼镖、镞、匕首。蚌器有镰和镞。另有少量的陶网坠和陶纺轮。石器、骨器和角器都有一些变化，根据它们的出土层位可分早、中、晚三期。

(5) 大汶口文化的制陶技术较前已有很大提高。陶质有红陶、灰陶、黑陶和白陶四类。陶器装饰以镂刻和编织纹最具特色。常见的纹饰则有锥刺纹、附加堆纹、弦纹、划纹和篮纹。彩陶不多，彩陶上以黑彩和红彩绘平行线纹、弦纹、叶纹、花瓣纹、八角星纹等几何图案为主。陶器盛行三足器和圈足器。器形有罐形鼎、钵形鼎、

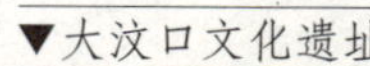

▼大汶口文化遗址

▼大汶口文化神人骑兽玉佩

▲大汶口文化玉人面饰

壶形鼎、背壶、长颈壶、深腹罐、高柄豆等。高柄杯和白陶器是大汶口文化中最具特征的陶器。在早、中、晚三期中，陶器的陶色、纹饰、器形都略有变化。陶色早期以红陶为主，兼有一些灰陶与黑灰陶。中期红陶减少，灰陶增多，兼有一些黑陶和白陶。晚期黑陶大为增多，并有少量红陶、灰陶和白陶。陶器的制法，早期以手制为主，到了晚期轮制逐渐增多。陶器纹饰，早期有锥刺纹、划纹和少量彩陶。彩陶上多为黑彩线条纹和叶脉纹。主要器形有釜形鼎、钵形鼎、小口带柄壶形鼎、敛口平底钵，也有在上腹部饰彩的陶钵、高柄豆、高柄觚、双耳壶等。中期又出现了附加堆纹、篮纹、压印纹和镂刻纹，以及施黑赭色和红色的彩陶。彩陶纹样有直线、斜线，弧线组成的花瓣纹和八角星纹等。中期的陶器器类较早期明显增多，主要有小口深腹罐形鼎、钵形鼎、盂形鼎、小口深腹罐、平底盉、三实足鬶、敛口钵、高柄喇叭形座豆、小口长颈带鼻壶、圈足尊、高柄杯、盆、簋、勺与漏器等。晚期陶器纹饰有弦纹、附加堆纹、篮纹、镂刻纹等，彩陶则以涡汶为主。器类有罐形鼎、瘦腹背壶（其中有白陶）、宽肩壶、袋足鬶（有白陶）、三实足盉、高柄豆、带把杯、长颈壶等。

（6）大汶口文化的雕塑工艺品不仅数量多，而且有较高的艺术水平，多数是墓内的随葬品。雕塑品有象牙雕筒、象牙琮、象牙梳、雕刻骨珠、骨雕筒、骨梳、牙雕饰、嵌绿松石的骨筒、雕花骨匕、穿孔玉铲、玉珠，以及陶塑动物等。这些雕塑品，制作都相当精细，造型优美，是大汶口文化中颇具特色的艺术作品。

▼大汶口文化彩陶壶

（7）大汶口文化的墓葬多埋于集中的墓地。每一墓地的墓葬排列有序，死者头向一致。墓室多为长方形竖穴土坑，有的仅有棺，但也有棺椁皆备的。葬式一般为单身仰身直肢葬，也有2人合葬或多人合葬的。多人合葬，少则3人，多则达23人。2人合葬墓有同性合葬，也有异性合葬。且有一次葬或二次葬的合葬墓。此外，还发现了一些无头葬、无尸葬和“迁出葬”（即将墓内部分骨骼迁移他处，而在原葬墓内仍保留死者的部分骨骼）。葬式有屈肢葬、俯身葬和重叠葬等。墓内多数无任何随葬品。有随葬品的墓，随葬品的多少也十分悬殊，少者一两件，多者百件以上。如大汶口M10是老年女性墓葬，墓坑东西长4.2米，南北宽3.2米，墓底有二层台和涂漆棺椁。

随葬品有装饰于头和颈部的3串77件石质饰品，玉臂环、玉指环各1件，腹部置玉铲1件，还有象牙雕筒2件、骨雕筒1件、象牙梳1件；陶器达90多件（其中白陶、磨光黑陶、彩陶共38件）；还有猪头、兽骨、鳄鱼鳞板等。随葬品的悬殊，反映了社会上的贫富悬殊日趋严重。

▲大汶口文化出土陶器

大汶口文化的类型

关于大汶口文化的类型问题，目前考古界看法不一。有人提出可划分为“青莲岗”、“刘林”和“花厅”3个类型。也有人认为可以划分为“大汶口”、“大墩子”和“三里河”3个类型。现将后一种划分的3个类型，简介于下：

1. 大汶口类型

包括山东中南部的泰安、济宁等地区的大汶口文化遗址。经过发掘的有滕州岗上、曲阜西夏侯、邹城野店、兖州王因等遗址。该类型的特点，表现在陶器器形上，以釜形鼎、大镂孔编织纹高柄豆、背壶、筒形杯、盉、尊形器、圈足瓶、袋足鬶、带耳杯等较有代表性。墓葬以头向东单身仰身直肢葬为主，并有少量仰身屈肢葬和俯身葬。死者手中多握有獐牙器。早期墓葬中还有一定数量的同性合葬墓。

2. 大墩子类型

因最初发现于江苏北部的邳县大墩子而得名，主要分布于淮河以北的苏北地区。经过发掘的遗址有邳县刘林、新沂花厅、连云港二涧村等遗址。陶器以鼎、鬶、豆、背壶、带把三足罐、簋形器、钵、觚形杯、高圈足杯、罐等较有代表性。葬式也以头向东或东北的单身仰身直肢葬为主，死者手中也多握有獐牙器。有的墓中的死者两眼处还放有石环。

3. 三里河类型

因山东胶州三里河遗址具有代表性而得名，主要分布于山东潍坊地区和日照等地。经过发掘的遗址有日照东海峪、安丘景芝镇、诸城呈子等遗址。陶器以釜、罐形鼎、鬶、单耳长颈壶、双耳长颈壶、细长瓶、大口折肩尊、单耳杯、高柄杯、折腹钵等具有代表性，背壶、豆、筒形杯较少。葬式以头向西和西北的单人仰身直肢葬为主。在呈子遗址中还有较多的合葬墓，并有重叠葬，死者手中也多握有獐牙器或蚌器。有的死者手臂处放有石钺、蚌器、黑陶杯和海螺等。有的死者口中还含有玉琀，用猪下颌骨随葬比较普遍。

大汶口文化的发展

大汶口文化是分布于中国黄河下游和江淮地区的一种原始文化。1959年在山东泰安、宁阳两县交界的大汶口、堡头遗址，发掘了成百座墓葬，出土了大批独具风格的文

▲大汶口文化广场

物。以后同一类型文化的遗址和墓葬在山东和苏北的广大区域也不断发现，这就是大汶口文化。大汶口文化经历了长期的发展过程，就已发掘的材料看，可以初步分为早、中、晚三期。

大汶口文化时期，社会生产的劳动者的性别，先后发生了很大的变化。这从男女随葬的石铲、石斧、石锛和纺轮这两类工具的变化，可以得到很好的说明。在大汶口文化中期以后，随葬石铲、石斧、石锛等生产工具的主要是男性，而随葬纺轮的则主要是女性。这说明男子已成为社会生产，特别是农业生产的主要担当者，而妇女则从事纺织等家内劳动，社会已经从母系氏族公社阶段发展到父系氏族公社阶段了。

大汶口文化晚期，随着生产的发展，私有制已经出现了。家猪就是大汶口氏族家族的一种重要动产。有一些大汶口墓葬里随葬有很多猪头和猪的下颌骨。这些随葬的猪头和猪的下颌骨，应是墓主人生前的私有财产。此外，随葬的私有财产还有陶器、生产工具和各种装饰品等。

私有制的产生和发展，必然导致贫富两极分化，在氏族内部出现富有者和贫穷者。大汶口文化中、晚期的墓葬，清楚地反映了这种演变。从墓的规模看，有大墓和小墓的差别。从随葬品来看，差别更加悬殊，有两组墓葬可以对比：一组 7 个墓，随葬品比较丰富，最多的达 77 件，最少的也有 19 件，都包括陶器、玉石器、猪头等；另一组 4 个墓，随葬品很贫乏，总共只有 17 件，为陶器、纺轮、獐牙等。可见贫富分化已经十分显著。

黑陶和白陶是大汶口文化中晚期制陶业中出现的两个新品种，反映了当时制陶工艺的显著进步。这时的陶器已用快转陶车来制造。陶车由轮盘和轮轴组成，使用时，由一人转动轮盘，使其急速旋转，由另一人借助陶轮转动形成的离心力，配以双手灵巧的动作，将陶土塑成需要的器皿。用快转陶车制坯，数量多，质量也好。陶器的烧制技术也有提高，扩大了窑室，缩小了火口，增加了火道支道和窑箅箅孔的数量，使热力分布更加均匀。这时采用了高温下严密封窑技术，使陶土中的铁元素得以还原，有的还在陶土中掺过炭，因此烧成的陶器多为黑色。白陶用高岭土制造，制造时努力保持陶土的纯洁，因而烧成了白色。白陶的出现有重大的意义，它为以后瓷器的制作奠定了技术基础。白陶上有的还有图案花纹。

▼大汶口文化出土

根据大汶口文化遗址的发掘，特别是

墓葬的发掘，对大汶口文化的社会发展阶段目前有三种不同看法：

(1) 认为私有制已经确立，一夫一妻制已得到巩固，应处于父系氏族社会末期阶段。

(2) 认为墓内随葬品悬殊，并已出现文字，应是奴隶社会的初级阶段。

(3) 根据大汶口墓葬材料，认为应处于母系氏族社会向父系氏族社会过渡阶段。

大汶口文化时的社会

1. 经济

▲大汶口文化出土

大汶口文化的农业生产，以种植粟为主。居民饲养猪、狗等家畜，也从事渔猎和采集。生产工具有石制的斧、铲、刀、镰，骨角制的锄、鱼镖、鱼钩和镰等。制陶业较发达，小型陶器开始用轮制法生产。陶器以三足器、圈足器和平底器较多，也有圜底器，主要有鼎 、豆、觚形杯、壶、高柄杯和鬶等。石器、玉器、骨角牙器和进行镶嵌的手工业也很兴盛，出土的玉钺、花瓣纹象牙筒、透雕象牙梳等，制作精致，工艺水平很高。

2. 居民习俗

当时居民中盛行枕骨人工变形和青春期拔除一对侧上门齿，有的长期口含小石球或陶球，造成颌骨内缩变形。还流行在死者腰部放穿孔龟甲，死者手握獐牙或獐牙钩形器。这些习俗为中国其他史前文化所罕见。

3. 墓葬

大汶口文化的早期墓葬无葬具，中、晚期出现木椁；早期有反映氏族成员间牢固血缘关系的同性合葬墓，中、晚期有属于父权制确立后葬俗的夫妻合葬墓。在大汶口墓地，1959 年发掘墓葬 133 座，时代相当于大汶口文化的中、晚期。这里的大、中、小墓差别极大。大墓不但规模大，且常有木椁葬具，随葬品丰富精美，如有洁净的白陶 、乌黑而略带光泽的黑陶和优雅的彩陶，还有玉器、石器、象牙器、骨器等。小墓墓坑窄小，有的仅随葬 1 件陶鼎或再加 1 件獐牙。大小墓的鲜明对比，表明私有制产生，已出现贫富分化。在莒县陵阳河、大朱村、杭头和诸城前寨等遗址，还发现刻在陶尊上的陶文，引起考古学家和古文字学家的重视。大汶口文化渊源于北辛文化，后继为山东龙山文化。该文化居民的种族，一般认为是中国古代的东夷族。

总之，大汶口文化的陶器特征明显，这里居民盛行青春期拔牙的风俗，是中国东南沿海古代先民拔牙习俗的发源地。大汶口文化的社会经济已发展到较高水平。已发现的许多刻划符号被认为是古老的象形文字。而且当时的社会已产生严重的贫富分化，私有制逐渐形成，整个社会已接近阶级社会的门槛了。

文明瑰宝太阳神鸟

金沙遗址出土的“太阳神鸟”金饰，即“四鸟绕日金饰”，外径12.5厘米、内径5.29厘米、厚度0.02厘米，重量20克。属于商后期（约前1300—前1046年）文物，现藏四川省成都博物院金沙遗址博物馆。

太阳神鸟简介

太阳神鸟金箔整器呈圆形，器身极薄。图案采用镂空方式表现，整器图案采用镂空方式表现，分内外两层，内层周围等距分布12条旋转的齿状光芒。外层由4只逆时针飞行的鸟组成。4只鸟首足相接，朝同一方向飞行，与内层旋涡旋转方向相反。

整个图案似一幅现代剪纸作品，线条简练流畅，极富韵律，充满强烈的动感，富有极强的象征意义和极大的想象空间，该器生动地再现了远古人类“金乌负日”的神话传说故事，4只神鸟围绕着旋转的太阳飞翔，周而复始，循环往复，生生不息，体现了远古人类对太阳及鸟的强烈崇拜，表达了古蜀人对生命和运动的讴歌。此器构图凝练，是古蜀人丰富的哲学思想、宗教思想，非凡的艺术创造力与想象力和精湛工艺水平的完美结合，也是古蜀国黄金工艺辉煌成就的代表。

▲太阳神鸟

▼太阳神鸟装饰物

有研究认为其外层4鸟代表四鸟负日，也代表春夏秋冬四季轮回，内层12道芒纹代表一年12个月周而复始。这是古代蜀人崇拜太阳的物证，也许当时古蜀人已经掌握了岁、时、月的概念以及形成的原因。

“太阳神鸟”和“日、鸟崇拜”

“太阳神鸟”金饰，无论是外层的4只飞鸟，还是内层旋转的太阳。都极具动感的视觉效果特别是在红色背景衬托下，里面的旋涡就如同一轮旋转的火球，周围飞鸟图案分明就是红色的火鸟。外层飞行的神鸟和内层旋转着的太阳，表现的正是古蜀人对太阳神鸟和太阳神的崇拜和讴歌。

▲三星堆遗址博物馆

金沙遗址出土的“太阳神鸟”中的4只逆向飞行的鸟，也与“使四鸟”和“金乌负日”的神话传说以及太阳神鸟和太阳神的崇拜有关。在史书中有“金乌负日”的神话传说，进一步说明这个时代的古蜀人是“崇鸟崇日”的。

这和三星堆文化中的“崇鸟崇日”习俗是一脉相承的。三星堆遗址出土的考古材料中的众多“青铜鸟”“圆日形器”和有着10只鸟的“青铜神树”，以及史书等文献记载中的“十日神话”的传说等，无不说明了三星堆文化中的古蜀人也是“崇鸟崇日”的。

另外，从这个太阳神鸟金箔饰本身形象来看，内层的12道旋涡状光芒，既像一道道火苗，又像一根根象牙，也像一轮轮弯月，表示一年12个月周而复始。这也正说明了为什么金沙遗址出土那么多的象牙以及为什么古蜀人那么喜欢用象牙祭祀的原因。

“日、鸟崇拜”和历法的产生

金沙遗址出土的这个“太阳神鸟”(即“四鸟绕日金饰”)中，飞行的神鸟和象牙状弧形旋转芒纹作为太阳神鸟崇拜的象征意义和神话色彩，已经得到学术界的公认。但是对于金箔饰中为什么只有4只鸟和12道光芒的论述却不够完备。

▲金沙人的生活

这里的数字4和12并不是

巧合，而是历史发展的必然。它们表示着特定的含义，外层4只逆向飞行的鸟代表春夏秋冬四季轮回，内层圆圈周围的12道等距离分布的象牙状的弧形旋转芒纹代表一年12个月周而复始。虽然从太阳神崇拜象征意义的角度，它与“使四鸟”和“金乌负日”的神话传说以及太阳神崇拜有关。但是，这并不影响它所表示的这种一年分四季和12个月的历法的含义。因为从另一个角度，即从历法这种科学知识方面来看，太阳神鸟金箔饰中外层这4只逆向飞行的鸟代表春夏秋冬四季轮回，而它的内层圆圈周围的这12道等距离分布的象牙状的弧形旋转芒纹则代表着一年12个月的周而复始。这样这个“太阳神鸟”又具有了新的色彩，即被古蜀人赋予了科学的含义。

▲金沙人的住所

对于古蜀人来说，无论是三代蜀王时期的蚕丛氏、伯灌氏、鱼凫氏，还是之后的杜宇王朝和开明王朝时期的古蜀人，他们把所能够理解并掌握的自然现象和自然规律，总结为科学知识，如天文历法知识等，而把不理解的自然现象就归之于神秘的宗教崇拜和神话传说。因此，神话传说除去想象与夸张的外衣，都具有其科学性。古蜀人一方面祭祀祈祷天神和日神保佑，另一方面又顺应天时，总结自然规律，利用自然规律科学地安排生产和生活。“民以食为天”，特别是在农业发明以后，一方面，古蜀人对于自然的依赖更加严重。人们既靠地，希望土地能生长出好的作物，又靠天，希望能够风调雨顺。然而，靠天，天威不可测，风、云、雷、电肆虐，雨、雪、冰、霜侵袭，更要命的是旱、涝之灾，饱受其苦的古人就有了“十日神话”和“大洪水传说”，也就有了治水的大禹、鳖灵和射日的后羿这样的英雄。靠地，地也不依人的意

▼金沙遗址博物馆

志为转移。所有的这些不可抗拒、不可理解的自然现象和自然灾难又几乎都是与“日”有关，而代表上天的“日月星辰”中，又以太阳为最突出。因此，“太阳”就成为各地先民崇拜的对象，祭“日”就成为必然，而古蜀人尤为突出。以鸟为图腾的古蜀人在崇拜太阳的同时，很自然地把太阳和鸟联系在一起。

另一方面，古蜀人首先又利用历法为农业生产服务。古人采用的是观象授时的办法，来预告农事进程，即观测自然现象来判断农事季节。比如：作为候鸟，鸟是可以用来判断农事季节的。“野人无历日，鸟啼知四时”。因此，鸟也可以代表四季。历法的先进性就是以历年和太阳的回归年之间的无限接近为前提的，而要准确地测量回归年，最简单而又确切的方法是测量日影的长度。因此，崇拜太阳和鸟的古蜀人在总结历法的过程中，是离不开太阳和鸟的。

三星堆遗址出土的考古材料中，有许多的人像和人物图像，尤其是两个祭祀坑里出土的最多。如石人像、青铜人像、青铜人头像、青铜人面像以及神殿和玉璋上的人像等。这些代表着各个阶层、各个部族的人物群像中就有主持祭祀的大小群巫。他们除了主持祭祀之外，还掌握天文历法知识，负责制定历法。这在其他地方已经得到证明。比如中原的上古时期就是巫史不分的，甲骨文和金文中多有记载。掌握天文历法也是巫史的职责之一，甚至到了司马迁父子时代还是如此。随着社会的进步，知识的积累，经过一代代巫师和古蜀人的努力，历法也在逐步得到改进。因此，宗教崇拜（尤其是太阳和鸟崇拜）和历法都在古蜀人的生产和生活中起到至关重要的作用。太阳和鸟崇拜以及历法也是古蜀文化中的重要因素。

▲金沙遗址出土的陶器

▼三星堆出土的铜面具

太阳神鸟和古蜀历法

古蜀历法实际上就是观象授时的经验总结。所谓历法，就是安排年、月、日的法则。历法一般分为三类：（太）阴历、（太）

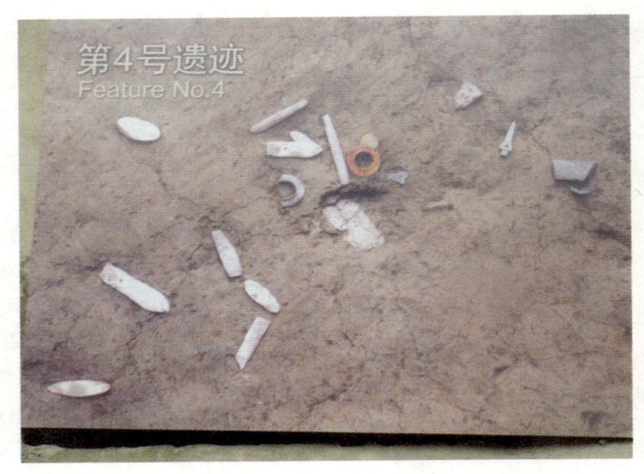

▲金沙遗址出土的石器

阳历和阴阳历。所谓“阴阳历”就是年以回归年为依据，月以朔望月为依据，把阴历和阳历结合起来的一种历法称为阴阳历。

古蜀的历法，首先从金沙遗址出土的“太阳神鸟”金饰自身就形象、生动地反映出：外层4只逆向飞行的鸟，每只鸟对应3个月牙（或者说是火苗，或者说是象牙），不多不少，不偏不倚，恰好说明每只鸟代表一个季节(3个月)，4只飞行的神鸟代表着春夏秋冬四季轮回。这也说明古蜀人已经掌握四时的知识，能够根据四时的不同特点而适时地安排农活。内层的12道旋涡状光芒，既像一道道火苗，又像一根根象牙，也像一轮轮弯月，表示一年十二个月周而复始。这也说明古蜀人已经掌握了岁、时、月的概念以及形成的规律和原因，已经知道“岁”与太阳运行有关，“月”与月亮运行有关，一年有12个月，使用的是阴阳历。

除此之外，还可以与同样是金沙遗址出土的青铜立人像的冠帽相印证，这个青铜立人像的冠帽上的13道象牙形旋转状的弧形冠饰，好似太阳闪烁的光芒，与太阳神鸟金箔饰内层的旋涡图案有异曲同工之妙，有着类似的象征意义。不同之处正好说明了这个弧形冠饰表示的是一年有13个月，即这一年是闰年，即加了闰月。因此，金沙遗址出土的这些考古材料，均可以作为崇拜太阳的古蜀人使用了比较完备的阴阳历的佐证。

不论是太阳神鸟金饰上的12道象牙状的弧形旋转芒纹，还是青铜立人像的冠帽上的13道象牙形旋转状的弧形冠饰，这里的12和13两个数字之所以说是有着特定含义的，是因为还可以由三星堆遗址出土的考古材料中得到证明。12和13两个数字都仅仅只是在金沙遗址出土的考古材料中出现，而在比之更早的三星堆遗址出土的考古材料中就几乎没有出现，就说明了这是历史发展的必然结果。在三星堆遗址出土的与太阳有关的考古材料中，是极少有表示10以上概念的图案的。比如：三星堆二号坑出土的圆形铜挂饰，它的弧形旋转芒纹是最多的，也才9个。而同样是二号坑出土的

▼金沙遗址出土的陶罐

▲金沙遗址出土的玉器

青铜圆轮形器，它的芒纹只是5个。至于二号坑出土的青铜神殿的顶部和屋盖上的太阳形图案，它们的芒纹是6个或者7个，绝对没有超过10个的。只有三星堆二号坑出土的青铜神殿的顶部和屋盖上的太阳形图案是唯一的一个例外，它上面的太阳形图案，每面有3个，4面一共有12个，并且都是既不似象牙，也不像月牙，说明它们都比金沙遗址出土的太阳神鸟金饰早得多，所以还不够成熟，还没有那种特定的含义，它们只是单纯地表示太阳的形象，表示太阳崇拜。因此，可以说三星堆文化中的古蜀人，至少在早期还没有把宗教崇拜（尤其是太阳崇拜）和历法联系在一起。只是在晚期才开始把它们联系在一起。

虽然很多考古文化出土器物中都有太阳形图案，但是刚好是12个的却不多。只有甘肃东乡出土的一件双肩耳罐上共画了12个太阳。郑州大河村出土的仰韶文化晚期的彩陶罐上也画着12个太阳。这些都不仅是与太阳崇拜有关，也应该与历法有关。但是，像青铜神殿的顶部和屋盖上的这种每面3个，4面一共12个太阳形图案，却极少。它似乎表示的就是一种分一年为4个季节、12个月的阴阳历。因为它至少已经是属于晚商时期的文化遗存，甚至有可能更迟至西周初，晚商和西周时期的古蜀历法有这么发达，也不是没有可能。

有人认为蜀中的天文历算特别发达，有其独特的系统，产生过深远影响，有“天数在蜀”之谓。古蜀人使用的历法的发展，除了古蜀人自己不断总结自然规律，不断进步以外，也借鉴了中原地区以及其他地区的历法知识。

中原地区的历法，商代时使用的是一种阴阳合历，出现闰月，有平闰年之分，平年一年里有朔望月12个，闰年有13个月。月有大小月之别，用干支排列记日，从甲子到癸亥，配成60天，周而复始。这在殷商卜辞中有不少证明。但是在殷商的甲骨文和金文上只有“春”和“秋”。说明当时人们还没有四时的概念。西周时期与殷商时期的历法类似，但是，已经有了“二至”“二分”和“四时”的概念。春秋时期已经形成了完备的“二十四节气”系统和“二十八星宿”天文系统，已经掌握了“金、木、水、火、土”五星的测定。周代天文知识的进步，也充实并完善了周代的历法。

无论是文献资料还是考古材料都证明，古蜀人与其他地区（尤其中原地区）的交流，自古就有，而且从来没有间断过。三星堆文化中许多考古材料具有其他文化

太阳神鸟的简介

2005年8月16日“太阳神鸟”金饰正式成为中国文化遗产标志。

2005年10月12日—10月17日，“太阳神鸟”金饰的蜀绣制品搭载神舟六号飞船在太空中遨游后返回地球。

▲金沙遗址出土的部分器物

特征，就充分说明了三星堆文化与其他文化一直在进行着交流、交融和碰撞。其中，最具有代表性的要算是三星堆出土的大量的海贝等考古材料了。它们是古蜀人与其他地区交流的最直接证据。至于与中原地区的交流，文献资料也不在少数，甲骨文中就有“至蜀”“伐蜀”等文字。史书也明中确记载了“蜀”跟随武王“伐纣灭商”的事件等。

总之，无论是金沙遗址出土的这个太阳神鸟金饰自身的形象生动直观地表现出来的，还是对比三星堆遗址和金沙遗址出土的考古材料；无论是结合文献资料，还是参考中原地区历法的影响，都可以证明，金沙遗址出土的这个“太阳神鸟”所代表的古蜀人使用的历法，与同一时期的中原地区的历法相类似，都是相当完备的阴阳历，一年有 12 或 13 个月，会置闰月，有四时的概念。说明蜀中的历法确实先进。

太阳神鸟制作工艺

成都金沙遗址出土太阳神鸟金箔，是古蜀人最伟大的艺术作品之一，也是古蜀文化精髓的体现，目前已成为中国文化遗产的标志。

此前专家们认为，从太阳神鸟金箔中央的旋涡形芒尖的大小及弧度、周围 4 只飞鸟的形态判断，古蜀人在切割时应有相应纹饰的模具。

▼太阳神鸟出土地

专家经过精确地测量，发现太阳神鸟金箔的外圆并不十分规整。他认为，可能原来取料为正圆，镂空后略有变形，但也可能是其他原因导致了变形。外圆周长 39.27 厘米，选择这个尺度可能是因为这是普通男子拇指、食指围起来的大约围度。

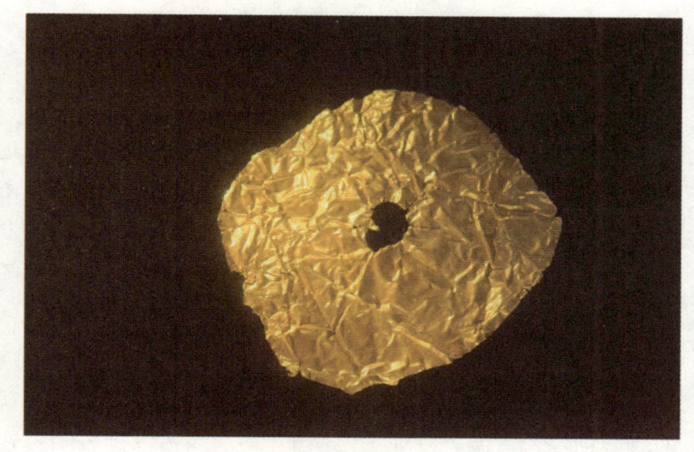

▲太阳神鸟金饰

精确测量表明，4只鸟在圆环上的分布并非均衡对称的，而且4只鸟的形态与尺度都不相同，这表明古蜀匠人在镂空时并非采用了同一个模型作为比照。专家认为，4只鸟身长相等，表明在成形过程中可能有过量度，但细部互不相同，如颈与腿均不等长，说明并非有一个统一的模本，而这更表现出古蜀匠人的高超技艺。

此外，太阳神鸟金箔图案内圈12个芒尖图案的切割并没有严格地设计，芒尖图案的长短、宽窄和间距各不相同。专家推测是随手切割而成。虽然没有严格地设计，制作者却熟练地制作出了预想的图案，在不严格中恰恰表现了制作者高超的技艺。

金沙太阳神鸟金箔从图案构思上看，是要表现一种旋转的状态，金箔外圈4只鸟的左旋与内圈12个芒尖的右旋，形成一种动态的对比，从设计上说是非常成功的。天体的共同特征是旋转，而太阳神鸟金箔的构图特别体现了旋转的律动，这是一个非常成功的创意，这个创意来自古蜀人的天文学知识。

太阳神鸟永久雕塑

中国文化遗产标志永久纪念雕塑揭幕仪式在成都金沙遗址举行，随着一席红绸徐徐飘下，出土于成都金沙遗址、于2001年8月16日起代表中国文化遗产的太阳神鸟金饰图的永久雕塑展现在世人面前。

太阳神鸟永久雕塑全高5米，直径3.9米，厚30厘米。主体部分为青铜贴金，一如神鸟刚出土时剥开土层即显得纯粹金黄。向后倾斜12厘米的特别设计彰显雕塑的层次感。托起神鸟的两座大理石基座没有过多打磨，寓意历史的厚重与沧桑。

而太阳神鸟金饰则在北京的国家博物馆中进行了一段时间的展出。太阳神鸟原物是一件金饰，2001年2月25日出土于金沙遗址。8月16日，它从全国1 000多件候选标志中脱颖而出，被国家文物局批准成为中国文化遗产保护标志。国家文物局认为，太阳神鸟图案表达着追求光明、团结奋进、和谐包容的精神寓意，而且构图严谨、线条流畅、极富美感，是古代人民“天人合一”的哲学思想、丰富的想象力、非凡的艺术创造力和精湛的工艺水平的完美结合。它的造型精练、简洁，具有较好的徽识特征。启用后的“中国文化遗产”标志，将在文物保护、研究、收藏等领域使用，也可按照管理规定用于商业领域。

探寻梁王城遗址

梁王城遗址是春秋战国时期苏北地区最大的城址，有长达5 000年的文化堆积，是研究黄淮地区人类文明起源的“活教材”。该遗址在南京大学、南京博物院等单位组织下，再次启动新一轮的抢救性发掘，据悉，遗址抢救性发掘为的是“让位”于南水北调工程，待发掘及文物保护工作完成后，梁王城遗址的西部将被淹没在大运河南水北调的滚滚江水下。

梁王城遗址简述

梁王城遗址位于江苏省邳州市北部约37千米处，京杭大运河傍依而过。1957年，南京博物院考古调查发现了该遗址，多次考古发掘表明该处遗址文化层堆积有四五米深，内涵丰富，地层堆积从早到晚依次为大汶口文化层、龙山文化层、商周文化层、春秋战国文化层、北朝隋文化层以及宋元文化层等，历史延续约5 000年。经过钻探确定了梁王城城址的始建年代为战国时期，遗址面积共有100多万平方米。

据南京博物院考古专家称，如对梁王城遗址进行全面发掘，这里有可能成为与兵马俑齐名的国家级大遗址。“但在技术未达到能完全保护遗址的条件下，现在国家文物部门不提倡对遗址进行主动性发掘。”考古专家称，最近几次对梁王城遗址的发掘都是抢救性的，是为了配合国家的南水北调工程建设，在此次抢救性发掘后，挖出的文物将被清理、保存并修复，考古用的探方将被回填，京杭运河也将东拓50米，届时，梁王城遗址的西部将被拓宽成河道。

▼梁王城遗址

考古专家表示，这里可能是古徐国国都，有望晋升为与汉兵马俑齐名的国家级大遗址。

梁王城遗址的挖掘及历史故事

梁王城遗址面积共有100多万平方米。沿着遗址一直往南走，在梁王城内，两处面积均在百余平方米的探方。探方内文化层分明，能明显看出文化层的不同颜色。

考古专家介绍，遗址文化层堆积深厚，普遍在4米左右，最深处达5米。在探方内，还发现了一些陶片和牛骨。

▲梁王城遗址发掘现场

在紧靠运河东侧的考古发掘现场，考古人员已开掘了12个探方。在这个约1 500平方米的发掘现场，12个探方内均有不同发现。其中出土最多的当属大汶口时期的陶制品。考古人员说，在其中一个探方内还发现了一具小孩遗骨，头南脚北，四肢完好，姿态自然。

此外，还发现了五六座大汶口墓葬，墓葬里除小孩遗骨外，还有成年男女的遗骨。另外，在不同的探方内，除了大汶口时期的陶制品和石器，还有大量动物的牙齿、骨头以及水井、排水道等生活设施。“有的文化层堆积很多，代表了七八个朝代。”

考古专家说，梁王城遗址面积共有100多万平方米，这里很有可能是春秋战国时期当地的繁华闹市区域或政治经济中心。

南京博物院考古研究所专家认为，梁王城遗址作为春秋战国时期苏北地区最大的城址，具有长达5 000年的历史文化堆积，它对于黄淮地区人类文明的研究具有重要价值，这里还极有可能就是历史上湮灭了的古徐国国都。梁王城连同周围同时期的鹅鸭城遗址、九女墩墓地共同构成了黄淮地区春秋战国时期的历史框架。尤其可贵的是梁王城遗址大部分是被黄泛泥沙层所淹没，遗址保存状况很好，适宜被列为大遗址保护对象。

从遗址的文化层中可看出里面还夹杂着一层淤泥层，淤泥层证明城池曾被水淹过，从年代推算，这更证实了梁王城遗址可能就是当年的古徐国国都，并被吴所灭。徐州市徐国历史研究会副会长说，“公元前512年，吴国阖闾率兵伐徐，徐君章

▼梁王城发掘的青铜兵器

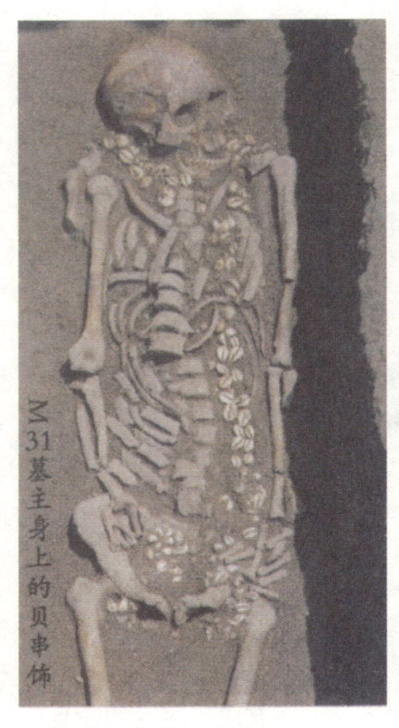

▲梁王城遗址人骨架

禹领兵固守徐城。吴军掘渠引水灌徐城，徐君知不能守，则断发携夫人降吴”。徐国共经 44 代国君计 1 600 余年后被吴所灭。

考古专家表示，此次共发掘了 1 500 平方米，加上前 3 次发掘的，目前梁王城遗址已发掘 4 000 多平方米，预测再发掘 1 500 平方米，就有可能获知梁王城遗址全貌。

据悉，迄今为止，梁王城遗址发掘揭示了大汶口文化晚期的聚落，揭开了西周墓地的神秘面纱，发现了较多六朝时期的灰坑、灰沟、水井、房址等遗迹，出土了相当多的精美青瓷器，初步揭示出梁王城春秋战国古城的城址及宫殿风貌。

在邳州梁王城考古工地，南京博物院考古队员发现了一具人骨架。骨架很完整，虽然有破碎和裂痕，但却没有散乱，连指骨都一节不少，整齐地排列在泥土里。对考古队员来说，这非常难得，这具骨架是大汶口文化时期先民留下的，距今已有 5 000 年。

在辨别了眉弓、下颌骨和耻骨等部位后，考古队员初步判定，这是一具成年男性骨架。5 000 年前的人骨能完整保留下来，主要是因为这一带的土壤偏碱性，在江南的酸性土里，2 500 年前的人能留下牙齿的都很少。

随后，工作人员又发现了另一具骨架，也是成年男性。两具骨架都是直身仰躺，有趣的是他们居然脸对脸，这给没有血肉的骨架赋予了感情色彩。蹲在旁边的考古队长有点迷惑：“此前发现过夫妻合葬墓、母子合葬墓，但两个男性葬在一座墓中，在这片墓群中还是首次发现，他们是什么关系呢？是父子或兄弟吗？”

▼梁王城遗址

一般来说，生活优裕、营养充足的人个子较高，可是这座墓中一件随葬品都没有，不像绝大多数墓穴中有 10 件以上的陶器。在已经产生贫富分化的大汶口时期，这常常表示墓主是穷人。此外，其他墓主都是头东脚西，只有这两位“高人”是头南脚北。总之，这是座很特别的墓葬。

考古队员在清理一个墓穴时，在墓主人的颈部位置发现了一枚手表大小的白色玉环，这是非常令人激动和兴奋的，因为由于年代较早，墓穴里最常见的是

有关拔牙的故事

春秋时期吴国和干国（在今扬州一带）发生过一场残酷战争，干国因为兵败而损失大量兵力，许多干国少年纷纷拔掉门牙，以成人的姿态成立敢死队，然而干国仍然无法逃脱灭国的悲剧。

陶器，多的墓中陶器甚至有30件以上。但是玉器在那个年代很稀罕，这仅是被发现的第6件。

这批墓葬充分体现了大汶口文化的葬俗，首先是几乎每个死者下葬时都用陶钵盖住脸，有红陶也有黑陶；其次是死者手中往往攥着几枚獐牙，为雄性獐的犬齿；再次，陪葬物品大多放在墓主的左侧，陪葬品多的墓葬，往往还会发现猪的下颌骨，这是财富与地位的象征。

在上古，居于中心以正统自居的中原文化，用夷、戎、蛮、狄来称呼东西南北四方的异族，大汶口文化属于东夷。东夷人有拔门牙的习惯，在此次考古中再一次得到了证实。“这里埋葬的成人大多数少了两颗上门牙，这就是东夷人的拔齿风俗。”考古队领队、南京博物院考古所副所长说，“这种风俗整个环太平洋地区都有，但是大汶口人是最早的，这可能与某种成人仪式有关。拔掉门齿影响发音和进食，这样做肯定不是出于实用，而是追求某种精神力量。”

梁王城遗址的出土文物

梁王城遗址发掘出大量陶器，有鬶、罐、鼎、盛、豆和背水壶等许多种类，有普通红陶，也有细腻光滑的白陶，然而其中最为珍贵的，是黑陶中的蛋壳陶，出土文物中胎体最薄的仅为0.2毫米，而且还有镂空，这样的工艺，即使在5 000年后的今天也很难达到。

根据学术界的研究，黑陶是大汶口文化和其后龙山文化的典型特点，红陶是在氧气充足的情况下烧制的，而黑陶是通过闷烧，在氧气不足的情况下让大量碳分子附着在陶器表面，烧成的黑陶像被油漆过一样，光亮得能照出人的影子。其中的蛋壳黑陶工艺让人叹为观止，在5 000年前能拉出厚度仅为0.2毫米的薄胎简直是个奇迹，而且薄胎在烧制时极易炸裂，生产难度很大。

▼梁王城出土的瓦当

在随葬品丰富的墓葬中，黑陶高柄杯很常见，这是一种酒器，只有具有一定身份的人才能拥有和使用。酿酒需要用粮食，这说明5 000年前这里已经有农业，并且规模不小，粮食在食用之余，还能用来酿酒。考古队员们在生活遗迹区取了土样，希

红烧土

红色的就是红烧土，红烧土是人类活动的标志，在原始社会，人们用泥筑房，房子建好后，经常放火焚烧成红色，这样的红房子应该算那时的豪宅了，与泥房相比，不仅墙体和地面结实，而且防潮，人住在里面更舒适。

望用水淘洗的办法从中寻找炭化稻米等植物种籽，研究当时的农业生产状况。

这片古墓群位于大运河边，工地边河水静静地流淌，不时有机船驶过，留下一片机桨声。河对岸的草地上一群羊在吃草，头顶上布谷鸟叫着飞过，周围刚刚收割过的麦田一眼望不到边，这是一片安宁和富足的土地。

5 000 年前这里也是一片“福地”，大汶口先民是这里最早的定居者，他们当年的生活质量可能比想象的要高。土里到处有丽蚌壳，白色的蚌壳像蛤蟆皮一样布满疙瘩，是先民们吃剩的食物，这表明附近有大片沼泽，食物充足。当年这里有河、有山、有高地，很适合先民生存。这些墓中的随葬品中，只发现了 6 枚骨箭头，武器稀少表明这里可能很少有战争，而只有在资源足够丰富，能养活所有人时，氏族之间才不必为生存而战争。考古队员在闲谈时甚至怀疑，食物足够充足使得先民们较少从事危险而辛苦的狩猎。

史前部落集中也表明这一带适宜人居，在梁王城遗址外，方圆 30 千米范围内还发现了同时期的刘林遗址、大墩子遗址和山头遗址，面积都在 20 万平方米以上，先民们和平共处，共同在这片土地上过着较为富足的生活。中国其他的大汶口遗址都表明，那时的氏族社会比较稳定，生存压力不大，在中国历史上，那是先民们难得的快乐时光。

事实上，在这片遗址上人类生活的遗迹一直没有中断过，在大汶口墓群上，还有西周打水井取水留下的陶井圈，以及房屋痕迹。在周边高达 3.5 米的断层上，各层都有陶片、砖石等物品。站在北侧的“绝壁”下，这些地层中最底层的是大汶口文化，向上依次为龙山文化、西周、春秋战国、汉代、六朝、宋、元、明、清直至现代的地层，这一面墙，凝固的是 5 000 年的历史。

▼梁王城遗址出土的牛骨

梁王城城址介绍

梁王城，又叫良城、良王城，位于艾山之阳，徐偃王墓离此不远。《左传·昭公

▲梁王城遗址出土的石器和陶器

十三年》中载：“秋，晋侯会吴子于良。”说的是公元前529年，晋侯联络吴王馀昧等诸侯在良城结盟，计议伐郯国的政治大事。梁王城遗址规模巨大，城高池深，与古徐城的位置相当，梁王城周边分布有同时期与徐国贵族关系密切的大型墓葬。如九女墩墓地一号、二号墓中出土编钟，上面铭文刻有“徐王之孙尊”字样。这说明梁王城遗址与中国历史上的重要方国徐国的关系至为密切。古代都城的出现是与王国形成相一致的。王国时代的都城一般为“双城制”，它们包括郭城（即“大城”）与宫城（即“小城”），宫城是王室的政治活动平台，郭城是安排服务于王室的各种相关设施与人员的空间。梁王城遗址为春秋战国时期苏北最大的城址，且保存良好。特别是双城制布局，为梁王城性质的认定提供了新的基础资料。

考古专家经过5年的工作，确认梁王城是按照东周时期都城建制流行的双城制进行布局的。城址由大城和宫城组成。两城平面呈“凸”字形。大城面积约100万平方米，由四面城垣围合而成，现保存有高出周围农田1～2米的城墙，平面近长方形。南、北城墙保存较好，西城墙原以为被中运河破坏，本次发现地表以下部分近5米，也保存完好。南城墙现残长900多米、北城墙残长800多米，南北城墙相距约1 100米，大城面积100多万平方米。小城位于大城西部，即当地居民所说的“金銮殿”，西部被中运河挖去后，东西残宽120米、南北长160米，面积约20 000平方米。因“金銮殿”是一高台地，春秋时期的活动面与大城内钻探发现的道路面落差在7米左右。在大小城并存时，小城成为统揽整个梁王城的制高点。从年代上看，“金銮殿”高台地在西周中晚期就有聚落和墓地，到了春秋晚期改造成为台城，成为宫殿所在地，其上发现的夯土台基的面积有360平方米，大型石础建筑的面积有120平方米，还有诸多大型的石构房基、水道、水井、水池等重要遗迹，如此大规模的建筑其修筑时要耗费大量的人力、财力、物力，非一般平民所能拥有，证明其为宫城所在地。其后在小城的基础上扩建大城。大城西城墙，为版块夯筑，高5米，夯层厚约0.15米，夯窝清晰整齐，坚硬牢固。为南北向，并非南北通贯，而是分别修筑至小城南、北两侧，在“金銮殿”南、北与台城直接交接。

唯一幸存的集市“茶马古道”

茶马古道是指存在于中国西南地区，以马帮为主要交通工具的民间国际商贸通道，是中国西南民族经济文化交流的走廊，茶马古道是一个非常特殊的地域称谓，是一条世界上自然风光最壮观，文化最为神秘的旅游绝品线路，它蕴藏着开发不尽的文化遗产。

茶马古道

茶马古道源于古代西南边疆的茶马互市，兴于唐宋，盛于明清，第二次世界大战中后期最为兴盛。茶马古道分川藏、滇藏两路，连接川滇藏，延伸入不丹、锡金、尼泊尔、印度境内，直到西亚、西非红海海岸。滇藏茶马古道大约形成于公元6世纪后期，它南起云南茶叶主产区思茅、普洱，中间经过今天的大理白族自治州和丽江地区、香格里拉进入西藏，直达拉萨。有的还从西藏转口印度、尼泊尔，是古代中国与南亚地区一条重要的贸易通道。普洱是茶马古道上独具优势的货物产地和中转集散地，具有悠久的茶马古道地图历史。

茶马古道的起源

在横断山脉的高山峡谷，在滇、川、藏“大三角”地带的丛林草莽之中，绵延盘旋着一条神秘的古道，这就是世界上地势最高的文明文化传播古道之一的“茶马古道”。其中丽江古城的拉市海附近是保存较完好的茶马古道遗址。

茶马古道起源于唐宋时期的“茶马互市”。因康藏属高寒地区，海拔都在三四千米以上，糌粑、奶类、酥油、牛羊肉是藏民的主食。在高寒地区，需要摄入含热量高的脂肪，但没有蔬菜，糌粑又燥热，过多的脂肪在人体内不易分解，而茶叶既能够分解脂肪，又防止燥热，故藏民在长期的生活中，创造了喝酥油茶的高原生活习惯，但藏区不产茶。而在内地，民间役使和军队征战都需要大量的骡马，但供不应求，而藏区和川、滇边地则产良马。于是，具有互补性的茶和马的交易即“茶马互市”便应运而生。这样，藏区和川、滇边地出产的骡马、毛皮、药材等和川滇及内地出产的茶叶、布匹、盐和日用器皿等，在横断山区的高山深谷间南来北往，流动不息，并随着社会经济的发展而日趋繁荣，形成一

◀茶马古道浮雕

条延续至今的“茶马古道”。

“茶马古道”是一个有着特定历史含义的概念，它是指唐宋以来至民国时期汉、藏之间以进行茶马交换而形成的一条交通要道。具体说来，茶马古道主要分南、北两条道，即滇藏道和川藏道。滇藏道起自云南西部洱海一带产茶区，经丽江、中甸、德钦、芒康、察雅至昌都，再由昌都通往卫藏地区。川藏道则以今四川雅安一带产茶区为起点，首先进入康定，自康定起，川藏道又分成南、北两条支线：北线是从康定向北，经道孚、炉霍、甘孜、德格、江达、抵达昌都（即今川藏公路的北线），再由昌都通往卫藏地区；南线则是从康定向南，经雅江、理塘、巴塘、芒康、左贡至昌都（即今川藏公路的南线），再由昌都通向卫藏地区。

▲茶饼便于运输

需要指出的是，以上所言只是茶马古道的主要干线，也是长期以来人们对茶马古道的一种约定俗成的理解与认识。事实上，除以上主干线外，茶马古道还包括了若干支线，如由雅安通向松潘乃至连通甘南的支线；由川藏道北部支线经原邓柯县（今四川德格县境）通向青海玉树、西宁乃至旁通洮州（临潭）的支线；由昌都向北经类乌齐、丁青通往藏北地区的支线等。正因为如此，有的学者认为历史上的“唐蕃古道”（即今青藏线）也应包括在茶马古道范围内。也有的学者认为，虽然甘、青藏区同样是由茶马古道向藏区输茶的重要目的地，茶马古道与“唐蕃古道”确有交叉，但“唐蕃古道”毕竟是另一个特定概念，其内涵与“茶马古道”是有所区别的。而且甘、青藏区历史上并不处于茶马古道的主干线上，它仅是茶叶输藏的目的地之一。茶马古道与唐蕃古道这两个概念的同时存在，足以说明两者在历史上的功能与作用是不相同的。正如世界上的道路大多是相互贯通和连接的，并不能因此而混淆它们的功能与作用。当然，有的学者主张茶马古道应包括“唐蕃古道”，主观上是想扩大茶马古道的包容性。这一愿望可以理解，但这样做有一个很大的危险，即任何一个概念若将其外延无限扩大，则其内涵亦会随之丧失。因此，在对待“茶马古道”

▼茶马古道上的村落

▲曾经的茶马古道

▼茶马古道上的古建筑

这一特定历史概念乃至在开发利用茶马古道过程中，采取一种科学的、客观的态度是非常重要的。

历史上的茶马古道并不是只有一条，而是一个庞大的交通网络。它是以川藏道、滇藏道与青藏道（甘青道）三条大道为主线，辅以众多的支线、附线构成的道路系统。地跨川、滇、青、藏，向外延伸至南亚、西亚、中亚和东南亚，远达欧洲。三条大道中，以川藏道开通最早，运输量最大，历史作用较大。本文仅就川藏茶马古道论述，它道则非本文所及。

茶马古道中的滇、藏路线是：西双版纳—普洱—大理—丽江—德钦—察隅—邦达—林芝—拉萨。到达拉萨的茶叶，还经喜马拉雅山口运往印度加尔各达，大量行销欧亚，使得它逐渐成为一条国际大通道。这条国际大通道在抗日战争中的中华民族生死存亡之际发挥了重要的作用。

茶马古道的历史发展

据史料记载，中国茶叶最早向海外传播，可追溯到南北朝时期。当时中国商人在与蒙古毗邻的边境，通过以茶易物的方式，向土耳其输出茶叶。隋唐时期，随着边贸市场的发展壮大，加之丝绸之路的开通，中国茶叶以茶马交易的方式经回纥及西域等地向西亚、北亚和阿拉伯等国输送，中途辗转西伯利亚，最终抵达俄国及欧洲各国。

从唐代开始，历代统治者都积极采取控制茶马交易的手段。唐肃宗至德元年（756）至千年元年，在蒙古的回纥地区驱马茶市，开创了茶马交易的先河。北宋时代，茶马交易主要在陕甘地区，易马的茶叶就地取于川蜀，并在成都、秦州（今甘肃天水）各置榷茶和买马司。元代时，官府废止了宋代实行的茶马治边政策。到了明代，又恢复了茶马政策，而且变本加厉，把这项政策作为统治西北地区各族人民的重要手段。明太祖洪武年间，上等马一匹最多换茶叶60千克。明万历年间，则定上等马一匹换茶30篦，中等20篦，下等15篦。明代文学家曾在诗中写道：“黑茶一何美，羌马一何殊。”“羌马与黄茶，胡马求金珠。”足见当时茶马交易市场的兴旺与繁荣。至清代，茶马治边政策有所松弛，私茶商人较多，在茶马交易中则费茶多而获马少。清朝雍正十三年，官营茶马交易制度终止。

▲茶马古道历史久远

茶马交易治边制度从隋唐始，至清代止，历经岁月沧桑近千年。在茶马市场交易的漫长岁月里，中国商人在西北、西南边陲，用自己的双脚，踏出了一条崎岖绵延的茶马古道。

茶马古道，实际上就是一条地道的马帮之路。两条主线和无数大大小小的支线，将滇、藏、川“大三角”地区紧密联结在一起，形成了世界上地势最高、山路最险、距离最遥远的茶马文明古道。在古道上是成千上万辛勤的马帮，日复一日、年复一年，在风餐露宿的艰难行程中，用清悠的铃声和奔波的马蹄声打破了千百年山林深谷的宁静，开辟了一条通往域外的经贸之路。在雪域高原奔波谋生的特殊经历，造就了他们讲信用、重义气的性格；锻炼了他们明辨是非的勇气和能力。他们既是贸易经商的生意人，也是开辟茶马古道的探险家。他们凭借自己的刚毅、勇敢和智慧，用心血和汗水浇灌了一条通往茶马古道的生存之路、探险之路和人生之路。

历史已经证明，茶马古道原本就是一条人文精神的超越之路。马帮每次踏上征程，就是一次生与死的体验之旅。茶马古道的艰险超乎寻常，然而沿途壮丽的自然景观却可以激发人潜在的勇气、力量和忍耐，使人的灵魂得到升华，不仅如此，藏传佛教在茶马古道上的广泛传播，还进一步促进了滇西北纳西

茶马古道的形成

宋代，“关陕尽失，无法交易”，茶马互市的主要市场转移到西南。

元朝，大力开辟驿路、设置驿站。

明朝继续加强驿道建设。

清朝将西藏的邮驿机构改称“塘”，对塘站的管理更加严格细致。

清末民初，茶商大增。

抗日战争中后期，茶马古道成为大西南后方主要的国际商业通道。

1950年前的昌都成为藏东的商贸中心。

▲茶马古道遗迹

族、白族、藏族等各兄弟民族之间的经济往来和文化交流，增进了民族间的团结和友谊。沿途上，一些虔诚的艺术家在路边的岩石和玛尼堆绘制、雕刻了大量的佛陀、菩萨和高僧，还有神灵的动物、海螺、日月星辰等各种形象。那些或粗糙或精美的艺术造型为古道漫长的旅途增添了一种精神上的神圣和庄严，也为那遥远的地平线增添了几许神秘的色彩。从久远的唐代开始，直到20世纪五六十年代滇藏、川藏公路的修通，历尽岁月沧桑1 000余年，茶马古道就像一条大走廊，连接着沿途各个民族，发展了当地经济，搞活了商品市场，促进了边贸地区农业、畜牧业的发展。与此同时，沿途地区的艺术、宗教、风俗文化、意识形态也得到空前的繁荣和发展。

在几千年前古人开创的茶马古道上，成群结队的马帮身影不见了，清脆悠扬的驼铃声远去了，远古飘来的茶草香气也消散了。然而，留印在茶马古道上的先人足迹和马蹄烙印，以及对远古千丝万缕的记忆，却幻化成华夏子孙一种崇高的民族创业精神。这种生生不息的拼搏奋斗精神将在中华民族的发展历史上雕铸成一座座永恒的丰碑，千秋万代闪烁着中华民族的荣耀与光辉。

茶马古道的形成过程

唐宋时期，内地输往藏区的茶叶主要是青藏道。从明代开始，川藏茶道正式形成，川藏川茶道的兴起，促使川藏沿线商业城镇兴起，促进西藏和内地的联系，川藏茶道既是一条经济线，也是一条政治线、国防线，使外国势力再也无力把西藏从中国分离出去。

中国茶叶产于南方，北方和西北高寒地区都不产茶叶。四川则是中国也是世界上种茶、饮茶的发源地。秦汉以前，只有四川一带饮茶和有茶的商品生产。到唐代形成了中国盛产茶叶的局面，并从唐代开始，四川绵州、蜀州、邛州等地的茶叶，就和其他地区的茶叶一起流入西藏地区，开始了藏族人民饮茶的历史，出现了茶叶输往西藏的道路。在唐代，青藏道是西藏地区与中原地区往来的主要交通道。唐代吐蕃王朝对外扩张，除南线争夺南诏外几乎都是经青海地区，北线争夺河西、陇右，西线争夺安西四镇，东线争夺剑南。唐蕃之间的和亲、问聘等使臣往来，都是由天水、大非川、暖泉、河源、通天河到逻些（今拉萨）。文成公主和金城公主也是经青海入藏。总之，唐代中原与西藏地区的交通大道是青藏道而不是川藏道。唐代内地茶叶输往西藏的茶道自然是青藏道。 随着吐蕃王朝的瓦解，宋代藏族地区处于分裂状态，青藏道已失去军事要道和官道的作用。但自唐代茶叶传入藏区以后，茶叶所具有助消化，解油腻的特殊功能，使肉食乳饮的畜牧人民皆饮茶成风。西北各族纷纷在沿边卖马以购买茶叶，而宋朝为了获得战马，便决定在西北开展茶马贸易，出卖茶叶，购买战马。北宋熙宁以后便在四川设置茶马司，将四川年产 1 500 万千克茶叶的大部分运往甘肃、青海地区设置数以百计的卖茶场和数十个买马场，并规定名山茶只许每年买马不得它用，每年买马达 15 000 匹以上。从而使青藏道由唐代的军事政治要道成为茶道。

▲明朝已形成川藏茶道

从明朝开始，川藏茶道正式形成。早在宋元时期官府就在黎雅、碉门（今天全）等地与吐蕃等族开展茶马贸易，但数量较少，所卖茶叶只能供应当地少数民族食用。迄至明朝，政府规定于四川、陕西两省分别接待杂甘思及西藏的入贡使团，而明朝使臣亦分别由四川、陕西入藏。明朝运往西北输入藏区的茶叶仅占全川产量的 1/10，

◀茶道已布满青苔

即50万千克，支付在甘青藏区“差发马”所需茶叶，其余大部川茶，则由黎雅输入藏区。而西藏等地藏区僧俗首领向明廷朝贡的主要目的又是获取茶叶。因此，他们就纷纷从川藏道入贡。史书记载：“秦蜀之茶、自碉门、黎雅抵朵甘、鸟思藏，五千余里皆用之。其地之人不可一日无此。”于是洪武三十一年（1398）五月，在四川设茶仓四所，“命四川布政使移文天全六番招讨司，将岁输茶课乃输碉门茶课司，余就地悉送新仓收贮，听商交易及与西蕃市马。”天顺二年（1458）五年，明朝规定今后鸟思藏地方该赏食茶，于碉门茶马司支给。又促使鸟思藏的贡使只得由川藏道入贡，不再由青藏的洮州路入贡。到成化二年（1466），明廷更明确规定鸟思藏赞善、阐教、阐化、辅教四王和附近鸟思藏地方的藏区贡使均由四川路入贡。而明朝则在雅州、碉门设置茶马司、每年数百万斤茶叶输往康区转至鸟思藏，从而使茶道从康区延伸至西藏。而鸟思藏贡使的往来，又促进了茶道的畅通。于是由茶叶贸易开拓的川藏茶道同时成为官道，而取代了青藏道的地位。

▲茶马古道

清朝进一步加强了对康区和西藏的经营，设置台站，放宽茶叶输藏，打箭炉成为南路边茶总汇之地，更使川藏茶道进一步繁荣。这样，在明清时期形成了由雅安、天全越马鞍山、泸定到康定的“小路茶道”和由雅安，荥经越大相岭、飞越岭、泸定至康定的“大路茶道”，再由康定经雅江、里塘、巴塘、江卡、察雅、昌都至拉萨的南路茶道和由康定经乾宁、道孚、炉霍、甘孜，德格渡金沙江至昌都与南路汇合至拉萨的北路茶道。这条由雅安至康定，康定至拉萨的茶道，既是明清时期的川藏道，也是今天的川藏道。

▼茶马古道上的雕塑

川藏道崎岖难行，开拓十分艰巨。由雅安至康定运输茶叶，少部分靠骡马驮运，大部分靠人力搬运，称为“背背子”。行程按轻重而定，轻者日行40里，重者日行2～30里。途中暂息，背子不卸肩，用丁字形杵拐支撑背子歇气。杵头为铁制，每杵必放在硬石块上，天长日久，石上留下窝痕，至今犹清晰可见。从康定到拉萨，除跋山涉水之外，还要经过许多人烟稀少的草原，茂密的森林，辽阔的平原，要攀登陡峭的岩壁，两马相逢，进退无路，只得双方协商作价，将瘦弱马匹丢入悬岩之下，而让对方马匹通过；要涉过汹涌咆哮的河流，巍峨的雪峰。长途运输，风雨侵袭，骡马驮牛，以草为饲，驮队均需自备武装自卫，携带幕帐随行，宿则架帐餐饮，每日行程仅 20 ~ 30 里。青藏高原，天寒地冷，空气稀薄，气候变幻莫测。川茶就是在这艰苦的条件下运至藏区各地的，川藏茶道就是汉藏人民在这样艰苦条件下开拓的。川藏茶道的开拓，也促进了川藏道沿线市镇的兴起。大渡河畔被称为西炉门户的泸定，明末清初不过是区区“西番村落”，境属沈村，烹坝，为南路边茶入打箭炉的重要关卡。康熙四十五年（1706）建铁索桥。

康定在元朝尚是一片荒凉原野，关外各地及西藏等处商人运土产至此交换茶叶布匹，只得搭帐篷竖锅庄，权作住宿之处，明代才形成一个村落。随着藏汉贸易南移，逐渐发展成为边茶贸易中心。雍正七年（1729）置打箭炉厅，设兵戍守其地，番汉咸集，交相贸易，称为闹市焉。从此“汉不入番，番不入汉”的壁垒打破，大批藏商越静宁山进入康区，大批的陕商和川商亦涌入康区。内外汉蕃，俱集市茶。这个因茶叶集市而兴起的城市，藏汉贸易通过“锅庄”为媒介，雍正至乾隆时期，锅庄由 13 家发展 48 家，商业相当繁荣，成为西陲一大都市。此外还有里塘、巴塘、道孚、炉霍、察木多（昌都）、松潘等地都是在清代茶道兴起而发展为商业城镇的。到宣统三年（1911）设为县治，1930 年已有商贾 30 余家，成为内地与康定货物转输之地。外地商人也云集泸定经商。总之，川茶输藏是促进川藏交通开拓和川藏高原市镇兴起的重要因素。

川藏线既是一条经济线，也是一条政治线、国防线。它把内地同西藏地区更加紧密地联结在一起，使近代的外国帝国主义势力再也无力把西藏从中国分离出去。

鸦片战争以后，英帝国主义为了侵略西藏，就力图使印茶取代华茶在西藏行销。他们认为一旦印茶能取代川省边茶的地位，英国即可垄断西藏之政治与经济。为此，英帝国主义甚至用武力入侵拉萨，强迫印茶输藏。从此，川茶又成为反对英国侵略西藏的武器。反对印茶销藏，保护川茶销藏，成了反对英国侵略西藏的重要内容。当时西藏人民为了国家利益，宁愿以高出印茶 10 来倍左右的价格购买川茶，而拒食印茶。西藏地方政府面临印茶销藏带来的政治经济危机，更是竭力主张禁止印茶入藏。十三世达赖喇嘛还亲自出面向清廷呼吁，要求清朝政府配合行动，制止印度茶销藏。清朝四川总督刘秉璋更是主张力禁印茶行藏，免贻后患无穷。清廷奉命与英国谈判《藏印通商章程》的张荫棠从川藏茶利，汉藏经济，政府收税，以及茶农茶商利益考虑，亦力主反对英国在西藏倾销印茶，

茶马古道的社会经济价值

茶马古道——昌都地区最特殊的地域名称
茶马古道——昌都地区的陆上交通大动脉
茶马古道——昌都地区对外开放的金钥匙
茶马古道——昌都地区大开发的重要基石
茶马古道——昌都地区经济大繁荣的命脉
茶马古道——昌都地区旅游发展的着力点

◀古茶庄雕塑

保护川茶销藏。其后川督赵尔丰为了反对英帝侵略西藏，保卫边疆，则在雅安设立边茶公司，支持西藏人民抵制印茶。公司改良茶种，整顿川茶，在打箭炉设立分公司，打破边茶不出炉关的限制，并在里塘、巴塘，昌都设立售茶分号，减少中间环节，迅速将川茶运往西藏。四川茶叶成为汉藏民族共同反对英帝国主义侵略西藏、倾销印茶的斗争武器。民国时期，由于国内内战，印茶乘机大量销入藏区，西藏地方上层在英帝国主义的煽动下进攻川边地区，四川与西藏发生军事冲突。双方的亲密联系有所削弱，唯川茶仍畅行于川藏之间。在当时的特殊历史条件下，川茶更成为一种“国防商品”，沟通内地与西藏的重要经济联系，并借此而增进了西藏地方政府与中央的政治关系和汉藏民族团结。

茶马古道的历史特点

随着现代交通的兴起，这条自唐宋以来延续达 1 000 多年并在汉、藏之间发挥过重要联系作用的茶马古道虽已丧失了昔日的地位与功能，但它作为中华民族形成过程的一个历史见证，作为今天中华多民族大家庭的一份珍贵的历史文化遗产却依然熠熠生辉，并随着时间的流逝而日益凸显其意义和价值。那么，应当如何看待和认识茶马古道的历史文化内涵及其与其他文明古道相比有什么特点？同时，又应当如何在茶马古道与当前藏区社会经济发展之间寻找一个结合点，使其在新的社会历史条件下焕发生机？这是迫切需要思考和回答的问题。有学者认为，对茶马古道的特点及其历史文化内涵，目前至少可以得出以下几点认识：

1. 茶马古道是青藏高原上一条异常古老的文明孔道

从茶马古道的路线看，不难发现，昌都是茶马古道上的一个重要枢纽，它不仅是滇藏道和川藏道两条道路的必经之地，而且也是这两条道路的一个交汇点。事实上，茶马古道并非只是在唐宋时代汉、藏茶马贸易兴起以后才被开通和利用的，早在唐宋以前，这条起自卫藏，经林芝、昌都并以昌都为枢纽而分别通往今川、滇地区的道路就已经存在和繁荣，并成为连接和沟通今川、滇、藏三地古代文化的一个非常重要的通道。它不仅是卫藏与今川滇地区之间古代先民们迁移流动的一条重要通道，同时也是今川、滇、藏三地间古代文明传播和交流的重要孔道。从考古文化遗迹看，远在4 000～5 000年以前，昌都就出现了像卡若遗址这样大型且时间延续极长的古人类聚落遗址。这说明至少在新石器时代晚期，昌都一带以卡若文化为代表的古文化已相当繁荣。昌都之所以能在如此早的时代就产生如此发达的古代文化，其原因正在于昌都是位于今川、滇、藏三地之间古代文明交流与传播的一个重要孔道上。从卡若文化中，既可见到川西、滇西北地区原始文化的因素与特点，也可见到黄河上游地区马家窑等原始文化的某些影响，同时亦能发现其自身的特点，说明卡若文化具有浓厚的复合文化特点，它并不是一个孤立发展的原始文化，而是与周邻地区诸原始文化之间存在广泛的联系和交流。卡若文化的这一特点，正好说明当时的昌都一带不仅是卫藏与今川、滇西部地区原始文化发生交流联系的一个通道，同时也是各种原始文化因素传播和荟萃的一个重要枢纽地区。

此外，在今川西高原的甘孜、阿坝自治州境内和滇西北横断山区一带，发现了大量的石棺墓葬，俗称“石棺葬”。这种石棺葬在岷江上游地区、雅砻江流域和金沙江流域地区均有较为密集的分布。川、滇西部地区的石棺葬虽存在某些地方性差异，但其主要特征和文化面貌在总体上趋于一致，其时代则是从商周一直延续到东汉。值得注意的是，石棺葬不但在昌都地区的芒康、贡觉、昌都有发现，而且在林芝都普，山南隆子、错那、乃东乃至喀则地区的仁布、萨迦等地也均有发现。学者们从石棺葬形制和出土器物上明显发现西藏石棺葬同川、滇西部地区石棺葬之间存在密切的关联性，特别是昌都和林芝一带的石棺葬，基本上与川滇西部地区的石棺葬属同一个文化系统。从分布上看，则更能说明问题。川滇西部是石棺葬最流行、最集中和发现数量最多的地区，而目前西藏所发现的石棺葬绝大多数集中分布在由川滇西部高原进入西藏的主要通道的沿线范围。从川滇西部高原越过金沙江、澜沧江、怒江等，经昌都—林芝—山南—日喀则，这是古往

▼茶马古道

▲茶马古道

今来由川滇西部进入卫藏的一个主要通道，也是最便捷、最易行走和最重要的路线。一般说来，古人选择道路主要是沿河道而行。这条路线的绝大部分路段恰恰是河流所形成的天然通道。茶马古道（亦即今滇藏公路和川藏公路沿线）就正好是沿着这一通道行进的。所以，由石棺葬可以证明，以昌都为枢纽的茶马古道路线很早以来就是一条今藏、川、滇三地原始居民进行沟通往来的重要通道。这条通道被开通的历史，从考古发现看，至少可上溯到距今约 4 000 ~ 5 000 年前的新石器时代晚期或更早。

2. 茶马古道是人类历史上海拔最高、通行难度最大的高原文明古道

青藏高原是世界上海拔最高、面积最大的高原，被称作“世界屋脊”或“地球第三极”。所以，说茶马古道是世界上海拔最高的文明古道，是没有问题的。正因为它是世界上海拔最高的道路并且几乎横穿了整个青藏高原，所以其通行难度之大在世界上的各文明古道中当是首屈一指。

说茶马古道是世界上通行难度最大的文明古道，主要表现在以下两点。其一，茶马古道所穿越的青藏高原东缘横断山脉地区是世界上地形最复杂和最独特的高山峡谷地区，故其崎岖险峻和通行之艰难亦为世所罕见。茶马古道沿途皆高峰耸云、大河排空、崇山峻岭、河流湍急。正如一部书中所言：“康藏高原，兀立亚洲中部，宛如砥石在地，四围悬绝。除正西之印度河流域，东北之黄河流域倾斜较缓外，其余六方，皆作峻壁陡落之状。尤以与四川盆地及云贵高原相接之部，峻坂之外，复以邃流绝峡窜乱其间，随处皆成断崖促壁，鸟道湍流。各项新式交通工具，在此概难展施。”据有人统计，经川藏茶道至拉萨，“全长约四千七百华里，所过驿站五十有六，渡主凡五十一次，渡绳桥十五，渡铁桥十，越山七十八处，越海拔九千尺以上之高山十一，越五千尺以上之高山二十又七，全程非三四个月的时间不能到达。”清人对茶马古道之险峻崎岖有生动的描述：“坚冰滑雪，万仞崇岗，如银光一片。俯首下视，神昏心悸，毛骨悚然，令人欲死……是诚有生未历之境，未尝之苦也。”茶道通行之艰难，可见一斑。

其二，茶马古道沿线高寒地冻，氧气稀薄，气候变幻莫测。清人所记沿途“有瘴气”、“令人欲死”之现象，实乃严重缺氧所致之高山反应，古人因不明究竟而误为“瘴气”。茶马古道沿途气候更是所谓“一日有四季”，一日之中可同时经历大雪、冰雹、烈日和

大风等，气温变化幅度极大。一年中气候变化则更为剧烈，民谚曰："正二三，雪封山；四五六，淋得哭；七八九，稍好走；十冬腊，学狗爬。"其行路之艰难可想而知。

▲茶马古道

千百年来，茶叶正是在这样人背畜驮历尽千辛万苦而运往藏区各地。藏区民众中有一种说法，称茶叶翻过的山越多就越珍贵，此说生动地反映藏区得茶之不易。书中记载："自碉门、黎、雅抵朵甘、乌斯藏，行茶之地五千余里。"如此漫长艰险的高原之路，使茶马古道堪称世界上通行难度最大的道路。

3. 茶马古道是汉、藏民族关系和民族团结的象征和纽带

中国是一个多民族国家，因此，中国的历史很大程度上也是多民族逐渐聚合在一起的历史。茶马古道所见证的，正是汉、藏乃至西南其他民族怎样逐渐聚合的历史过程。汉族文明的特点是农业和儒教；藏族文明的特点则是高原地域和藏传佛教，两者都有深厚的底蕴，但也有一些差异。那么，是什么因素使两者在历史发展进程中紧密地联系在了一起？藏族是一个在中国历史舞台上发挥过重要作用的民族，藏族之所以成为中国多民族大家庭中的一员，虽然由多种原因所促成，但可以肯定，这条连接汉、藏之间的茶马古道在其中发挥了非常重要的作用。也就是说，汉、藏之间在经济上的互补性和相互依存，是使其共同成为今天中华民族大家庭成员的一个重要原因。所以，茶马古道的意义显然并不仅止于历史上的茶、马交换，事实上它既是历史上汉、藏两大文明发生交流融合的一个重要渠道，也是促成汉、藏两个民族进行沟通联系并在情感、心理上彼此亲近和靠拢的主要纽带。恰如藏族英雄史诗："汉地的货物运到博（藏区），是我们这里不产这些东西吗？不是的，不过是要把藏汉两地人民的心连在一起罢了。"这是藏族民众对茶马古道和茶马贸易之本质的最透彻、最直白的理解。所以，无论从历史与现实看，茶马古道都是汉、藏民族关系和民族团结的

▼茶马古道

◀文物：文化交流象征与纽带。

4. 茶马古道是迄今中国西部文化原生形态保留最好、最多姿多彩的一条民族文化走廊

茶马古道所穿越的川滇西部及藏东地区是中国典型的横断山脉地区，也是南亚板块与东亚板块挤压所形成的极典型的地球皱褶地区。岷江、大渡河、雅砻江、金沙江、澜沧江、怒江6条大江分别自北向南、自西向东地从这里穿过，形成了世界上最独特的高山峡谷地貌。由于高山深谷的阻隔和对外交往的不便，使该地区的民族文化呈现了两个突出特点。第一，文化的多元性特点异常突出。沿着茶马古道旅行，任何人都可深刻地感受到一个现象，即随着汽车的前行，沿途的民居样式、衣着服饰、民情风俗、所说语言乃至房前屋后宗教信仰标志始终像走马灯一样变化着，让你应接不暇。对这种现象，当地谚语有一个形象的概括，叫“五里不同音，十里不同俗”。这种多元文化特点，使茶马古道成为一条极富魅力且多姿多彩的民族文化走廊。第二，积淀和保留着丰富的原生形态的民族文化。茶马古道所途经的河谷地区大多是古代民族迁移流动的通道，许多古代先民在这里留下了他们的踪迹，许多原生形态的古代文化因素至今仍积淀和保留在当地的文化、语言、宗教和习俗中，同时也有许多历史之谜和解开这些历史之谜的线索蕴藏其中。

千百年来，不仅是汉、藏之间，藏族与西南其他少数民族乃至藏族内部各族群之间的文化交流与传播均在这里默默地、不间断地进行着，这里既有民族文化的冲突与碰撞，也有各民族文化之间积极的互动、融合与同化。事实上，正是这条东西横跨数千里，穿越青藏高原众多不同民族（或不同族群面貌）、不同语言和不同文化地区的茶马古道，犹如一条彩带将他们有机地串连起来，使他们既保持自己的特点，又彼此沟通和联系并协同发展。所以，茶马古道既是民族多元文化荟萃的走廊，又是各种民族文化进行交流、互动并各自保留其固有特点的一个极具魅力的地区。诚如费孝通先生所言，该地区“沉积着许多现在还活着的历史遗留，应当是历史与语言科学的一个宝贝园地”。

茶马古道的历史作用

1. 茶马古道是一条政治、经济纽带

茶马古道促进了西藏与祖国的统一和藏汉人民唇齿相依、不可分离的亲密关系。通过这条古道，不仅使藏区人民获得了生活中不可或缺的茶和其他内地出产的物品，弥补了藏区所缺，满足了藏区人民所需，而且让长期处于比较封闭环境的藏区打开了门户，将藏区的各种土特产介绍给内地，形成了一种持久的互补互利的经济关系。这种互补关系使藏汉民族形成了在经济上相依相成，互相离不开的格局。由此进一步推动了藏区与祖国的统一，藏、汉民族的团结。在历史上，宋朝、明朝尽管未在藏区驻扎一兵一卒，但却始终与藏区保持不可分割的关系，令藏区各部归服，心向统一。其中茶马古道发挥了最重要的作用。

2. 茶马古道带动了藏区社会经济的发展

沿着这条道路、伴随茶马贸易，不仅大量内地的工农业产品被传入藏区，丰富了藏区的物质生活，而且内地的先进工艺、科技和能工巧匠也由此进入藏区，推动了藏区经济的发展。例如因茶叶运输的需要，内地的制革技术传入藏区，使藏区的皮革加工工业发展起来；又如因商贸的发展，内地的淘金、种菜、建筑、金银加工等技术和技工大量经由此道输入，推动了藏区农作技术、采金技术和手工业的发展。同时，由于交易物品的扩展，藏区的虫草、贝母、大黄、秦艽等药材被开发出来，卡垫、氆子和民族手工艺品生产也被带动起来，有了很大的发展。据统计，宋代四川产茶 1 500 万千克，其中一半经由茶马古道运往了藏区。明代经由黎雅、碉门口岸交易的川茶达 3 万斤，占全川茶引的 80%以上。清代经打箭炉出关的川茶每年达 700 万千克以上。同时，大批的藏区土特产也经由此路输出。据 1934 年统计，由康定入关输向内地的有麝香 2 000 千克、虫草 15 000 斤、羊毛 2 250 000 斤、氆子 60 000 多根等，共值银 400 余万两，可见汉藏贸易规模之大。在这一贸易的带动下，藏区商业活动迅速兴起，出现了一批著名的藏商，如邦达仓、三多仓、日升仓等（仓，藏语意为家，这里用作商号）；出现了集客栈、商店、中介机构于一身的特殊经济机构——锅庄。康巴处于这条大道的中心，受这种环境的熏陶，最早改变了重农轻商的观念，养成了经商的习惯。康巴商人的精明能干，由此远近闻名。

3. 促进了藏区城镇的兴起和发展

茶马古道上的许多交易市场和驮队、商旅的集散地、食宿点，在长期的商贸活动中，逐渐形成为居民辐辏的市镇。促进了藏区社会的城镇化发展。如打箭炉在元代尚为荒凉的山沟，明代开碉门、岩州茶马道后，这里逐渐成为大渡河以西各驮队集散之地，清代开瓦斯沟路，建泸定桥，于其地设茶关后，迅速成为“汉番辐辏，商贾云集”的商业城市。西藏和关外各地的驮队络绎不绝地来往于此，全国各地的商人在

▼茶马古道

▲茶马古道上的古镇

这里齐集，形成了以专业经营的茶叶帮，专营黄金、麝香的金香帮，专营布匹、哈达的邛布帮，专营药材的山药帮，专营绸缎、皮张的府货帮，专营菜食的干菜帮，以及专营鸦片、杂货的云南帮等。这里出现了48家锅庄，32家茶号以及数十家经营不同商品的商号；兴起了缝茶、制革、饮食、五金等新兴产业；民居、店铺、医院、学校、官署、街道纷纷建立，成为一座闻名中外的繁荣热闹的“溜溜的城”。又如昌都由于是川藏、滇藏、青藏三条茶马古道的交通枢纽和物资集散地，亦随着茶马贸易的发展而成为康区重镇和汉藏贸易的又一中心。

4. 沟通了藏族与汉族和其他民族的文化交流

茶马贸易的兴起使大量藏区商旅、贡使有机会深入祖国内地；同时，也使大量的汉、回、蒙、纳西等民族商人、工匠、戍军进入藏区。在长期的交往中，增进了对彼此不同文化的了解与亲和感，形成了兼容并蓄，相互融合的新文化格局。在茶马古道上的许多城镇中，藏族与汉、回等外来民族亲密和睦，藏文化与汉文化、伊斯兰文化、纳西文化等不同文化并行不悖，而且在某些方面互相吸收，出现复合、交融的情况。例如在康定、巴塘、甘孜、松潘、昌都等地，既有金碧辉煌的喇嘛寺，也有关帝庙、川主宫、土地祠等汉文化的建筑，有的地方还有清真寺、道观。各地来的商人还在城里建立起秦晋会馆、湖广会馆、川北会馆等组织，将川剧、秦腔、京剧等戏剧传入藏区。出现了不同民族的节日被共同欢庆；不同的民族饮食被相互吸纳；不同的民族习俗被彼此尊重的文化和谐。文化的和谐又促进了血缘的亲和，汉藏联姻的家庭在这里大量产生。民族团结之花盛开在茶马古道之上。

茶马古道的历史文化价值

昌都地区蕴藏着三江并流、高山峡谷、神山圣水、地热温泉，野花遍地的牧场、炊烟袅袅的帐篷，以及古老的本教仪轨、藏传佛教寺庙塔林、年代久远的摩崖石刻、古色古香的巨型壁画，还有色彩斑斓的风土民情等丰富的自然和人文旅游资源。

茶马古道是昌都地区自然与人文旅游的一条重要线索，自然界奇观、人类文化遗产、古代民族风俗痕迹和数不清、道不尽的缠绵悱恻的故事大多流散在茶马古道上。它是历史的积淀，蕴藏着人们千百年来的活动痕迹和执着的向往。

茶马古道穿过川、滇、甘、青和西藏之间的民族走廊地带，是多民族生养藩息的地方，更是多民族演绎历史悲喜剧的大舞台，存在着永远发掘不尽的文化宝藏，值得人们追思和体味。

茶马古道上的旅游是回归自然之旅，是人和自然和谐之旅，是都市人精神之旅，也是探险和发现之旅。

茶马古道旅游开发是全方位的，首先要搞好基础设施建设，诸如交通和运输设施、满足食宿需要的宾馆饭店建设、用电用水和安全保障等，同时大力开发旅游产品，从而带动各项事业的发展，使昌都地方的经济活起来。

现代的茶马古道

公路干线的修筑，替代了过去“茶马古道”的功能。“两横一纵”的交通格局，基本形成“干”字形的现代“茶马古道”。

在专家学者眼中，茶马古道是云南、四川与西藏之间的古代贸易通道，通过马帮的运输，川、滇的茶叶得以与西藏的马匹、药材进行交易。它是中国历史上对外交流的第五条通道，有着重要的历史价值和地位。

然而，在专家眼中与“丝绸之路”同等重要的茶马古道，却在时光的荏苒中沉寂过许多年。随着现代化交通手段的日益发达，茶马古道早已被 214、317、318 国道所代替。

“在丝绸之路受到世界关注，被学者、专家们争相研究，并引发旅游热潮的时候，在丝绸之路已名满天下时，茶马古道却备受冷落，默默地在深山密林之中。”专门研究茶马古道的专家木霁弘说，茶马古道的沉寂是历史发展的必然，但它的僻远艰险也是衰落的重要原因。虽然沉寂多年，但今日茶马古道“热”起来并不是没有它的理由。

“茶马古道是中华民族一笔丰厚的历史文化遗产，对旅游爱好者有很大的吸引力。”木霁弘分析说，“古道本身的历史、文化韵味且不说，光是沿途村寨的地域、风光、民俗、文化差异，就能吸引不少人。”

“以茶文化为主要特点，茶马古道成了一道文化风景线。”有位学者说，茶马古道不仅是一条交通要道，更是历史文化的载体，如伴随茶马古道而生的马帮文化、藏茶文化、商贸文化，因茶马古道得以相互交融的民族文化……“现在，茶马古道本身就是一种文化。”

▼如今的古道已是旅游线路